O SIMBOLISMO NA MITOLOGIA GREGA

PAUL DIEL

O SIMBOLISMO NA MITOLOGIA GREGA

Prefácio
Gaston Bachelard

Tradução
Roberto Cacuro e
Marcos Martinho dos Santos

ATTAR EDITORIAL
São Paulo

Título original: Le Symbolisme dans la Mytologie Grecque

1ª edição brasileira:

Prefácio: Gaston Bachelard

Tradução: Roberto Cacuro e Marcos Martinho dos Santos

Diagramação: Silvana Panzoldo

Dados Internacionais de Catalogação na Publicação (CIP)
(Câmara Brasileira do Livro, SP, Brasil)

Diel, Paul
O simbolismo na mitologia grega / Paul Diel : tradução Roberto Cacuro e Marcos Martinho dos Santos. -- São Paulo : Attar, 1991

1. Mitologia grega 2. Simbolismo I. Título

91-2713 CDD-292.37

Índices para catálogo sistemático:

1. Mitologia grega : Simbolismo 292.37
2. Simbolismo : Mitologia grega 292.37

ISBN 85-85115-18-1

ATTAR EDITORIAL
rua Madre Mazzarello 336 • 05454-040 • São Paulo - SP
fone / fax (11) 3021 2199 • attar@attar.com.br • www.attar.com.br

SUMÁRIO

Prefácio

I

O domínio dos mitos presta-se às mais variadas perspectivas. De fato, os espíritos mais diversos, as doutrinas mais divergentes apresentaram interpretações que, cada qual a seu tempo, alcançaram uma determinada validade. O mito parece permitir, assim, a validação de qualquer filosofia.

Um historiador racionalista certamente encontrará no mito um completo relato das mais célebres dinastias. Não é verdade que encontramos nos mitos a história de reis e reinados? Nessa perspectiva, se poderiam datar até mesmo os diferentes trabalhos de Hércules, ou ainda traçar com detalhes o itinerário dos Argonautas. No caso de um lingüista, parece claro que as palavras dizem tudo: as lendas, afinal, formam-se tão somente em torno de uma locução. Uma única palavra deformada, eis um deus a mais. O Olimpo não é senão uma gramática que regula as funções dos deuses. Se heróis e deuses chegam a transpor uma fronteira lingüística, terminam por transformar um pouco seu caráter, e o mitólogo deve estabelecer dicionários sutis que lhe permitam, contorcendo-se sob o gênio de duas línguas diferentes, decifrar duas vezes a mesma história. Se, ao contrário, trata-se de um sociólogo, então o mito passa a manifestar um meio social, um meio parte real, parte idealizado, um meio primitivo, onde, num instante, o chefe é confundido com um deus.

Todas essas interpretações, que poderiam ser estudadas ao longo de uma história, reavivam-se sem cessar. Parece que uma doutrina dos mitos não pode eliminar absolutamente nada daquilo que, durante um certo tempo, constituiu-se num tema explicativo. Entre o herói solar e o herói humano, por exemplo, a competição não foi nunca verdadeiramente extinta. A imensa natureza explica a natureza profunda do homem, e, correlativamente, os sonhos dos homens "projetam-se", invencíveis, sobre os grandes fenômenos do Universo. Um estreito simbolismo coordena os valores míticos e os valores cósmicos. E a mitologia torna-se uma seqüência de poemas; é compreendida, amada, continuada pelos poetas. Haveria melhor prova de que os valores míticos permanecem ativos, vivos? E uma vez que os mitos acolhem as mais diferentes explicações, haveria melhor prova de seu caráter essencialmente sintético? De fato, em sua simplicidade aparente, o mito enlaça e solidariza forças psíquicas múltiplas. Todo mito é um drama humano condensado. E é por essa razão que todo mito pode, tão facilmente, servir de símbolo para uma situação dramática atual.

Não há uma só dessas interpretações que, depois de um século de investigações, não tenha se beneficiado dos progressos gerais das ciências humanas. Parece que a cada geração multiplicam-se e refinam-se os instrumentos da erudição. Assim, maravilhado, o homem culto observa o aprofundamento de nossos conhecimentos dos mitos.

II

No campo das interpretações, os trabalhos de Paul Diel estabelecem um novo método.

Sem dúvida, sempre houve a compreensão de que os mitos e as lendas desvelam as paixões radicais do coração humano. Muito freqüentemente, entretanto, a crítica científica dos documentos disponíveis tem sido efetuada com base numa ciência psicológica de visão muito estreita, numa psicologia que concede um coeficiente predominante ao "bom senso", à experiência comum claramente definida. Tampouco faltaram historiadores que se espantassem com a súbita intervenção da psicanálise na explicação de velhas lendas e antigos mitos.

Por outro lado, muitos dos psicólogos clássicos alarmaram-se ao perceber que um vocabulário dos "complexos" pudesse encontrar-se saturado por um vocabulário dos mitos. Que tipo de esclarecimento, afinal, o psicanalista obtém ao nomear os complexos de Édipo, Clitemnestra, Orestes, Diana ... ? Artificiais e gerais, não seriam tais recursos suscetíveis de provocar o engano acerca do infinito detalhe, da irredutível individualidade do paciente?

No entanto, todas essas críticas perdem sua efetividade quando se toma consciência da extrema força explicativa, tanto em relação ao passado quanto em relação ao presente, manifestada pela psicologia profunda de nosso tempo. Em nada exageraríamos se disséssemos que o século XX é caracterizado por uma panpsicologia, tanto quanto o é por uma pangeometria. Poderíamos, no momento atual, desenvolver sistematicamente a psicologia de um panpsiquismo, uma psicologia geral que reuniria as investigações que vão da psicologia profunda a uma psicologia quase estratosférica das interpretações do sonho desperto. Ao concedermos uma tal amplitude ao exame da questão, os sonhos e os mitos logo se distendem, fazendo que seu simbolismo revele, ao mesmo tempo, sua complexidade e unidade.

Os símbolos presentes no destino do herói mítico serão estudados por Paul Diel ao nível psicológico, enquanto realidades eminentemente psicológicas. Anteriormente à sua interpretação, observou-se sobretudo a determinação de um tipo de simbolismo anagenético, operando numa perspectiva social, cósmica e poética, quer dizer, no grau mais elevado do humano. Porém, numa tal psicologia, sempre interpretativa, que desloca sem cessar as significações, que se arrisca assim, partindo dos símbolos, a terminar em alegorias, numa tal psicologia, dizíamos, não se teria perdido o sentido imediato dos símbolos?

Mas determinar o sentido imediato dos símbolos não seria uma tarefa que implica uma contradição? Não deveria um símbolo sugerir algo que se situa para além de sua expressão? Não implicaria uma relação essencial entre duas ordens de significação: um sentido manifesto e um sentido oculto?

Tais questões não mais incomodarão a um leitor assíduo de Paul Diel. Pois trata-se precisamente de instalar-se na psicologia pura, de partir do seguinte postulado psicológico: o símbolo tem uma realidade psicológica inicial, uma realidade psicológica imediata, ou, dito de outra maneira, a função de simbolização é uma função psíquica natural. Os mitos constituem um meio privilegiado para o estudo dessa função absolutamente direta de simbolização.

III

Qual é então a tarefa precisa, extremamente precisa, que o autor se coloca? É a de designar o fundo psicológico do simbolismo mítico. Ele não recusa, é certo, os múltiplos conhecimentos acumulados pela mitologia. Porém, quanto mais se "interpreta", tanto mais se torna necessário, se ousamos dizer, desinterpretar para reencontrar a raiz psicológica primeira.

Esse problema tornou-se tão intrincado que não se pode esperar resolvê-lo ao nível de um caso particular sem que se tenha compreendido o método de desinterpretação e, sobretudo, sem que se tenha aplicado esse método a um grande número de casos específicos.

Nesse sentido, faz-se necessário estudar esta obra inicialmente em sua primeira parte, puramente metodológica, e, em seguida, nos exemplos de aplicação do método.

A palavra recorrente em todos esses exercícios, no estudo de todos os mitos gregos ultraclássicos aqui examinados, é a palavra tradução. É preciso, com efeito, traduzir na linguagem da panpsicologia moderna tudo aquilo que é expresso nas narrativas sempre simplificadas em função daquilo que Paul Diel chama uma "banalização". Tratando-se do mito de Asclépio, por exemplo, "o indício da banalidade encontra-se precisamente no esquecimento das necessidades da alma em favor unicamente das necessidades do corpo. Estas são simbolizadas por Quíron". Para se obter a compreensão do mito da saúde em sua totalidade, será preciso considerar a tríade Apolo, Quíron, Asclépio, e ter sucesso nas "traduções" que desvelam os diversos sentidos psicológicos e designam o eixo da simbolização.

Quando se tiver acompanhado Paul Diel nas associações de mitos, quando se tiver descoberto com ele uma espécie de homeomorfismo dos mitos, em aparência bastante diferentes, compreender-se-á que o mito cobre toda a extensão do psiquismo revelado pela psicologia moderna. O personagem mítico tem um supraconsciente, um ego e um subconsciente. Seu eixo de sublimação e sua vertical de queda localizam-se no inconsciente mais profundo.

Assim, a totalidade do humano, e não um simples aspecto do homem, está presente no mito. Nas palavras de Paul Diel: "Os mitos falam do destino humano sob seu aspecto essencial; destino resultante do funcionamento sadio ou doentio (evolutivo ou involutivo) do psiquismo". O próprio herói e seu combate representam a humanidade inteira na sua história e no seu impulso evolutivo. O combate do herói é menos um combate histórico que um combate psicológico. Nesse sentido, não se trata de uma luta contra perigos acidentais e exteriores. Trata-se da luta contra o mal íntimo que sempre detém ou mitiga a necessidade essencial de evolução.

Desse modo, é o problema do destino moral em toda sua amplitude que se encontra proposto neste livro escrito por um psicólogo de grande sutileza. No detalhe das páginas onde, repetimos, acha-se aplicado um método de constante rigor, veremos desenvolver-se, a partir de sua raiz psicológica profunda, os valores morais que fazem da evolução humana um destino moral.

Um mito é, portanto, uma linha de vida, uma imagem do devir, e não uma fábula fossilizada. Ortega y Gasset escreve: "O ho-

mem não é uma coisa, e sim um drama, um ato ... a vida é um gerúndio, de modo algum um particípio, é um **faciendum**, *de modo algum um* **factum**. *O homem não tem uma natureza, mas uma história".*[*] *Mais exatamente, o homem deseja viver uma história, quer dramatizar sua história para dela fazer um destino.*

É essa vontade de história que as "traduções psicológicas" minuciosas e profundas de Paul Diel revelam sistematicamente. Reencontramos assim, verdadeiramente, no estudo dos mitos, que o classicismo designa como grandes histórias do passado humano, as quais poderíamos acreditar caducas, o dinamismo sempre efetivo dos símbolos, a força evolutiva sempre atuante do psiquismo humano.

Gaston Bachelard.

---

* Citado por Gerardus van der Leeuw: *L'Homme et la Civilisation ce que peut comprendre le terme: évolution de l'homme.* Apud: Eranos-Jahrbuch (t. XVI), 1949, p.153.

Introdução

A exegese mitológica, preocupada em compreender o sentido das antigas fabulações míticas, encontra uma significação do tipo cósmico, meteorológico e agrário. Mostra que os mitos falam do movimento dos astros e de sua influência sobre as condições da vida humana: estações do ano, chuvas, tempestades, inundações, etc.

Parece claro que a influência elementar exercida sobre a vida terrestre pela evolução dos astros deve ter impressionado bastante os homens primitivos. Essa impressão subjugante estava destinada a tornar-se decisiva na época em que as tribos errantes de caçadores e pastores começaram a fixar-se e amalgamar-se para formar os povos agricultores, o que marca precisamente o início da criação mítica. A manutenção da vida dependia cada vez mais da regularidade dos fenômenos cósmicos e meteorológicos, e *a imaginação afetiva,* função predominante da psique primitiva, incitou os homens (que mal tinham saído da era pré-mítica e animista) a ver nesses fenômenos forças intencionais, benéficas ou hostis. Essas forças eram personificadas por divindades do dia e da noite (solares e lunares). A alternância entre a aparição do sol e da lua era imaginada como conseqüência de um combate ao qual as divindades entregavam-se sem descanso a fim de ajudar ou prejudicar os homens. A estação das semeaduras que precede o inverno, bem como o início da primavera e, finalmente, todos os solstícios, eram marcados por comemorações. O nascer do dia, a chuva fecundante, eram recebidos como dádivas. O homem consagrava preces às divindades para agradecer-lhes ou implorar-lhes algo.

Entretanto, se os mitos não fossem nada mais que o ornamento imaginativo de preocupações de origem utilitária, caberia considerá-los fabulações ingênuas e arbitrárias. Seu sentido oculto seria tão somente uma alegoria infantil em conformidade com o entendimento rudimentar de uma psique primitiva. O interesse que essas fábulas poderiam merecer em nossos dias seria unicamente de ordem histórica, pelo fato de que essas imaginações ingênuas deram origem às criações artísticas, as quais podem ser consideradas como documentos que permitem reconstituir as crenças e as instituições, os costumes e os hábitos dos povos antigos, bem como sua evolução cultual e cultural, ilustrada pelos sucessivos estágios de estilo artístico.

O único método do qual a mitologia poderia fazer uso seria aquele da ciência histórica em geral, que procede por aproximações e recortes, a fim de eliminar sucessivamente os erros de interpretação em relação às documentações. A mitografia e a mitologia moderna puderam, desse modo, obter resultados extremamente preciosos, sobretudo no que concerne ao problema da interdependência das diferentes culturas míticas e os traços característicos de cada uma delas. Com o objetivo de ressaltar seu caráter de ciência histórica, a mitologia abriga atualmente uma tendência bastante pronunciada em não ultrapassar o método de aproximação dos documentos.

É interessante constatar que se trata nesse caso, ao menos em parte, de uma reação bastante justificável contra uma antiga forma de interpretação de tendência falsamente moralizante e desprovida de qualquer método. Ainda que a fonte da exegese realizada numa perspectiva ética remonte aos tempos mais remotos, esta corrente terminou por esgotar-se e perder-se num terreno arenoso, tão pobre quanto árido. Mas o esforço de interpretação — que acredita reconhecer como pano de fundo dos combates míticos uma alusão aos conflitos humanos — remonta a uma época muito próxima àquela em que se deu a criação das fábulas míticas. Não seria este o sinal de que se trata de uma forma de exegese imposta pela própria natureza dos mitos?

Com efeito, as evoluções dos astros, representadas enquanto luta entre divindades benéficas e malévolas, não tem somente conseqüências de ordem utilitária. A imensidão desses fenômenos contrasta em muito com a curta duração da vida do homem para que a alma primitiva tivesse condições de evitar colocar-se a questão essencial que visa ao mistério da existência: de onde vem o mandato que faz que o ser humano seja chamado a viver no meio dessa imensidão que o apavora e que, no entanto, o acalenta; e o que lhe sucede depois de sua morte? Mas já ao longo da vida, a súplica dirigida aos astros divinizados ganha sentido somente se o próprio homem, por seu trabalho e disciplina, consegue preencher as condições específicas que podem tornar útil a fertilização do solo pela chuva e pelo sol. Os mortais, afinal, devem mostrar-se dignos da ajuda concedida pelas divindades-astro, denominadas "Imortais", cujo reino preside à vida humana de geração em geração.

À época do desabrochar das culturas agrárias, a psique humana evoluiu em direção a uma complexidade que se encontra muito longe do primitivismo animista e mesmo do alegorismo cósmico. *A imaginação não é mais somente afetiva e divagadora, mas também expressiva e simbolizadora;* torna-se capaz de criar símbolos, ou seja, imagens de significação precisa, tendo por objetivo exprimir o destino do homem.

Assim, abre-se à contemplação o plano metafísico, e à atividade humana, o plano moral. O ser humano e seu destino essencial encontram-se incluídos na simbolização. Dado que a aspiração do homem e a benevolência da natureza divinizada fundem-se numa intenção comum, realizando desse modo seu encontro no interior de um mesmo plano simbólico, o homem, ao purificar sua aspiração, pode atingir o ideal representado pela divindade: o herói-vencedor é, simbolicamente, elevado ao status de divindade; e o símbolo divindade pode tomar a forma humana e vir a visitar os mortais. As divindades, que antes representavam forças astrais, transformaram-se na imagem idealizada da alma humana e de suas qualidades.

A fabulação se amplia. As divindades solares e lunares dispersam-se em múltiplas personificações, sendo que cada uma delas é caracterizada por atributos específicos. Tem lugar a criação de uma multidão de fábulas que relatam as aventuras dessas divindades humanizadas, que ultrapassam em muito as antigas alegorias relativas ao curso dos astros, permanecendo, entretanto, co-determinadas pelo quadro da antiga significação cósmica ou meteorológica ao qual pertenciam. Assim, por exemplo, Zeus lança o raio, o que é, no plano da significação meteorológica, uma simples alegoria. Essa alegoria torna-se um simbolismo ao incorporar uma significação de alcance psicológico: Zeus torna-se o símbolo do espírito, e o raio por ele lançado passa a simbolizar o esclarecimento do espírito humano, o pensamento iluminador (a intuição), imaginado como enviado pela divindade que ampara, a fonte de toda verdade.

A significação simbólica que substitui o sentido alegórico é de ordem psicológica pelo fato de que sustenta a atividade intencional das divindades antropomorfizadas. Visto que as intenções simbólicas das divindades apresentam-se tão somente como a projeção das intenções reais do homem, cria-se uma corrente de obrigações entre o homem real e o símbolo "divindade". O homem se encontra, em função do efeito de retração de sua própria projeção idealizante, como que "convidado" a participar, através de seu combate heróico, da luta travada pelas divindades benévolas para conseguir seu bem-estar. Tanto quanto as antigas fabulações referentes à "luta" dos astros, essas divindades antropomorfizadas só existem em função do homem e suas necessidades. Porém, estas necessidades, por estarem de acordo com as intenções ideais cujo símbolo é a divindade, não concernem mais às utilidades exteriores da vida. Elas se referem cada vez mais à satisfação essencial, à orientação sensata da vida humana: a disciplina na ação e a harmonia dos desejos. Esta satisfação essencial, a felicidade, dádiva última da divindade, realiza-se através da ação, e até mesmo através da atividade utilitária, mas encontra-se determinada pelas intenções, pelos desejos mais secretos, diante dos quais a divindade torna-se o juiz simbólico, o distribuidor simbólico da recompensa e do castigo. A atividade essencial do homem, o combate heróico, a purificação das intenções são, simbolicamente, impostos ao homem pela divindade: a realização, a purificação das motivações, causa de ações justas, são recompensas enviadas pela divindade; as ações injustas, sinal de intenções impuras, de motivações desordenadas, provocam a hostilidade dos homens entre si, produzindo assim os males terrestres, imaginados como castigos enviados pela divindade. As intenções impuras são, em última análise, representadas por monstros que o homem-herói deve combater.

Assim, a representação mítica, que na origem falava unicamente dos astros e de suas evoluções, imaginadas como uma luta entre as divindades, termina por exprimir os conflitos reais e intrapsíquicos da alma humana.

Aqui coloca-se o problema de toda a psicologia humana, talvez o mais formidável e mais rico em conseqüências e ensinamentos. Foi necessário formular, desde o início, antes de entrar na análise dos mitos, a tese do presente trabalho: a simbolização mítica é de ordem psicológica e de natureza verídica. Esta tese, porém, choca-se com uma objeção que parece evidente: como é possível que o mito possa, simbolicamente, prefigurar a verdade em relação ao conflito intrapsíquico?

É indispensável que esbocemos desde já a resposta.

O homem primitivo viu os astros, e pôde estabelecer uma relação entre suas evoluções e os fenômenos meteorológicos dos quais dependiam todas as condições de sua vida. Uma vez que a imaginação de tendência personificante é a função predominante da psique primitiva, pode-se perceber claramente de que maneira o sentido alegórico-cósmico pôde ser formado.

Por outro lado, as motivações das ações humanas mostram-se muito difíceis de serem desveladas. Diferentemente dos astros e de todos os outros objetos e eventos, estas não se apresentam à percepção sensorial. Afirmar a possibilidade de uma previsão verídica em relação ao conflito intrapsíquico significa admitir a existência no homem primitivo de uma espécie de observação íntima capaz, senão de compreender, ao menos de pressentir as motivações que sustentam as ações sensatas e insensatas. Esta parece ser uma tese inadmissível, a menos que se possa comprová-la através do funcionamento geral da psique humana. Pois esse é precisamente o caso. Existe uma espécie de observação íntima, tão pré-consciente quanto aquela presente nos mitos, que é, entretanto, habitualmente negada, sinal de que se encontra sobrecarregada de vergonha. Toda a psicologia humana pode ser desenvolvida a partir da análise dessa vergonha e das diferentes atitudes do homem em relação a ela (sublimação ou recalcamento). Toda a simbolização do mito, segundo seu sentido oculto, encerra-se na análise dessa vergonha repressora e no valor da confissão sublimadora. O funcionamento da psique humana é caracterizado, ainda em nossos dias, por um fenômeno que, mesmo sendo objeto de recalque, não deixa de ser evidente: o fato de que, *sem se dar conta, cada homem faz uso, sem descanso e ao longo de sua vida, de uma espécie de observação íntima de suas motivações*. Essa observação íntima não é em si vergonhosa, constitui-se mesmo num fenômeno biologicamente adaptativo e, como tal, é elementar e automática como o instinto. *Ela substitui a segurança do instinto animal*, pois o homem não poderia subsistir se não atentasse sem cessar para a intenção subjacente a toda sua atividade, seja para controlar suas próprias ações, seja para projetar na psique de outros os conhecimentos assim adquiridos em relação às motivações humanas, com o objetivo de interpretar as intenções de seus semelhantes e assim encontrar um meio de se impor ou se defender. Podemos dizer que essa introspecção obscura de suas próprias motivações e a introspecção projetiva, a interpretação das ações de outrem, ocupam a maior parte da vida humana; são a preocupação mais constante de cada homem e a razão mais secreta de sua maneira de ser e de seu modo de agir.

A introspecção-interpretação é freqüentemente mórbida, precisamente porque tem um caráter automático e incontrolável. Produz-se ordinariamente abaixo do nível consciente. Ignora a lucidez e a objetividade que caracterizam o pensamento consciente, encontrando-se sobrecarregada de afetividade ofuscante e subjetiva. Meio de defesa biológico, a introspecção-interpretação perdeu a segurança do instinto sem ascender à certeza do pensamento lúcido. A espécie humana não pode mais regressar à segurança instintiva; para orientar-se na vida, o homem deve evoluir em direção à lucidez sobre suas intenções secretas. Mas a dificuldade inerente a essa progressão evolutiva faz que cada homem, em sua intimidade, refugie-se na afetividade que permite justificar imaginariamente as intenções, de outra maneira insustentáveis, e falsificar assim suas motivações. À natureza biológica e adaptativa acrescenta-se assim um caráter mentiroso e deformador que acaba se tornando causa da vergonha secreta, suscetível por sua vez de ser recalcada ou espiritualizada. A espiritualização significa tão somente a confissão da mentira e, em conseqüência, sua dissolução. O caminho do recalcamento é, de longe, a reação mais freqüente nos homens, pois o amor-próprio obriga cada qual a esconder suas verdadeiras motivações, freqüentemente inconfessáveis, e a ornarse de motivações carregadas de uma sublimidade mentirosa. As conseqüências dessa constante preocupação extra-consciente são da mais alta importância para a vida humana em geral e, conseqüentemente, para a interpretação dessa imagem da vida que é constituída pelos mitos.

Se as motivações são falseadas, as ações também o são, o que faz que toda a vida humana termine por sofrer as conseqüências disso. *É desse sofrimento e da necessidade de ultrapassá-lo que falam os mitos*. O único meio de se conseguir isso seria promover a reparação da interpretação errônea das motivações. Ora, a própria natureza previu esse paliativo. Ao amor-próprio, que reprime afetivamente as verdadeiras motivações, corresponde uma emotividade que se opõe à mentira orgulhosa em relação a si mesmo, erro vital, falta essencial do homem. Essa emotividade culposa adverte sobre a ruptura da integridade das motivações, fixando-se às ações deficientes que derivam das motivações falseadas. Constituindo um pressentimento de erro vital, a culpabilidade contém necessariamente *a previsão obscura de uma direção sensata da vida*: é o germe de uma orientação em direção ao sentido da vida. Esse sentido só pode ser o contrário perfeito da angústia culposa gerada pela ruptura da integridade intrapsíquica: a alegria que surge pela harmonização das motivações e das ações. A angústia culposa é, portanto, um tormento que adverte sobre a perda da alegria, um pesar que exige seu próprio corretivo. O conjunto desses sentimentos que oscilam entre angústia e alegria é uma instância biologicamente adaptativa, uma instância evolutiva atuante e previdente em relação ao funcionamento sensato e insensato do psiquismo, uma instância pré-consciente, mais que consciente, supraconsciente: a consciência. *Longe de ser o resultado de uma prescrição de ordem sobrenatural, a instância supraconsciente (a consciência) é o centro visionário de onde emana a imagem mítica do sentido da vida, o símbolo "divindade", representação do ideal de harmonia e de alegria*. A partir desse símbolo central formaram-se todos os outros símbolos que integram o combate heróico, combate destinado a superar esse erro vital que constitui a falsa introspecção-interpretação e seu incessante cálculo de justificação mentirosa.

Os mitos, assim compreendidos, colocam a psicologia diante de seu problema mais essencial: em lugar de recuar diante desse abismo de subjetividade que são as camadas profundas da psique onde se elaboram as motivações, ela deve, no *plano consciente* refazer esse mesmo trabalho de objetivação que a visão mítica soube efetuar no plano supra-consciente e figurativo. *Recuar diante desse esforço de elucidação seria renunciar para sempre a compreender a imagem da vida, os mitos e a própria vida.*

Efetivamente, a psicologia moderna, desde o momento em que começou a ocupar-se do conflito intrapsíquico e de sua análise, viu-se obrigada a fixar sua atenção nos mitos e perceber que estes, longe de constituírem documentos caducos e fabulações arbitrárias, contém uma significação de ordem psicológica de alcance sempre atual.

A psicanálise freudiana, ao estudar as instâncias extraconscientes do psiquismo, descobriu a função simbolizadora. Na teoria freudiana, o desdobramento do sentido moral (superego) encontra-se relacionado com um tema mítico (complexo de Édipo). Se um único mito encerra um tema que concerne ao funcionamento psíquico, é forçoso admitir, ainda que sob forma de hipótese, que todos os mitos devem, segundo seu sentido oculto, tratar da psique e de seu funcionamento sensato e insensato. A escola de Freud teria sido ultrapassada, ao menos nessa matéria, pela teoria junguiana, que vê a atividade humana determinada em grande parte por imagens-guia inatas, os arquétipos, falsamente tomados por símbolos míticos.

No momento atual, não se pode permitir o prosseguimento do estudo do funcionamento extraconsciente do psiquismo sem que se renda homenagem aos grandes inovadores aos quais se junta A. Adler, cujas pesquisas foram de grande ajuda na elucidação do conflito intrapsíquico. Convém, no entanto, sublinhar que os resultados expostos no presente trabalho fundam-se num método de investigação que se afasta radicalmente daquele dos autores citados.

O fundamento desse estudo encontra-se exposto em duas obras publicadas anteriormente: uma apresenta-se como análise do funcionamento psíquico *(Psicologia da Motivação)*, outra é dedicada à análise do símbolo central de todos os mitos *(A Divindade)*.

O método de investigação foi por nós apresentado sob o nome de "cálculo psicológico", pois não é senão a reconstituição do cálculo obscuro de justificação errônea que se desenrola no subconsciente de todo homem, inclusive no subconsciente do psicólogo. Essa reconstituição só é possível graças à objetivação da falta própria e essencial (a tendência à falsa justificação). Desse modo, essa objetivação não tem somente, enquanto verídica, o valor de *uma sublimação ativa* (dissolução da falta essencial), mas também incorpora o valor de uma *espiritualização teórica* (compreensão do erro vital). Uma vez constituído, o cálculo psicológico permite compreender todo o processo desenvolvido na construção do cálculo errôneo, habitualmente subconsciente e incontrolável, e evitar suas resultantes. O cálculo psicológico rompe com o automatismo subconsciente e torna-se, como o autor o demonstrou, um instrumento terapêutico que permite acompanhar na psique humana em geral (objeto do estudo psicológico) a decomposição ambivalente pela qual passam os sentimentos, quando, expostos à pressão de um conflito insolúvel, entram em efervescência, criando assim o estado doentio de exaltação imaginativa. O falso cálculo subconsciente cria e sustenta a *exaltação imaginativa*; o cálculo psicológico permite acalmar esse estado e dissolvê-lo em seguida.

A simbolização mítica é um cálculo psicológico em linguagem figurativa. Dizer que o mito contém uma pré-ciência psicológica tem duas implicações: em primeiro lugar, que o funcionamento psíquico deve ser previsível e, em conseqüência, deve obedecer a um ordenamento legal; em segundo lugar, deve existir uma instância capaz de prever, ou ao menos pressentir por uma espécie de observação íntima, essa legalidade (o supraconsciente, a consciência).

Pelo fato da simbolização expressar tanto a legalidade (divindade) quanto a situação conflitiva (combate heróico) utilizando-se de imagens personificadoras, o cálculo psicológico conscientemente compreendido deve ser capaz de retraduzir em linguagem conceitual as imagens simbólicas dos mitos.

O presente trabalho compõe-se de duas partes que deverão tratar sucessivamente desses dois problemas.

É claro que o método da exegese histórica, por mais eficaz que seja na comparação dos textos e dos documentos míticos, não tem mais condições de resolver esse novo problema que é a compreensão do sentido oculto dos símbolos. O autor, não sendo mitólogo, não se reconhece com suficiente competência para intervir no trabalho, ainda em curso, de verificação dos textos antigos. Optou, assim, por fiar-se nos resultados já adquiridos, reunidos nas obras enciclopédicas

Como documentação principal, foi utilizado o *Dictionnaire des Antiquités*, bem como as narrativas míticas de Homero e Hesíodo.

Numerosos mitos são de uma complexidade inesgotável. Sob pena de incorrermos numa dispersão excessiva se nos detivermos na tradução de cada detalhe particular, foi necessário evitar a abordagem dos temas secundários de alguns deles em favor do acompanhamento da linha mais direta possível que nos guia através do desenvolvimento da narrativa. Isto não significa uma omissão arbitrária, uma vez que os temas secundários de tal ou qual mito são reencontrados em outros mitos, ainda que simbolizados de uma outra maneira, exatamente no centro da narrativa, tendo encontrado assim sua tradução. O essencial é não excluir da tradução nenhum detalhe do tema fundamental de cada mito, para que se consiga obter sem interrupção o desenvolvimento progressivo da significação.

O presente trabalho pretende ser unicamente a exposição de um método de decifração, o que justifica a limitação a um número restrito de mitos. Teria sido impossível traduzir todas as fábulas da mitologia grega. Um processo de verificação mais amplo, entretanto, deveria poder demonstrar que o método permite a decifração não somente de todos os mitos gregos, mas também das narrativas pertencentes a outras culturas míticas.

PRIMEIRA PARTE

PSICOLOGIA ÍNTIMA
E SIMBOLISMO MÍTICO

O tema mítico, ao compreender o funcionamento doentio do psiquismo como um desvio em relação ao sentido da vida, encontra-se necessariamente aparentado ao problema psicoterapêutico, mesmo que o ultrapasse em muito, ao menos tal como compreende a medicina psiquiátrica em geral. Esse parentesco e essa oposição encontrarão ulteriormente uma explicação detalhada na tradução do mito de Asclépio. A visão mítica, ao formular simbolicamente, em sua totalidade, o conteúdo da formação sensata e da deformação insensata do psiquismo, não poderia estabelecer sua norma, o sentido da vida, sem acompanhar esse sentido até sua causa primeira, até a origem da vida; simbolicamente, o mito da "Criação" e, conseqüentemente, do "Criador".

Os mitos, entendidos segundo seu sentido oculto, tratam portanto de dois temas: a causa primeira da vida (o tema metafísico) e a conduta sensata da vida (o tema ético).

No que concerne ao tema mítico da Criação, é de grande importância compreender que, tanto neste caso como em todos os outros, o mito se expressa somente em linguagem simbólica. Enfim, ou a visão mítica de todos os povos constitui expressão verídica e supraconsciente, ou então nenhuma delas teria qualquer validade. A tradução tem, portanto, entre outras, a tarefa de demonstrar que os diversos mitos da "Criação", tão diferentes quanto se mostrem segundo a fábula que os conta, são idênticos segundo seu sentido oculto: falam de um modo figurado da "causa primeira". Dado que não há causa que seja determinada por seus efeitos, a causa primeira da existência do mundo jamais poderia ser determinada por seu efeito, a vida manifesta. Quer dizer que nenhuma manifestação da vida, nem mesmo a mais evoluída delas, o espírito humano, tem condições de determinar ou definir a causa primeira: *esta é um mistério.*

Entretanto, a vida é a manifestação desse mistério, ou se quisermos, "a revelação". O mistério em si não poderia fazer-se conhecer ao homem senão graças a uma revelação explícita, o que implica duas pressuposições: uma, que a causa primeira e misteriosa tenha intenções e desejos (o desejo de dar-se a conhecer); e outra, que o espírito humano seja capaz de receber tal revelação sobrenatural sem deformá-la imediatamente, sem degradá-la na forma de uma compreensão adequada unicamente à sua própria natureza. Essa forma de compreensão, no entanto, só poderia constituir-se numa imagem, num símbolo. Para que se evite a blasfêmia que empresta ao mistério desejos humanos, faz-se necessário, portanto, contentar-se com uma revelação que não seja explícita e sobrenatural, mas *implícita e natural.* A "revelação", como qualquer ação sobrenatural, seria tão somente um símbolo revelador do funcionamento do psiquismo *supraconscientemente clarividente,* capaz de criar a imagem verídica da vida e de seu sentido, o mito. Falar de uma "causa primeira" e de um "mistério" significa já exprimir-se de uma maneira figurada, uma vez que o inominável não constitui mistério senão em relação ao espírito humano, e causas (tanto quanto intenções) só existem no mundo aparente. Não somente a metafísica mítica é de natureza simbólica, mas ainda a tradução, ao introduzir termos inadequados como "causa primeira" e "mistério", continua a servir-se de uma linguagem figurada. *Toda metafísica, miticamente representada ou conceitual, possui um caráter puramente simbólico* (para maiores detalhes reportar-se à obra do autor *La Divinité*).

O mito concretiza a "causa primeira" e a chama de "Divindade-Criadora", a qual é concebida sob a forma de um espírito absoluto. A tarefa essencial do ser humano é preencher o sentido da vida, desenvolver sua qualidade suprema espiritualizando-se, conformar-se, na medida do possível, à imagem do espírito absoluto. Esta tarefa aparece portanto como imposta pela divindade.

É de se notar que são múltiplas as tentações da afetividade cega capazes de desviar o homem do esforço essencial (simbolicamente, do mandamento da divindade).

À simbolização metafísica da "divindade criadora do mundo e juiz do homem", acrescenta-se, portanto, uma simbolização infinitamente mais variável, que concerne às aventuras do combate heróico do homem. Com a ajuda de "armas simbolicamente fornecidas pela divindade", o homem deve combater a tendência à exaltação afetiva dos desejos, *a imaginação errônea e exaltada, o monstro sedutor.* Da mesma forma que os monstros simbolizam uma função psíquica (a exaltação imaginativa), as armas emprestadas pela divindade dão forma a duas funções psíquicas: a força de espiritualização e de sublimação. O fato de que o homem, pela via da espiritualização-sublimação, tem o poder de vencer o monstro aterrador (o funcionamento doentio, a deformação mórbida) inclui *a responsabilidade.* O homem pode e deve, através do funcionamento sadio da psique, dominar a si mesmo e ao mundo. É a lei fundamental da vida. Assim, os combates heróicos dos mitos concretizam as aventuras essenciais de cada vida humana, constituídas pelas possibilidades de espiritualização-sublimação e de perversão. Essas aventuras míticas em seu conjunto nada são além da própria vida psíquica, suas manifestações e seus fenômenos. A simbolização do combate heróico possui, portanto, um fundamento real, que confere sua veracidade à simbolização metafísica puramente figurada.

Com o intuito de compreender a significação dessa simbolização ética que se adiciona ao simbolismo metafísico (Criação) e que o sustenta, faz-se necessário completar a metafísica simbólica através de seu fundamento, a psicologia íntima da natureza humana. Não se pode pensar em expor aqui em detalhe a análise das reações sensatas e insensatas (ver *Psicologia da Motivação*). É indispensável, entretanto, resumi-las de maneira a ressaltar o paralelismo existente entre o funcionamento psíquico e os símbolos fundamentais empregados pelos mitos para que se possa abordar o sentido ético que permanece oculto por detrás da imagem dos numerosos combates empreendidos pelos heróis míticos.

O sentido real da vida resume-se na evolução. O funcionamento psíquico, tema dos mitos, é uma constelação evolutiva que resulta da evolução passada e aspira à evolução futura. Assim, o tema fundamental dos mitos é a evolução não somente do homem-indivíduo, mas de toda a espécie humana.

O homem distingue-se do animal pela função *consciente* cuja forma mais evoluída é o espírito. O espírito é uma via evolutiva destinada a adaptar a espécie humana e cada indivíduo não somente às necessidades mais imediatas (tal como tenta fazer o intelecto utilitário), mas à finalidade longínqua da vida. O espírito é uma função mais clarividente que o consciente, uma função *supraconsciente.* De uma maneira geral essa superação do consciente primitivo ainda não foi adquirida pelo conjunto da espécie: encontra-se em via de formação evolutiva. Precisamente em razão da dificuldade inerente a essa superação, encontra-se constituída na psique humana uma função parasitária que se opõe ao esforço evolutivo. Esta é caracterizada pela regressão em direção ao funcionamento pré-consciente, de modo que se cria uma questão intrincada entre o consciente e o inconsciente: hábitos ilógicos e idéias obsessivas. Esse funcionamento parasitário e doentio constitui o *subconsciente.*

Todas as funções da psique humana, consciente, supraconsciente, inconsciente e subconsciente, podem ser *reduzidas ao desejo.* E isto porque o desejo humano é uma forma evoluída da *necessidade biologicamente elementar* que anima toda vida (da insatisfação fundamental que caracteriza todas as formas de vida). O desejo é o resultado do processo de diferenciação por que passa a *necessidade elementar*, ao procurar tornar-se, através da via evolutiva, consciente de seus fins e de seus meios de satisfação.

Toda felicidade deve-se à satisfação da necessidade vital. No nível humano, onde a necessidade encontra-se diferenciada, a felicidade só pode ser adquirida graças à harmonização dos desejos múltiplos (materiais e sexuais). A harmonização conduz à felicidade mais intensa. *Todo sofrimento* tem sua causa no desejo insatisfeito: ele se define como *contraste entre desejo e realidade.* O sentido da vida é uma forma da realidade, é a realidade ideal, a verdade. Esta somente pode ser compreendida — o homem só pode colocar-se em harmonia com o sentido de vida — através do desejo espiritualizado (idéia) e do desejo sublimado (ideal).

O desejo é o fenômeno central da vida. A vida resume-se e é consumida no esforço incessante da transformação energética dos desejos. (Pelo desejo, a vida psíquica liga-se à sua contra-imagem, o mundo físico, e essa ligação opera-se através do incessante fluxo e refluxo das excitações.)

Dado que os mitos simbolizam a vida e seu sentido, o tema inesgotável de que tratam os mitos na sua linguagem enigmática são: o desejo e suas transformações energéticas (exaltação ou harmonização).

A satisfação harmoniosa dos desejos multiplicados aparece assim como o sentido último da vida. Este se define como a reaparição, porém sob uma forma diferenciada, dessa unidade primitiva de onde partiu a evolução. A vida harmoniosamente diferenciada, meta da evolução pré-consciente, permanece como o ideal de evolução do ser tornado consciente. Indica a direção sensata pela qual a vida em evolução tende a refluir ao princípio misterioso, ao mistério inesgotável de toda existência e de toda legalidade.

O mito não pôde prever toda extensão que tomariam o intelecto e suas invenções utilitárias em detrimento da unificação harmoniosa; previu entretanto todo o perigo de uma intelectualização revoltada contra o espírito harmonizador. Essa exaltação do intelecto, pela qual a cognição torna-se novamente um erro imaginativo em relação à vida e seu sentido, é um dos temas fundamentais dos mitos.

Para o intelecto exaltado, isolado do espírito, a visão espiritual dos mitos, o mistério, não existe. Pensa bastar-se a si mesmo e não o consegue, a despeito de todas as suas invenções. As próprias invenções voltam-se contra o homem que perdeu a direção evolutiva. Em vão ele procura substituir o sentido da vida pelo progresso. A vida tem fontes de insuficiência e de sofrimento muito profundas, trágicas e demasiado misteriosas para que o progresso possa afastá-las. *O mistério da vida inclui o mistério da morte.* O mistério, negligenciado pelo cálculo falseado do intelecto, termina por opor-se a este. Somente a felicidade resultante da realização essencial consegue dissolver, sublimar, o terror diante da morte. De nada serve reprimir o terror em lugar de dissolvê-lo sublimemente, pois é precisamente a repressão do terror diante da morte que vem a tornar-se a causa da exaltação destrutiva dos desejos insensatos.

Face ao imutável essencial, a exaltação da ação utilitária nada mais é que banalidade e vã agitação. O afeto cego que conduz à agitação deve ser não somente intelectualizado, mas também espiritualizado-sublimado, para que o homem possa recuperar a calma que lhe permitirá debruçar-se, sem medo nem exaltação, sobre a verdade essencial da vida que é o mistério, e para que possa contemplar sua manifestação legítima, em todos os fatos e fenômenos da vida aparente. Exprimindo o próprio contrário da agitação banal e do devaneio sentimental, essa contemplação calma e serena conduz à concentração de todas as energias e à sua ativação sensata. Segundo a sabedoria comum a todos os mitos e a todos os povos, essa ativação contemplativa constitui a potência suprema que conduz à plenitude, pois somente ela permite não mais viver o mundo na forma de obstáculo. Realização da idéia e do ideal ao mesmo tempo, ela é tanto representação objetivada, posse do mundo pela verdade e em verdade, quanto posse sublime de si, aceitação de tudo que é imutável, sem qualquer resíduo de afetividade subjetiva que se poderia transformar em terror diante da vida, em angústia de remorso, de rancor, de ódio. Ela é o amor que se estende sobre a vida, sob todas suas formas, a bondade.

O ideal último, entretanto, em razão da dificuldade de sua realização, não é senão longínquo e diretivo, e o sentido imediato da vida consiste na projeção de objetivos múltiplos, na formação de projetos sensatos orientados pelo espírito e realizados pelo intelecto. Mas o trabalho intrapsíquico da transformação energética não conduz necessariamente à formação evolutiva. Pode conduzir também à deformação doentia. (O combate mítico e heróico pode terminar em derrota.)

A deformação doentia do espírito é criada por um processo diametralmente oposto àquele da evolução espiritual, a estagnação da tendência evolutiva do desejo.

A representação dos objetos desejados, em lugar de ser esclarecida e objetivada, torna-se mais e mais subjetiva, *imaginativa*. Reforçada pela energia subtraída à representação, a afetividade torna-se impaciente e obsessiva. Com a exaltação do afeto tensionado pelo desejo, a insatisfação se exalta. Cria-se uma sobretensão, uma superexcitação insuportável. A excitação torna-se irritação.

Os desejos exaltados acumulam-se sem encontrar a descarga real. A psique não pode livrar-se deles de nenhuma maneira sensata. A função diretiva, a espiritualização-sublimação, desorienta-se. A descarga intelectual, ela também afetivamente ofuscada, já não encontra as vias da realização utilitária, regressando dessa maneira à imaginação de onde saiu.

A psique do homem que não se espiritualiza e tampouco intelectualiza-se de maneira eficaz, cujas funções conscientes e supraconscientes estão em desordem, encontra-se quase que inteiramente invadida pela *imaginação doentiamente exaltada*. Ora ela promete satisfações que ultrapassam qualquer possibilidade de realização, ora se esforça por justificar os desejos irrealizáveis e, conseqüentemente, insensatos, empenhando-se ainda em desculpar os fracassos reais e inevitáveis.

A doença manifesta irrompe em razão da transformação dos desejos exaltados em angústia exaltada. Esta inversão é inevitável precisamente porque os desejos exaltados já não correspondem a nenhuma realidade, portanto a nenhuma possibilidade de realização. O desejo não tem mais saída; perde sua própria essência, sua razão de ser, sua esperança, e desespera-se, torna-se angústia. *A angústia é o desejo sob forma negativa.*

A angústia é um estado convulsivo porque se compõe de duas atitudes diametralmente opostas: a *exaltação desejante* e a *inibição temerosa*. Esta situação psíquica de natureza contraditória é atribuída à perturbação de não saber mais de que maneira reagir. A desorientação que produz a convulsão não atinge somente todas as funções psíquicas (pensamento, vontade, sentimentos), reduzindo-os, num círculo vicioso, ao estado de exaltação imaginativa do qual a angústia originariamente partiu; a perturbação convulsiva atinge igualmente a inervação do corpo, a motilidade, as vísceras, a secreção glandular. Fica claro portanto que, por um lado, a angústia, em sua origem um fenômeno psíquico, pode produzir sintomas orgânicos e que, por outro lado, toda intervenção suscetível de acalmar a angústia pode subitamente fazer desaparecer os sintomas, o que pode levar a acreditar em curas miraculosas.

A imaginação angustiada pode exaltar-se até o ponto de tornar-se delirante e alucinante. *Os graus de deformação do espírito vão assim de simples irritação nervosa ao desvario, até a perda total da presença do espírito*. Todas essas etapas fundam-se em uma raiz comum: a angústia que, em última análise, é a expressão da culpa vital, o sentimento de ter caído fora do sentido da vida. *Os diversos sintomas que correspondem aos diferentes graus de angústia deformante, devem-se ao recalcamento da angústia culposa e à sua reaparição sob forma onírica, simbolicamente disfarçada. O devaneio imaginativo tornado sonho subconsciente* irrompe na vida consciente e destrói a coesão do eu, a individualidade, *suporte da multiplicação excessiva dos desejos e, em conseqüência, causa original da culpa provocada pelo esquecimento do apelo evolutivo do espírito.** O mito representa, por essa razão, o tormento angustiado que acompanha todos os graus de desvio em relação a esse apelo, manifestando-se como um "castigo" infligido pelo espírito simbolicamente personificado, a divindade.

Entre a criação do sintoma psicopático e a criação do mito, existe uma afinidade profunda. Tanto um quanto outro são projeções extraconscientes de natureza simbolizadora. Assim sendo, o próprio sintoma psicopático é também um tipo de expressão mítica, com a diferença, entretanto, de que o mito é uma criação coletiva do sonho supraconsciente da verdade, enquanto que o sintoma psicopático é o produto individual da quimera subconsciente. Os mitos são imagens-guia destinadas a influenciar de uma maneira sublime a deliberação íntima e a preparar desse modo a ação sensata; os sintomas patológicos são a explosão ativa de uma falsa deliberação, que, subconscientemente obsessiva, toma conta do soma e o obriga a exprimir ativamente, mas simbolicamente disfarçados, os desejos inconfessáveis (por ex. cleptomania) ou as angústias recalcadas (por ex. paresia histérica). O indivíduo atingido encontra-se "habitado" pelo espírito doentio, maléfico (a exaltação imaginativa: a *folle du logis*). Ele é "possuído" por ela. Move-se e age como um sonâmbulo, hipnotizado por seus desejos recalcados, desnaturados, cristalizados em angústia culposa. O mais alto grau da doença psíquica, a loucura, indica que a angústia se transformou-se em terror, e que a auto-hipnose se tornou permanente.

---

* DIEL, P. – *La peur e l'angoisse*. Payot, Paris

A despeito desta diferença entre simbolismo mítico e simbolismo patológico, a pré-ciência supraconsciente dos mitos mostra-se em condições de incluir na sua simbolização do funcionamento psíquico a significação dos sintomas doentios, a compreensão da deformação psíquica e de sua causa essencial, a degradação do impulso evolutivo em angústia culposa, castigo imanente ao desvio essencial.

No entanto, para que se possa entrever em todos seus aspectos a justiça implacável inerente à vida (simbolizada pelo julgamento da divindade), que em verdade, de modo absolutamente natural, provém do desejo essencial, do impulso evolutivo, é preciso levar em consideração uma outra deformação psíquica mais corrente do que a irritação nervosa, a euforia banal. Tendência perversa da sobretensão, angustiada devido à acumulação dos desejos exaltados, *a banalização* apresenta-se como um estado de subtensão energética. Cada desejo é imediatamente contentado, nenhum deles pode ser contido: nenhuma tensão sensata, nenhuma energia evolutiva pode ser formada, a energia esgota-se em movimentos vãos. Dado que não há qualquer desejo contido, nenhum trabalho de espiritualização ou sublimação torna-se possível. Resta somente o vazio interior. A psique, mesmo continuando a funcionar automaticamente, está desprovida de toda verdadeira animação. Não se trata mais da doença do espírito, trata-se agora, segundo a simbolização mítica, do mais terrível castigo que pode atingir o ser que se tornou consciente, a banalização, a "morte da alma" (morte do impulso que anima, morte simbólica que atinge o homem durante sua vida).

O perigo monstruoso de que falam os mitos é a estagnação evolutiva. O monstro, simbolicamente representado enquanto ameaça exterior, é na verdade o perigo essencial que reside na psique, *a imaginação exaltada em relação a si mesma, a vaidade.* Quer nos fazer crer que ela é a perfeita realização do sentido evolutivo, no entanto, a vaidade é a deformação do espírito por excelência; o contrário da lucidez, a cegueira em relação às próprias faltas. O sentimento de culpabilidade que se liga a cada uma das faltas cometidas, na medida em que não seja vaidosamente recalcado, é uma expressão de lucidez, e o apelo do espírito tornado acusador o alerta contra um desarranjo da harmonia reconfortante. A vaidade, a incapacidade de suportar a advertência, transforma o sentimento de culpabilidade em culpa real e incontrolável. Este é o desvio definitivo que gera ações insensatas: a reaparição obsessiva, alucinante e delirante do afeto, não mais evolutivamente, mas doentiamente contido (recalcado). *A estagnação vaidosa corresponde à medida exata do esforço evolutivo que o homem deveria ter cumprido e na realização do qual falhou; suas conseqüências destrutivas são a exata medida da culpa do homem em relação à vida.* Vaidade e culpabilidade exaltada são os dois pólos ambivalentes de uma única e mesma deformação doentia do espírito: a estagnação do impulso evolutivo, seu insuficiente desenvolvimento em pulsão espiritual. A perversão, sobre a qual mais freqüentemente insistem os mitos, é a deformação doentia do espírito e seu signo mais claro: a vaidade culposa, a culpabilidade vaidosa.

O único remédio, consoante o sentido mais profundo dos mitos, é não exaltar a culpa a fim de não torná-la insuportável, não justificá-la pela via de uma falsa interpretação vaidosa, cegueira afetiva do espírito. Tal cegueira não consiste somente na constante desculpa em relação a si mesmo e na inculpação de outrem, como também na completa incapacidade de dar-se conta de sua própria falta, dar-se conta dessa atitude desculpante e acusadora. Dessa maneira, cada um tende a assumir uma atitude de *indignação*, exaltando sentimentalmente seu sofrimento. Difundida através do mundo, inadvertida e não percebida, — causa de todas as injustiças imaginadas e reais — essa atitude de falsa motivação é o traço perverso característico do ser que se tornou consciente, mas cuja consciência não conseguiu ainda afirmar-se evolutivamente. A presunçosa justificação de si mesmo, fonte de ações culpáveis, é o mal secreto que corrompe a vida, o monstro mítico que devasta o mundo e que destrói as almas (que devora os homens). O homem que ousa atacar esse monstro é, miticamente, o herói. Ele não vencerá o combate sem ser investido das armas simbolicamente cedidas pela "divindade", as quais, para serem eficazes, têm de constituir-se na clarividência espiritual em relação às motivações (o inverso do recalcamento vaidoso), e sua resultante, a pureza da atividade (o inverso da ação culpável). Assim compreendido, o combate heróico, simbolicamente concentrado nos mitos numa única confrontação com o monstro, é na verdade uma luta cujas peripécias estendem-se sobre toda a vida do homem e mesmo sobre a vida de todos os homens, enfim sobre a vida em toda sua extensão. Segundo a significação mais profunda de seu combate contra o monstro, o herói mítico é representante do impulso evolutivo, a personificação do impulso espiritualizante. O espírito idealizado, a "divindade", torna-se, no plano simbólico, o pai mítico do qual o herói é "filho" e "enviado".

Desse modo, os mitos – pré-ciência psicológica – não contêm somente uma compreensão do funcionamento evolutivo e involutivo da psique, neles encontra-se ainda a advertência sobre a existência de uma luta contra a involução, luta esta que o homem, para seu próprio bem essencial, deve levar a cabo, com o objetivo de encontrar a satisfação, o sentido da vida. A visão supraconsciente do simbolismo mítico concerne à vida inteira: sua compreensão ideal (espiritualização) e sua realização ideal (sublimação).

O resumo precedente do funcionamento psíquico tem por finalidade demonstrar que a moral não é uma convenção social nem uma imposição sobrenatural, mas um fenômeno naturalmente inerente à vida: a adaptação ao sentido evolutivo da vida, a satisfação do desejo essencial e evolutivo, satisfação essa que só pode ser obtida graças ao domínio da multiplicidade dos desejos, sua harmonização (o contrário da exaltação imaginativa). *A moral é a economia do prazer, a valorização supraconsciente* que busca o prazer sublime. Nesse sentido, ela tenta realizar a satisfação essencial, a felicidade, preferível ao prazer perverso, à paixão obsessiva dos gozos fúteis. Esta preferência não é devida a qualquer sentimentalidade face a um princípio extra vital, mas à clarividência supraconsciente. Esta não é nada além que o pressentimento de uma direção evolutiva e também, conseqüentemente, o pressentimento de qualquer desvio em relação a essa direção que encarna a sensatez: a consciência. A consciência é o pressentimento, a pré-ciência da lei fundamental que governa a vida e que estipula que a todo desvio essencial (a todo desvio em relação ao desejo essencial) corresponde a angústia vital, o tormento da culpabilidade. A exaltação é insensata porque produz a inibição angustiante. Segundo essa lei que governa a vida em evolução (segundo a justiça inerente à vida), em caso de exaltação persistente, existe apenas um único meio, ainda que nefasto, de escapar à angustia culposa: a destruição completa do desejo evolutivo supraconscientemente prevista. Dado que o desejo evolutivo consiste exatamente no impulso que anima, sua destruição é uma perda essencial, a perdição essencial.

O mito designa a destruição banal do impulso que anima "a morte da alma". A lei psíquica e sua justiça imanente impõem ao homem, para o seu próprio bem essencial, orientar-se rumo ao sentido diretivo evolutivamente imanente à vida, sob pena de tornar-se vítima da desorientação vital, manifesta pela deformação psíquica sob uma de suas formas: *nervosidade* (exaltação em direção ao espírito) ou *banalização* (exaltação dos desejos materiais e sexuais). Estabelece-se assim, de um modo bastante natural, a escala de valores. A justiça inerente à vida não pode ser supraconscientemente prevista, nem conscientemente compreendida, sem que nasça na psique humana um sentimento de terror sagrado, inspirado pela profundidade misteriosa da existência evolutiva e da legalidade que a governa. Nisto consiste o sentimento religioso. A visão mítica expressou o terror sagrado; esta personifica sua justiça inerente e desenvolve a legalidade moral a partir da imagem personificadora "Divindade". A ciência da psique humana, a psicologia, tem por tarefa compreender a linguagem simbólica, produção do psiquismo. Sob pena de não conseguir realizar sua tarefa, a psicologia não deve abstrair nenhuma qualidade da psique: nem esse sentimento mais profundo que é representado pelo terror sagrado, nem a tentativa primitivamente supraconsciente de representar a imanência evolutiva pela imagem de uma transcendência. A pesquisa psicológica deve chegar a compreender que essa transcendência é uma imagem fundada sobre o sentimento imanente de terror diante da profundidade misteriosa da existência e sua legalidade. Ela só pode espiritualizar o terror sublime e sua primitiva expressão personificadora ao traduzir a linguagem simbólica do sonho supraconsciente em *linguagem conceitual com o objetivo de vir a compreender sua real significação.*

Esta redução da imaginação mítica a seu sentido psicológico secreto (a tradução metódica dos símbolos) torna-se possível somente se forem observadas duas condições: a primeira, de que a análise prévia do funcionamento psíquico seja verídica, e a segunda, de que os símbolos sejam realmente uma expressão enigmática desse mesmo funcionamento. A tradução do sentido oculto dos mitos visa portanto dois objetivos: a verificação da análise psicológica e a verificação da síntese mítica.

A análise do psiquismo seria impossível se a flutuação funcional não fosse sustentada por funções estabilizadas: as instâncias consciente e extraconsciente, e as pulsões compreendidas de uma maneira abrangente. A linguagem mítica pôde estabelecer sua terminologia simbólica somente a partir dessas funções estáveis, fixando-as através de símbolos de significação típica e constante.

Antes de entrar no detalhe da tradução, é preciso portanto estabelecer o quadro geral da simbolização, formado, segundo a significação oculta, pelas funções constantes do psiquismo e, segundo a aparência fabulosa, pelos símbolos mais típicos e constantes.

Esses símbolos fundamentais referem-se às três instâncias que são acrescidas à psique humana em relação ao inconsciente animal: a imaginação exaltadora e repressora (subconsciente), o intelecto (consciente) e o espírito (supraconsciente).

Os símbolos mais típicos são:

Para o espírito e o supraconsciente: o sol que ilumina e o céu iluminado; para a imaginação doentia e o subconsciente, a lua e a noite. A simbolização estende-se sobre uma completa genealogia de divindades solares e lunares, benéficas e maléficas.

Trata-se de uma reminiscência de uma antiga alegoria cósmica cujo valor psicologicamente significativo permanece com um caráter bastante global. Foi preciso, entretanto, mencioná-la pois ela forma a base do desenvolvimento da simbolização detalhada do mito autêntico.

Uma vez desenvolvida essa simbolização, o homem-herói torna-se a figura central dos mitos, o que faz com que o *habitat* do homem, a terra, adquira uma importância crescente para a imaginação simbolizadora.

A função supraconsciente e suas diversas qualidades são representadas por um ponto culminante da terra: o topo de uma montanha concebido como suspenso no céu, morada das divindades solares que simbolizam as qualidades da alma. O subconsciente e seus perigos são representados pelos monstros que irrompem da região subterrânea, da cavidade sombria, do antro. O ser consciente, o homem, habita a superfície da terra. Ele deve, para empregar a expressão mítica, adorar (imitar ativamente) as divindades e combater os monstros. A arena onde se dá esse combate é representada pela terra; no caso do conflito intrapsíquico, porém, a arena é o consciente. Toda a terra torna-se assim símbolo do consciente e de sua situação conflituosa, símbolo do desejo terrestre e de suas possibilidades de sublimação e de perversão. Dessa maneira, as dívindades maléficas, antes associadas à lua, encontram-se afinal associadas ao perigo monstruoso, sendo concebidas como habitantes das regiões subterrâneas, a cavidade central: o inferno, o Tártaro.

Entretanto, da antiga alegoria cósmica "sol-princípio do bem", vemos aparecer uma outra via de simbolização que não utiliza mais a diferença entre a terra ensolarada ou obscurecida (elevada em direção ao céu ou decaída no abismo), passando a vigorar a diferença entre o fogo que ilumina ou queima. O sol e seus raios, antes símbolo de fecundação, torna-se símbolo do *espírito* que ilumina.

O *intelecto* é simbolizado pelo fogo terrestre. A labareda que sobe em direção ao céu representa o impulso em direção à espiritualização. O intelecto sob sua forma evolutiva é serviçal do espírito. A labareda porém tem também um caráter vacilante, o que faz com que o fogo represente igualmente o intelecto enquanto negligente em relação ao espírito. A descoberta do fogo e de seu domínio é a condição de todas as engenhosidades do intelecto utilitário. E é através do conjunto de suas descobertas que o homem, ao tentar tornar a terra mais habitável, é levado a satisfazer de modo exclusivo seus desejos terrestres, a multiplicá-los e esquecer a orientação que aponta a direção sensata e evolutiva. O fogo tornase assim representativo do intelecto em sua forma revoltada.

A terceira instância espiritual, a mais primitiva, é a *imaginação.* Facilmente exaltável, quando não dirigida pelo intelecto, que por sua vez deve ser governado pelo espírito, a imaginação exaltada torna-se o princípio do mal. O oposto perfeito do princípio do bem, simbolizado pela labareda iluminadora, a imaginação exaltada encontra-se simbolizada pelo fogo fumegante e devorador. O simbolismo do fogo, dessa maneira, aproxima-se, em última análise, da representação do subconsciente (cavidade subterrânea) onde queima o fogo do inferno.

Ao simbolismo do fogo corresponde uma outra representação das instâncias espirituais: o simbolismo da água.

A água e o fogo são, tanto um quanto outro, símbolos de purificação. O fogo simboliza a purificação pela compreensão, sob sua forma mais espiritual: a luz, a verdade; a água simboliza a purificação do desejo sob sua forma mais sublime: a bondade. A água é o símbolo da purificação do caráter (daí o rito que prefigura simbolicamente esta purificação, a água lustral).

Aqui também o simbolismo descende da antiga alegoria cósmica e agrária que visa tão somente à fecundação da terra. Tomando o significado de fecundação da alma, estende-se sobre todas as outras instâncias, desdobrando-se na forma do contraste fecundidade-esterilidade. A fecundação sublime é representada pela água que cai do céu, a chuva, e, conseqüentemente, pela nuvem. A vida humana, seus desejos e seus sentimentos, encontram-se representados pelo rio que atravessa a terra e se lança ao mar. O mar representa, assim, a imensidão misteriosa em direção à qual a vida se encaminha e de onde emerge. Neste sentido, o mar torna-se símbolo do nascimento. Sob esse aspecto, encontra-se associado à terra, que representa o princípio feminino e passivo da "fecundação" misteriosa, da "Criação": a "Terra-Mãe" oposta ao símbolo "Espírito-Pai". Aparece com freqüência uma simbolização que promove uma distinção entre a imensa superfície do mar e suas profundezas: os heróis amiúde navegam e erram sobre o mar, quer dizer, ficam expostos aos perigos da vida, simbolizados pelos monstros que surgem das profundezas. A região submarina torna-se, assim, símbolo do subconsciente. A perversão encontra-se igualmente representada pela água misturada à terra (desejo terrestre), ou estagnada, que perdeu sua propriedade purificante: o lodo, a lama, o pântano. A água congelada, o gelo, exprime a estagnação em seu mais alto grau, a falta de calor da alma, a ausência do sentimento vivificante e criador que é o amor; a água congelada simboliza a completa estagnação psíquica, a alma morta.

Um considerável enriquecimento da terminologia mítica é obtido por um procedimento que não mais privilegia as instâncias amplificadoras (espiritualizantes ou pervertedoras), mas as pulsões amplificadas (espiritualizadas ou pervertidas).

A perversão do espírito, a vaidade, ou – o que dá no mesmo – a culpabilidade recalcada (portanto a vaidade culposa), é simbolizada pela serpente, o animal magicamente aterrorizante que rasteja sobre a terra e cuja picada é mortal. (Pelo fato da serpente-vaidade representar a "morte" do espírito, a serpente torna-se a imagem da morte em geral, símbolo mortuário)

A perversão da pulsão social, a tendência dominadora, é simbolizada pela força bruta: leão, touro.

A sexualidade pervertida encontra sua simbolização através de animais considerados impuros, principalmente o bode e o porco.

Estes poucos exemplos estão longe de esgotar toda a riqueza da simbolização relativa às pulsões dilatadas e aos múltiplos desejos que delas derivam. Além da representação simbólica baseada nos animais, seria preciso acrescentar, entre outros, o simbolismo não menos típico das cores e dos números. Pode ser suficiente, entretanto, citar aqui unicamente exemplos destinados a ilustrar o princípio da formação da linguagem mítica, conquanto seja desenvolvido de maneira mais ampla quando da tradução detalhada dos mitos.

Psicologicamente, a sublimação é uma transformação energética da perversão: a energia psíquica pode ser sublimada ou pervertida. Esta transformação energética reflete-se sobre o plano da expressão mítica através da transfiguração dos símbolos. Todos os símbolos típicos da perversão podem servir igualmente para exprimir a sublimação, isto com a condição de que esta transformação da significação esteja indicada por uma transformação do símbolo, geralmente por uma atribuição que significa a negação da perversão (por exemplo, a adjunção das asas, expressão da elevação sublime). Desse modo, até mesmo a serpente, símbolo da perversão essencial, da perversão do espírito, pode tornar-se símbolo da espiritualização e mesmo símbolo da divindade. A serpente domesticada é um símbolo freqüente das divindades que têm uma significação espiritual. A serpente morta significa a vitória definitiva sobre a vaidade, a libertação em relação à culpa. Em geral, a sublimação é expressa pela vitória do herói que mata o monstro, os animais fabulosos, ferozes ou repugnantes.

Assim, podemos conceber de que maneira a visão supraconsciente e mítica formula sua pré-ciência psicológica graças a uma terminologia evidentemente figurada, e no entanto, precisa e flexível. Cada uma das funções da psique é representada por uma figura personificada, e o trabalho intrapsíquico de sublimação ou de perversão encontra-se expresso através da interação desses personagens significativos. Zeus é o espírito; Apolo, a harmonia dos desejos; Palas Atená, a inspiração intuitiva; Hades, o recalcamento; etc.. O impulso evolutivo (desejo essencial) encontra-se representado pelo herói: a situação conflitiva da psique humana é representada pelo combate contra os monstros da perversão. Todas as constelações do psiquismo, sublimes ou perversas, são dessa maneira capazes de encontrar sua formulação figurada e sua explicação, simbolicamente verídica, com a ajuda do simbolismo da vitória ou derrota deste ou daquele herói em seu combate contra este ou aquele monstro de significação determinada e determinável.

A terminologia simbólica dos mitos chega assim a desenhar em grandes linhas a imagem da história essencial da espécie que se tornou consciente: a perda da segurança instintiva e a conquista da certeza espiritual que se encontra somente na verdade (espiritualização) e na harmonia (sublimação). Na perspectiva essencial encarnada nos mitos, cada homem pode ser considerado um ensaio da natureza com vistas à realização do impulso fundamental. Sob pena de extrair da vida unicamente insatisfação, a justiça inerente lhe impõe incorporar-se ao esforço evolutivo e contribuir para sua realização na exata medida de suas forças. A satisfação essencial, a felicidade, é o sentimento experimentado pelo homem de sua própria força em plena atividade, manifestada pelo desdobramento das qualidades positivas. O destino essencial do homem resulta de seu acordo ativo ou de seu desacordo imaginativo em relação ao sentido evolutivo da vida, é a resultante de sua atividade essencial, de sua valorização justa ou falsa, de seus julgamentos de valor vitalmente sensatos ou errôneos. O homem pode julgar falsamente a vida, mas não pode escapar às conseqüências de seu julgamento desgarrado que constitui sua falta vital, sua culpa essencial. Visto sob o aspecto essencial, o ser tornado consciente, chamado a fazer uma escolha responsável, prepara seu próprio julgamento, julga a si mesmo em relação ao valor essencial que é o sentido evolutivo. Nesta responsabilidade essencial do homem resume-se o sentido mais profundo dos mitos, a legalidade misteriosa cujo símbolo supremo é "a divindade" sob seus dois significados figurados: o de Criador metafísico e de juiz moral.

A psicologia do extraconsciente herda da pré-ciência mítica a questão do sentido evolutivo que, no plano humano, torna-se a meta ideal. Entretanto, não seria o estudo dos mitos que teria o poder de revelar à psicologia íntima os dados da questão evolutiva. Ao contrário, é a pesquisa autônoma de um fundamento biogenético indispensável à psicologia que a levou a interessar-se pelos mitos. Isto aconteceu a partir do dia em que a psicologia constatou que sua questão essencial — a imanência dos valores e seu enraizamento no sentido evolutivo da vida — já havia sido tratada de uma maneira figurada através da fabulação supraconsciente dos mitos. Teria sido absolutamente impossível entrever esse paralelismo surpreendente, se, por um lado, o estudo do funcionamento psíquico não tivesse avançado o suficiente para conseguir estabelecer as condições de formação e de deformação psíquica, e se, por outro lado, a pré-ciência mítica não tivesse sentido a necessidade de fixar estas condições através dos símbolos estáveis das divindades e dos monstros. Assim procedendo, seria suficiente observar que a multiplicidade das divindades e dos monstros representam as diversas qualidades e deficiências psíquicas, para que se colocasse de uma maneira inelutável o problema de saber se esse paralelismo verifica-se em todos os detalhes da simbolização.

É certo que a possibilidade de uma tradução detalhada permanece ainda como uma hipótese. Trata-se, no entanto, de uma hipótese que se tornou verificável, pois basta conhecer em princípio o sentido geral comum a todos os mitos (o funcionamento psíquico e sua extensão evolutiva) e a significação de um certo número de símbolos constantes, para possuir a chave da tradução. A partir dos símbolos de significação conhecida, deve ser possível determinar o sentido oculto de outros símbolos típicos concernentes igualmente ao funcionamento psíquico (instâncias, pulsões dilatadas, sublimação-perversão, etc.), com o intuito de finalmente compreender o sentido oculto da fabulação, variável para cada mito em particular, e cuja infinita riqueza não concerne mais ao quadro do funcionamento psíquico, e sim às flutuações do conflito intrapsíquico e seu resultado, o comportamento sensato ou insensato.

O método assim exposto, que vai do típico ao variável, em nada difere do procedimento científico empregado para a decifração de qualquer expressão enigmática, por exemplo, os hieróglifos.

Uma última observação impõe-se no que diz respeito ao método de tradução.

Em razão da extrema riqueza que caracteriza a fabulação mítica, a explicação deve guiar-se por uma regra rigorosa que não termine por perder-se num jogo de palavras. Tal regra consiste em nunca contentar-se com a tradução isolada de um traço simbólico. A interpretação de um símbolo só pode ser considerada como comprovada se o sentido adotado explicar não somente o mito em questão, mas também todos os mitos que contêm esse símbolo.

Disso resulta que a explicação não pode, desde o princípio, desenvolver, com toda intensidade, sua força de convencimento. Torna-se inevitável introduzir ao início, através de simples afirmação, a significação dos símbolos, sem que se possa provar sua fecundidade geral. Com o objetivo de dar conta deste inconveniente, será indispensável, sobretudo no início, interromper freqüentemente a tradução do mito estudado, para demonstrar suas afinidades com outros mitos muitas vezes pertencentes a outro círculo cultural. Acresce-se ainda uma outra dificuldade: a complexidade psicológica do sentido de um símbolo, mesmo com uma significação típica, não pode ser circunscrita por uma definição única. A explicação psicológica deve desenvolver o encadeamento, freqüentemente muito complexo, dos motivos e das reações. A fabulação de um único mito, entretanto, não esgota todas as resultantes das reações sublimes ou perversas encobertas pela significação oculta deste ou daquele símbolo. É próprio do trabalho intrapsíquico operar através de uma transformação energética que se estende pouco a pouco sobre o conjunto do conteúdo psíquico. A sublimação ou perversão de um dado sentimento exerce seu poder de sublimação ou de perversão sobre outros sentimentos, e a legalidade destas transformações constitui uma espécie de cálculo psicológico que se torna o melhor guia de tradução. As adições explicativas guiadas por esse cálculo podem, inicialmente, dar a impressão de que o desenvolvimento ultrapassa em muito o quadro de determinado mito e aquilo que poderia exprimir como seu sentido oculto.

Todos esses inconvenientes desaparecerão, assim esperamos, à medida que avancemos na operação de tradução. De fato, uma vez traduzido um número relativamente grande de mitos, de maneira que o sentido dos símbolos freqüentes e o valor da operação de cálculo encontrem-se suficientemente provados por múltiplos exemplos, e, ainda, quando todas as reações psíquicas que este ou aquele símbolo encerra estiverem desenhadas com clareza através da tradução de diferentes mitos, será então suficiente introduzir a significação dos símbolos cuja tradução é segura, para que se evidencie o sentido de cada novo mito.

A dupla verificação da hipótese que acaba de ser exposta (a verificação da mitologia enquanto pré-ciência psicológica e da psicologia íntima enquanto instrumento de decifração) será obtida, sem contestação possível, se o método em questão fizer surgir de cada mito uma significação que compreenda as múltiplas facetas de um sentido comum a todos os mitos. Nenhum esforço de reconstrução artificial poderia obter tal resultado.

O artifício seria inevitavelmente descoberto, pois a tradução se chocaria com dificuldades crescentes e, finalmente, insuperáveis. O rigoroso método que acaba de ser proposto só pode ser aplicado, inclusive aos detalhes da tradução, se as fabulações multiformes, elaboradas a partir da visão mítica, coincidirem realmente com os diversos aspectos de um único sentido oculto. No que se refere às reações psíquicas e vitais, este sentido oculto só pode consistir no sentido verídico da vida.

Uma conseqüência extremamente importante resultaria desse fato:

Do sentido da vida provém a tarefa sensata. A alma pré-lógica teria representado este sentido através de uma imagem enigmática. Facilmente mal compreendida, esta imagem, transformada em imaginação exaltada, leva a crer que o sentido da vida somente poderia ser encontrado fora dela mesma. A tarefa sensata torna-se assim um dever insensato, um moralismo oposto à natureza, imaginado como suspenso nas nuvens e que só inspira temor ou escárnio. Será possível que chegue o dia em que, tornada consciente de si mesma e de sua imagem, compreendendo o segredo lógico da vida, a psique venha a criar uma Psicologia da vida que reconcilie a moral e a natureza?

Da tarefa sensata, compreendida como inerente à vida, provirá de modo absolutamente natural o conjunto dos valores e sua força harmonizadora, suscetível de guiar os indivíduos, e conseqüentemente as sociedades, em seu esforço cultural, em seu combate, que só se mostra heróico porque miticamente profundo: o combate evolutivo.

Nesta perspectiva, a tradução dos mitos (que permaneceram como centros vivos de cultura até nossos dias), longe de ser um esforço doutrinário e teórico, revela seu alcance mais profundo e sua natureza eminentemente prática.

SEGUNDA PARTE

TRADUÇÃO DO SIMBOLISMO MÍTICO EM LINGUAGEM PSICOLÓGICA

1. O Combate contra a exaltação

ÍCARO

Para começar por um mito, ou simplesmente o que se poderia chamar de um fragmento mítico, a história de Ícaro apresenta-se como uma escolha interessante, dado que sua tradução não encontra muita dificuldade.

A pedido de Minos, rei de Creta, Dédalo, pai de Ícaro, constrói o Labirinto com o objetivo de aprisionar um monstro, o Minotauro. Neste episódio os elementos históricos e míticos misturam-se uns aos outros. Ainda em nossos dias, em Creta, há uma construção chamada labirinto. Minos e Dédalo parecem ser personagens históricos, o primeiro tornado legendário por sua sabedoria, o segundo, por sua engenhosidade e argúcia. Por outro lado, o Minotauro, metade homem, metade touro, é um ser fabuloso, devendo ter, portanto, uma significação simbólica. Isto confere um sentido velado a todo o episódio, abrangendo tanto o Labirinto quanto os personagens históricos: Minos, Dédalo, Ícaro. Unicamente a significação simbólica, calcada sobre os fatos históricos, é que os preserva do esquecimento de que são vítimas tantos eventos desses tempos remotos. Segundo a narrativa da fábula, Minos aprisiona Dédalo no Labirinto para puni-lo por sua traição. Com efeito, Dédalo havia conspirado contra Minos ao ajudar Poseidon, a divindade reinante, a seduzir a mulher de Minos, Pasífae. Dessa união nasce o monstro Minotauro.

A história de Minos e do Minotauro assim resumida contém tal quantidade de fatos ilógicos e de personagens irreais, que torna impossível tentar desde já decifrá-lo. A explicação da significação subjacente será dada ulteriormente pela tradução do mito de Teseu.

A história da fuga de Dédalo e Ícaro não é, no mito de Minos, senão um episódio, mas contém símbolos (quer dizer, expressões aparentemente absurdas, ou ao menos ilógicas), cuja significação psicológica é relativamente fácil de compreender.

Conta o mito que Dédalo, homem engenhoso, querendo fugir do Labirinto, constrói asas para si e seu filho. Essas asas, no entanto, são de cera. Eis novamente um fato irreal e ilógico. Ninguém acreditaria que se pudesse voar com a ajuda de asas de cera artificialmente presas aos ombros. Trata-se, portanto, aqui também, de um fato mítico, um símbolo. O que significa?

Se as asas construídas por Dédalo tem o valor de um símbolo, Dédalo, o construtor, deve ter ele próprio uma significação simbólica. Segundo o princípio desta tradução, a significação oculta de cada símbolo deve manter relação com uma função psíquica, e Dédalo, o homem engenhoso, só pode estar representando o intelecto. Seria Dédalo um símbolo do intelecto?

Pretendem alguns que o intelecto, a despeito de toda sua engenhosidade, só poderia chegar a construir "asas artificiais", que toda a técnica não constituiria senão um obstáculo para atingir as regiões mais elevadas da vida. Uma tal condenação sumária do intelecto permanece como uma opinião individual e contestável, inapta a servir à explicação de um mito. Ela contém, entretanto, um traço ao qual se deve prestar atenção, que sugere uma forma depravada do intelecto: o mau uso das invenções técnicas. Seria preciso examinar, portanto, se os mitos sabem distinguir entre uma forma perversa e uma forma sadia do intelecto.

No mito grego, a divindade que simboliza o intelecto é Hermes (ao menos entre as divindades do Olimpo, uma vez que existem outras divindades que representam o intelecto, tal como Hefesto, deus do fogo e do trabalho engenhoso). Hermes é o intelecto a serviço do *espírito* simbolizado por Zeus. Hermes é o mensageiro de Zeus, tal como o intelecto é o intermediário entre o espírito do homem e sua afetividade. Tem por atributo simbólico as sandálias aladas, que significam a força de elevação, o que constitui uma variante do símbolo central do mito de Dédalo. Entretanto, convém assinalar que o intelecto, quando comparado ao espírito, é um meio parcial e imperfeito de elevação. Mesmo que Hermes, divindade do Olimpo, simbolize o intelecto em sua forma sadia, próxima do espírito, isto não impede que em sua significação se encontre a alusão a uma forma do intelecto pouco elevada e puramente utilitária: Hermes é a divindade que preside o comércio. Além disso, porém, nesta representação olímpica do intelecto encontram-se reunidas todas as transformações possíveis dessa função lúcida, com Hermes significando até mesmo o intelecto pervertido: ele é o protetor dos ladrões. O mito, portanto, sabe discernir muito bem a forma perversa do intelecto, mesmo que, com freqüência, as duas formas apareçam condensadas em um único símbolo.

Dédalo, construtor das asas artificiais que quase não têm poder de sustentação, deve talvez encarnar o intelecto perverso, ainda que, sob certos aspectos, possa igualmente significar o intelecto sadio. Dédalo não é somente o inventor das asas de cera, sendo também o construtor de sua própria prisão, o Labirinto. Tanto quanto o autor, sua obra deve ter uma significação. E qual seria o sentido oculto que conviria ao Labirinto, esse lugar no qual erra o homem aprisionado sem esperança de encontrar saída, não fosse aquele do subconsciente? Desse modo, o construtor do Labirinto simboliza o intelecto pervertido, o pensamento afetivamente ofuscado que, ao perder sua qualidade de lucidez, transforma-se em imaginação exaltada, confinando-se em sua própria construção, o subconsciente.

Sendo o Labirinto símbolo do subconsciente, Dédalo e seu filho esforçam-se por escapar da perversão da qual Dédalo, ele próprio, foi o inspirador (o construtor). O intelecto, procurando libertar-se do domínio da perversão, esforça-se por reencontrar sua forma sadia, mas a insuficiência dos meios por ele empregados (asas de cera), permite prever o fracasso de sua tentativa. O mito exprime, o mais claramente possível, duas significações: o desejo exaltado de elevação e a insuficiência dos meios empregados. Além disso, entretanto, mesmo convidando seu filho a servir-se da precária invenção, Dédalo lhe dá um conselho dos mais sensatos quanto aos dois perigos a serem evitados. Conjura Ícaro a não permanecer muito próximo da terra, mas também, e sobretudo, evitar uma ascensão muito audaciosa; a aproximação imprudente ao sol. Não se trata somente de um conselho intelectualmente sensato, é muito mais que isso: uma primeira indicação do ideal grego, o ideal do justo meio, o ideal da medida, prova evidente de que todo o mito, segundo seu sentido oculto, deve com efeito falar das funções psíquicas que permitem aproximar-se da realização do ideal ou que ameaçam dele distanciar-se. Ao substituirmos o sol por seu significado simbólico, o espírito, torna-se evidente que Dédalo previne seu filho contra o perigo ao qual estaria exposto se alimentasse o desejo desmesurado de escapar das regiões perversas (Labirinto) na vã esperança de poder atingir a região sublime através unicamente de um meio absolutamente insuficiente que é o intelecto (as asas de cera).

A vitalidade da elevação superior àquela propiciada pelo intelecto, o impulso capaz de atingir as regiões sublimes, é simbolizado por asas verdadeiras, presas ao corpo de um modo natural, representação de uma necessidade vital, de uma força de ascensão que emana de uma maneira absolutamente natural e sadia da organização psíquica. As asas verdadeiras simbolizam, portanto, a imaginação sublime, tal como as asas dos espíritos puros, dos anjos, as asas de Pégaso, o cavalo das musas, símbolo claro da inspiração sublime e da imaginação criadora. A imaginação perversa, por outro lado, é freqüentemente simbolizada pelas asas de animais noturnos. Assim, por exemplo, o diabo, o anjo decaído, personificação cristã da imaginação perversa, é dotado em algumas representações de asas de morcego.

Assim, as asas artificiais simbolizam o contrário da imaginação sublime, a imaginação perversa; o vôo muito próximo da terra, a sedução diabólica própria aos desejos exaltados que se transformam em devaneio. Ícaro, representando o intelecto, não sob seu aspecto astucioso como Dédalo mas sob um aspecto vaidosamente cego, não escutará o conselho de seu pai. No plano psicológico, é do intelecto previdente e prudente que nasce a cegueira vaidosa, quando a lucidez engenhosa, traindo o espírito, é aplicada somente de uma maneira utilitária e astuciosa. Isto é expresso pelo mito através da relação pai e filho, que constitui um simbolismo típico: representa uma "filiação", quer dizer, uma ligação de engendramento entre as qualidades e os defeitos da alma. O intelecto (o pai) engendra, na medida exata de sua perversão, a imaginação exaltada (o filho), demasiadamente cega para poder usufruir dos conselhos sensatos. Ícaro, filho de Dédalo, o intelecto engenhoso, espera que suas asas o levem em direção ao sol, símbolo do espírito. O vôo em direção ao sol simboliza a espiritualização; porém, o vôo com a ajuda de asas de cera só pode significar a forma insensata da espiritualização: a exaltação vaidosa. Fiando-se vaidosamente em suas asas, que não passam de um artifício, o intelecto, tornado imaginação perversa, não mais escuta qualquer conselho prudente, não conhece mais limite: quer ser o espírito, propõe-se a atingir o sol. Este é o estado final e decisivo da revolta do intelecto contra o espírito. Mas o impulso exaltado, a imaginação perversa, a vaidade, as asas de cera, não oferecem real sustentação: quanto mais Ícaro se aproxima do sol, vale dizer, da vida do espírito, tanto mais o traem suas asas artificiais. O castigo é infligido pelo próprio espírito: o sol derrete as asas artificiais. Ícaro é fulminado e cai no mar.

O mar é o símbolo da vida, e navegar, "viajar" através da vida. Sua superfície infinita simboliza a vida com suas aventuras e perigos, enquanto que as profundezas submarinas, povoadas de monstros míticos, tornam-se símbolo do subconsciente. Freqüentemente, os heróis erram no mar da vida, numa viagem que simboliza seus combates essenciais, seus conflitos interiores, seus esforços em direção ao espírito. São socorridos pelas divindades do Olimpo e perseguidos por Poseidon que tenta fazê-los sucumbir, atraí-los em direção às profundezas (subconsciente). Assim como Zeus tem à mão o relâmpago, símbolo do esclarecimento espiritual (mas que pode transformar-se em raio, símbolo do castigo espiritual), Poseidon, irmão-inimigo de Zeus, o espírito sob uma forma negativa, tem o tridente que é igualmente atributo do diabo. Poseidon aparece como uma figura mítica cuja significação encontra-se aparentada àquela de Satã, o príncipe do Mal, princípio do Mal (da perversão) no mito cristão, significando tanto a sedução quanto o castigo, os dois inelutavelmente inerentes à perversão.

A fábula conta que, como castigo, Ícaro torna-se, por assim dizer, vítima de Poseidon. Ao querer alcançar por meios insuficientes o sol, o espírito, as regiões sublimes, Ícaro afoga-se, engolido pelas regiões submarinas. Perece definitivamente afogando-se no subconsciente do qual, antes de sua temerária tentativa de fuga, já havia sido prisioneiro (no Labirinto). Símbolo do intelecto que se tornou insensato, símbolo também da imaginação perversa, Ícaro é uma personificação mítica da deformação do psiquismo caracterizada pela exaltação sentimental e vaidosa em relação ao espírito. Ele representa o *nervoso* e seu destino. A tentativa insensata de Ícaro permanece um paradigma para caracterizar a *nervosidade* em seu mais alto grau, uma das formas de doença do espírito: a loucura da grandiosidade, a megalomania.

Não é unicamente nos mitos que o vôo expressa o desejo de elevar-se acima da vida material e terrestre. Expressão do desejo de sublimação, o vôo é freqüente no sonho noturno. Visto que a espiritualização-sublimação constitui o fenômeno essencial da vida psíquica, não é espantoso que o sonho de voar seja típico. Mas constitui-se sobretudo num sonho de *nervosos,* cuja doença consiste precisamente em querer e não poder espiritualizar-se; simbolicamente: não poder voar. Quanto menos ele se espiritualiza concretamente, mais impõe-se fazê-lo na imaginação. Gosta de imaginar-se dotado de uma excepcional capacidade de espiritualização. Esta imaginação, por não trazer nenhuma satisfação real, persegue o nervoso até mesmo no sono, manifestando-se subconscientemente, simbolicamente: ele sonha que voa. Este vôo sonhado é a expressão da vaidade: o nervoso, satisfeito pela sensação de vôo, simboliza seu desejo real, ainda que exaltado, de superar a si mesmo. Não dispondo, em razão de sua incerteza interior, de nenhuma outra medida para aferir essa superação senão a comparação com outrem, voar em sonho exprime o desejo vaidoso de superar a outrem, a todos os outros. Entretanto, todo desejo exaltado transforma-se facilmente em angústia, a vaidade em culpabilidade; de onde temos que, no sonho, o vôo é freqüentemente complicado por obstáculos intransponíveis, justa expressão daquilo que se passa na psique do nervoso. O desejo de elevação e sua satisfação sonhada transformam-se em angústia associada à queda, e mesmo em sonho de queda (expressão simbólica da realidade vivida, dos revezes reais, conseqüência inevitável de uma falsa atitude em relação à vida real). O sonho de voar termina por transformar-se em pesadelo.

No mito de Ícaro, a culpabilidade não se expressa por nenhum símbolo específico. Este mito simplifica os dados psíquicos e condensa a história da elevação e da queda do falso herói em uma única tentativa. Por essa razão, Ícaro não tem possibilidade de arrepender-se, e nem mesmo experimentar a culpabilidade. De fato, a verdade psíquica não pode ser esgotada por um único mito, sendo, na realidade, mais complexa que o mito de Ícaro deixa entrever. A queda definitiva raramente se produz depois de uma única tentativa de elevação.

A aventura de Ícaro é a de todos os ambiciosos do espírito; para estes, entretanto, elevações e quedas alternam-se e repetem-se. Recaem incessantemente do nível das exaltações em relação ao espírito ao nível da exaltação dos desejos corporais (prisioneiros que são das profundezas subconscientes da vida); tentam elevar-se novamente, retomar o vôo em direção ao ideal, simbolizado pelo sol, para recair muitas vezes definitivamente, como Ícaro, nas profundezas subconscientes (oceânicas), a doença psíquica.

Dado que o mito de Ícaro só foi escolhido com o objetivo de obter-se uma base de partida para uma tradução geral dos mitos, faz-se necessário, a fim de aumentar essa base, completar esta primeira tradução com algumas considerações psicológicas de ordem geral. Esta amplificação do sentido desvelado fornecerá detalhes significativos que a tradução do simbolismo ainda não revelou. No entanto, os detalhes a serem acrescentados apresentam-se tão somente enquanto variações de um mesmo sentido. O sentido velado de todos os mitos não é outro senão a inesgotável amplificação de um tema único, o qual, expresso no mito de Ícaro pelo simbolismo "elevação-queda", a despeito da diversidade das imagens variáveis, permanece como o tema mais impressionante da vida: o conflito essencial da alma humana, o combate entre espiritualização e perversão.

Para entrever a verdade psicológica geral que se depreende do movimento de elevação e queda de que fala simbolicamente o mito de Ícaro, importa compreender que a alternância das tentativas de elevação e queda, característica do falso herói, do nervoso, é conseqüência de um fato psíquico de primeira importância: as perversões de todos os desejos encontram-se sempre ligadas subconscientemente; a deformação da pulsão espiritual acompanha a deformação das pulsões corporais (nos níveis material e sexual). Para satisfazer os desejos exaltados das pulsões corporais, a imaginação perversa do nervoso cria um desvio subconsciente que conduz à via da falsa espiritualização, quer dizer, uma espiritualização que funciona apenas como pretexto e que, em lugar de ser um fim em si mesma, encontra-se reduzida a um simples meio para alcançar fins mais ou menos inconfessáveis. Esta deformação da pulsão espiritual, o ofuscamento vaidoso, priva a psique de sua clarividência (a visão criadora), fazendo com que ela se apegue ao signo exterior do sucesso (a celebridade, por exemplo), que, por sua vez, será imaginado como um meio de satisfazer as promessas das pulsões corporais exaltadas em direção ao lucro e à luxúria. Esta procura do sucesso exterior pode ser ingenuamente confessada, o que resulta no rebaixamento progressivo do nível espiritual, ou seja, a *banalização.* Muito freqüentemente, porém, o verdadeiro motor, o sucesso exterior, permanece inconfessado, transformando-se em falso motivo que, uma vez recalcado, age subconscientemente. Como meio de conseguir o recalcamento do desejo de sucesso exterior, escondê-lo, negá-lo frente a si mesmo e a outrem, utiliza-se a exaltação espetacular do amor do espírito que adota cada vez mais uma postura vaidosa. É exatamente esta sentimentalidade em relação ao espírito que é representada pela asa artificial, expressão da impotência de aproximar-se da meta espiritual (o sol). Esta necessidade espiritual de caráter falso e vaidoso, a elevação que ultrapassa as forças disponíveis, já contém em si o perigo da queda na exaltação inversa, aquela dos desejos corporais, que transforma a vaidade em culpa. A elevação exaltada contém, como o mito o denuncia simbolicamente, o perigo de "afogar-se" definitivamente nas ondas da vida subconsciente.

Outro aspecto do mito merece ser destacado. A idade de Ícaro (que chegava à idade adulta) é significativa. É precisamente perto da adolescência que todas essas falsas motivações começam a multiplicar-se. Quando as pulsões atingem sua maturação, o apetite da vida intensifica-se e freqüentemente exalta-se, procurando em todas as direções uma saída para satisfazer-se. O adolescente está ávido por encontrar a intensidade da vida, acreditando descobri-la tanto na concentração espiritual (verdade, beleza, bondade) quanto no desencadeamento das paixões, dos desejos corporais. O erro mais profundo referente a esta elevação artificial e impotente é decorrente de que, uma vez atingido pela dolorosa dilaceração produzida pelo choque entre a exaltação espiritual e a perversão corporal, o sujeito esforça-se para justificar ao mesmo tempo suas duas tendências doentias e contraditórias. Convence-se de que a vaidade tanto quanto as perversões corporais não têm qualquer caráter nocivo e que, ao contrário, uma e outra são meios para se atingir uma vida mais intensa. A vaidade seria um fator de simulação, e as perversões corporais o único meio de atingir a vida concreta, compreendê-la e capturá-la sob todas as suas formas.

A verdade é que a vaidade e as perversões das pulsões corporais apresentam-se como deformações doentias da vida, às quais seria necessário conhecer e compreender. Há, porém, uma diferença capital entre compreender a perversão e ser sua presa. A intensidade da vida consiste precisamente em compreender as deformações para poder evitá-las, pois de cada deformação resulta o contrário da intensidade, a inibição.

O ambicioso de espírito, mesmo nos períodos de queda, não se encontra liberado de suas exaltações espirituais. Sua tendência para o espírito permanece: o falso herói decaído, obcecado pela angústia de ter traído o espírito, está impregnado de culpabilidade. É esta culpabilidade que o inibe até mesmo em suas funções corporais, tal como a vaidade, da qual a culpabilidade é o negativo, o inibiu em sua função espiritual.

Todo homem comparável a Ícaro neste movimento de elevação e queda torna-se impotente para satisfazer tanto a exaltação de seu desejo espiritual quanto a exaltação de seus desejos corporais. No esforço espiritual vaidosamente exaltado, ele não encontra a satisfação imaginada, mas a decepção; e na perversão corporal, tampouco encontra a satisfação imaginada, mas o desgosto. Não podendo contentar nem o espírito nem o corpo, permanece obcecado pelo desejo de dirigir seu esforço impotente, ora em direção às seduções espirituais, ora na direção das tentações corporais. Incorrigível por obsessão, depois de cada queda ele recomeçará suas vãs e artificiais elevações. Dado que a elevação se produz de modo obsessivo depois de cada queda, agrada-lhe convencer-se de que suas quedas são a condição necessária de suas elevações. Mas elas não são senão a causa de suas desgastadas elevações. Tanto no mundo físico quanto na vida psíquica, a causa de uma elevação só pode ser uma força. A causa de uma elevação espiritual só pode ser uma força espiritual. *A elevação permanece como possibilidade na medida em que a força espiritual não se encontre inteiramente esgotada na medida em que, a despeito das quedas, se expresse sob sua forma negativa, o remorso, o sentimento de culpa.* É este resíduo da força espiritual, o remorso que acompanha a queda, e não a queda em si mesma, a causa de uma nova elevação. Quanto mais o choque causado pela queda lamentada é forte, mais as causas sedutoras que induzem à queda, os prazeres imaginários, as promessas de perversão, perdem seu atrativo. O movimento de elevação só pode tornar-se constante se o choque proveniente da culpa tornar-se forte o bastante para não mais deixar lugar à impureza da cegueira afetiva, à sedução da imaginação perversa. Nessas condições, a queda e o choque que dela resultam repetem-se cada vez mais raramente. Com a queda imaginativa ou real desaparece igualmente sua conseqüência: a exaltação da elevação imaginativa e irreal, a elevação impotente vaidosa.

O desconforto culposo que acompanha a perversão é tão somente o inverso negativo do gozo espiritual, o remorso pela felicidade perdida. Quando este remorso não é recalcado, mas confessado, reveste-se de sua forma positiva. Sua força, não mais perversa, inibe espiritualmente a perversão, sua potência diretora, e torna possível uma elevação sem exaltação doentia, uma ascensão mais ou menos constante, em conformidade com a força liberada. A elevação do nível cultural do indivíduo dará livre curso, na medida de sua força individual, à potência produtora ou reprodutora, ao entusiasmo acerca do valor espiritual sob suas três formas (verdade, beleza, bondade), entusiasmo esse que é a verdadeira intensidade da vida, a felicidade.

Essas distinções nos permitem compreender mais claramente o sentido oculto do mito de Ícaro. A queda definitiva depois de uma única tentativa de elevação não é somente uma simplificação; tem uma significação simbólica.

Fica claro que a repetição das elevações e, conseqüentemente, das quedas é o indício de uma tenacidade, ainda que errônea, voltada para a procura da intensidade da vida. Ela testemunha um certo vigor, mesmo que desorientado, do impulso vital, do desejo de elevação, do desejo essencial. Nesse sentido, Ícaro não representaria o adolescente em geral, mas um certo aspecto, o mais freqüente, da adolescência, caracterizado por uma necessidade de elevação, devida unicamente à efervescência passageira da juventude, de tal modo que essa necessidade viesse a se dissipar completamente na idade adulta. Seu vôo em direção ao "sol" esgotou suas forças de ascensão, o que faz com que ele se afogue para sempre nas convenções e na banalidade da vida. Seu verdadeiro guia não é o espírito (o sol, a luz) e sim o intelecto utilitário. Sua intenção não é a busca do sentido da vida (a elevação) mas a dispersão nas comodidades e satisfações exclusivas das necessidades corporais. Quando desaparece a exaltação juvenil em relação à necessidade espiritual (falsa elevação), nada persiste além da exaltação em direção às necessidades corporais e o esforço intelectual para satisfazê-las (queda definitiva). Foi unicamente a imaginação exaltada da juventude que fez confundir as necessidades do espírito com aquelas do intelecto, o que fez com que o intelecto, desconhecendo a si mesmo, tenha desejado realizar a função do espírito. As asas de cera, mesmo enquanto símbolo da exaltação imaginativa em direção ao espírito, são uma maquinaria artificial, uma invenção mais ou menos engenhosa do intelecto.

Esta tradução, fundada sobre elementos de um único episódio mítico, só poderá provar todo seu valor significativo depois de estabelecer que o simbolismo mítico tem condições de dar conta de todas as outras formas de elevação, de tal modo que a presente tradução possa inserir-se como uma parte integrante da tradução geral.

Com o intuito de completar os dados psicológicos desenvolvidos até aqui, é preciso assinalar que a alternância periódica entre elevação e queda caracteriza um tipo de homem absolutamente diferente daquele representado por Ícaro. A necessidade de ascensão, quando não esgotada pela efervescência exaltada própria da adolescência, termina freqüentemente por revestir-se de uma forma intermitente que se estende sobre toda a vida do indivíduo. O sujeito submetido a esta repetição periódica de elevações e quedas permanece mais ou menos doentiamente fixado nas exaltações de sua juventude. Jamais virá a tornar-se um homem maduro. Este aspecto da deformação é observado mais freqüentemente num tipo de homem caracterizado pela aspiração dirigida a um dos três domínios da vida do espírito (verdade, beleza, bondade). É sobretudo a aspiração em relação às produções artísticas que contém um risco suplementar de permanecer preso na periodicidade das quedas. O artista a quem falta maturidade usará como pretexto a obrigação de conhecer a vida sob todas as suas formas, para poder recriar todos os seus aspectos. Confundirá o conhecimento clarividente da perversão com a queda obnubilante. Os mais talentosos criadores artísticos são, freqüentemente, homens dilacerados interiormente pela alternância entre a elevação e a queda. Constata-se também que a forma torturante e o conteúdo tormentoso de suas produções (reflexo de sua vida) muitas vezes expressam quase unicamente essa decadência interior: os terrores da culpabilidade e o tormento da aspiração espiritual sentimentalmente e vaidosamente exaltados. As produções da psique dilacerada são testemunhas de uma vida diminuída, carente de qualquer gozo sublime, radiante e calmo. Este gozo, tornado inacessível, não é um sentimento passageiro, mas um estado de alma característico do constante esforço de elevação. A incapacidade de viver e exprimir pela arte esta sensação sublime que coroa, aperfeiçoa e harmoniza a vida é o indício incontestável de uma impotência parcial, de uma diminuição, ao menos qualitativa, da força vital e do vigor criativo. Esta impotência relativa ao nível da criação é o contrário perfeito daquilo que as quedas e recaídas tinham a pretensão de realizar: a experiência e a expressão da vida sob todas as suas formas. Tal produção, qualitativamente diminuída, pode, no entanto, merecer estima: por pouco que represente um clamor sincero, seria ao menos um grito de sofrimento. Essa produção exprime minimamente, com toda veracidade, um aspecto da vida, o castigo essencial, o tormento da culpa. A obra, entretanto, permanecerá incompleta, mais ou menos deformada, dissimulada e doentia, podendo satisfazer de modo completo somente àqueles que, eles próprios interiormente dilacerados, reencontrarão na obra a expressão de seus próprios tormentos culposos. O artista perfeito é aquele que sabe expressar com a mesma veracidade, com a mesma objetividade, portanto, sem exaltação, a queda e a elevação, o tormento e a alegria da vida. Isto quer dizer que o artista, libertando a si mesmo, conseguiu ganhar uma distância objetiva em relação à vida e suas complicações. O artista psiquicamente dilacerado, por mais talentoso que seja, somente poderá escapar à diminuição qualitativa de sua potência criativa se conseguir não mais dissipar uma parte de sua energia nas repetidas quedas, ou seja, se conseguir manter-se em um certo nível de elevação, se permanecer não mais vaidosamente exaltado, e sim sublimemente entusiasmado.

No mais alto grau da ascensão sublime, a psique, ávida da mais intensa satisfação, não se contenta em criar a imagem verídica da vida, passando a aspirar à harmonia de toda atividade, à purificação completa. O homem tomado por este ideal terá dificuldades muito maiores em permitir-se a queda real ao nível das perversões corporais. Para ele, a queda aparece muito claramente como o signo de sua impotência. Se capturado pelo círculo vicioso que liga as elevações às quedas, não mais poderá contentar-se em exaltar sua vaidade pela via do recalcamento da verdade sobre suas quedas. Sua culpabilidade lhe aparecerá como excessivamente corrosiva, o que o obrigará a recalcar as quedas. Estas não mais poderão explicitar-se através de sua realização, mas somente através da exaltação doentia da imaginação. Uma vez que a descarga exterior da psique superexcitada passa a ser inibida de uma forma mais acentuada, há um grande perigo que se produza uma descarga interior, uma explosão intrapsíquica da energia supertensionada, um recalcamento mais profundo nas camadas subconscientes e, em conseqüência, um maior comprometimento de toda vida psíquica.

O mito de Tântalo é a ilustração perfeita, ainda que simbolicamente disfarçada, deste novo problema psicológico, desta nova forma de falsa ascensão.

TÂNTALO

O mito de Tântalo permite avaliar toda a profundidade desse tema mítico: a simbolização da elevação e da queda.

Na história de Tântalo, que precede o mito propriamente dito, encontra-se indicada a *alternância nervosa.* Tântalo apresenta-se vivendo somente a satisfação de seus desejos corporais, o que o conduz ao excesso do crime, ao assassinato. Esta desgraça é seguida por um estado de elevação excessiva que, entretanto, em razão de sua exaltação doentia, conduz à queda definitiva. O mito propriamente dito limita-se a simbolizar o excesso da aspiração final e seu desfecho. A avidez da alma que procura experimentar a intensidade da vida ao paroxismo, na perversão ou na sublimação, demonstra a existência de um impulso vital excessivamente grande. O desencadeamento dos desejos corporais que precedem o impulso de elevação é freqüentemente encontrado na história de homens que aspiraram à mais perfeita purificação, chegando ao desejo de santificação.

No mito de Tântalo, a elevação última não aparece como uma tentativa impotente como aquela de Ícaro, para quem apenas a proximidade com a região sublime foi fatal. Tântalo, graças à profundidade de seu arrependimento, consegue acercar-se da região sublime: torna-se "o amado dos deuses".

As divindades, tal como quaisquer outros personagens míticos, são símbolos de significado oculto. O mito de Tântalo, tanto quanto qualquer outro mito, não tem condições de encontrar uma tradução minimamente completa, sem que seja claramente compreendida a significação do simbolismo mais freqüente e mais importante.

As divindades simbolizam as qualidades idealizadas do homem. A eclosão das qualidades é acompanhada de alegria, enquanto que sua destruição engendra a angústia, a inibição, a impotência, o tormento. Os mitos simbolizam estes fenômenos psicológicos indicando que as divindades concedem a recompensa ou bem enviam o castigo. O homem deve lutar contra suas tendências perversas a fim de desenvolver suas qualidades e conquistar a felicidade. Para exteriorizar esse combate interior, o mito mostra o homem em luta com monstros, símbolo das tendências perversas. Nesses combates simbólicos, as divindades aparecem ajudando o homem ou fornecendo-lhe armas. Mas o que em realidade acorre em sua ajuda são suas próprias qualidades (simbolizadas pela divindade fraterna e pelas armas fornecidas pelas divindades). No plano dos conflitos da alma, a vitória é devida à força inerente ao homem. Portanto, podemos dizer que, no plano essencial, a justiça é inerente à vida. Isto quer dizer que as divindades tornam-se expressão simbólica da legalidade essencial da vida e de sua justiça inerente. Dada a freqüência da intervenção das divindades nos mitos, não nos será possível retornar a cada momento a esta significação, que deverá assim ser apreendida de uma vez por todas.

No mito de Tântalo, o conflito psíquico não é simbolizado por um combate contra um monstro. A intervenção das divindades guarda, no entanto, todo seu poder de significação simbólica. O simbolismo que faz do herói "o amado dos deuses" significa, portanto, que Tântalo, graças à amplitude de seu arrependimento, eleva-se até atingir a região sublime, recupera suas próprias qualidades, reconciliando-se assim com as divindades que encarnam suas qualidades e que aparecem representadas sob uma forma perfeita e ideal.

Nesta acepção, nada seria mais justo que dizer, como faz o mito, que Tântalo é o convidado dos deuses. Admitido à mesa dos deuses, alimenta-se de néctar e ambrosia, que simbolizam, respectivamente, espiritualização (verdade) e sublimação (amor).

À elevação real não pode suceder uma queda, a menos que essa elevação seja acompanhada de um estado de exaltação imaginativa: a vaidade. O mito narra que Tântalo termina por não mais se contentar em ser o convidado e o amado dos deuses. Afoito por sua conquista e esquecido de sua condição mortal e seus limites, Tântalo chega a exaltar-se com tal intensidade que lhe sobrevém a tentação de querer tornar-se um igual entre as divindades, puros símbolos do espírito.

Com o objetivo de compreender o estado de alma simbolizado pelo mito de Tântalo e, conseqüentemente, preparar sua tradução, é preferível preceder o desenvolvimento dos símbolos pela explicação psicológica do estado simbolizado.

O homem que aspira à espiritualização-sublimação não tem condições de colocar-se a cada instante de sua vida como "o convidado dos deuses", não devendo nem mesmo querer viver todo tempo ao nível da esfera sublime simbolizada pela morada dos deuses, no mito grego, o Olimpo. É importante que ele saiba "retornar à terra", que se digne a satisfazer as exigências naturais de suas necessidades "terrenas", de seus desejos corporais. O erro de Tântalo consiste precisamente em alimentar o projeto insensato de abdicar completamente de sua condição "terrena", de obstinar-se a permanecer constantemente como "o convidado dos deuses", de recusar como indigno o retorno à terra, de querer ser "um deus entre os deuses".

A imaginação espiritual, a visão do objetivo sublime, que, por seu arrependimento, se havia constituído na força que o tornara "o amado dos deuses", essa imaginação espiritual exalta-se e transforma-se assim em imaginação perversa, em vaidade. Tântalo, em estado de exaltação vaidosa, superdimensiona seu desejo essencial e recalca seus desejos corporais. Esta é a falta essencial cometida por todo nervoso, a culpa vaidosa que, no tipo "Tântalo", manifesta-se em seu grau mais audacioso e perigoso.

Na medida em que os desejos espirituais e os desejos corporais correspondem a uma necessidade natural, estes são perfeitamente conciliáveis; unicamente sua exaltação é que os torna contraditórios. Ao excesso de perversão corresponde o fastio excessivo que apresenta um alto risco de engendrar um excesso de sublimação. Intensamente estimulado pelo fastio que persiste, qualquer estado de elevação parece insuficiente; dessa culpabilidade exaltada provirá finalmente o mais exaltado desejo de sublimação: a vaidade de querer ser purificado de todo desejo corporal, de realizar o ideal perfeito de elevação, ideal este que ultrapassa as forças disponíveis. Deste estado, caracterizado tanto pela exaltação excessiva do desejo essencial quanto pela inibição excessiva dos desejos corporais, resulta o completo desprezo do corpo e de suas necessidades mais naturais. Nos períodos dominados por este desprezo, a vaidade triunfante atinge seu ápice. O indivíduo não se contenta em imaginar-se purificado, alucina a santidade até chegar ao delírio. Mas o desprezo é somente a forma negativa da exaltação dos desejos, revelando uma ligação obsessiva com seu objeto. Sobrecarregados do afeto relativo ao desprezo, os desejos corporais não são dissolvidos, sublimados; se o fossem, já não teriam nenhuma força exaltativa, seja de caráter atrativo ou repulsivo. Por não terem sido dissolvidos, os até então repugnantes desejos corporais tornam-se novamente atraentes. A alucinação de sublimidade esgota-se e cede lugar à invasão alucinativa dos desejos reprimidos. À elevação vaidosa mais intensa, pois alucinada de forma definitiva, segue-se a queda mais profunda no tormento alucinante da culpabilidade.

Uma das atitudes mais vãs – praticada com o objetivo de escapar dessa oscilação vertiginosa entre a exaltação dos desejos corporais e a exaltação espiritual – consiste na tentativa de aniquilar os desejos corporais através do ascetismo; o que pode ser considerada uma tentativa de punir (e mesmo destruir, matar) o corpo impuro, sede dos desejos carnais. Entretanto, na falta de uma força suficientemente grande de sublimação, existe um único meio de escapar à destruição completa, preservando inclusive as forças disponíveis: liberar o espírito de sua exaltação e aceitar o corpo. A tentativa vã e obsessiva de salvaguardar o psiquismo (a alma), desviando a ameaça de destruição para o corpo, característica do ascetismo, só poderá apressar a chegada do "castigo" final: a anulação de toda força psíquica, a impotência que já não consegue atingir a menor satisfação real dos desejos alucinados.

Esta forma excessiva da vaidade culposa, a falsa santidade, é, como veremos, o tema do mito de Tântalo.

É necessário frisar que o ideal da cultura grega não é a santidade. A santidade é o ideal de outros ciclos míticos como o mito hindu ou o mito cristão. Segundo o sentido oculto desses mitos, o santo (o homem simbolicamente divinizado) venceu os desejos corporais no plano das manifestações, mas também e sobretudo ao nível da imaginação. Tendo-os dissolvido, ele não conhece mais a tentação. A energia, por sua vez, subtraída aos desejos múltiplos, encontra-se a sua livre disposição. Todas as suas forças nele se concentram, subtraindo-se ao mundo em relação ao qual ele nada mais deseja e, precisamente por haver-se assim libertado das múltiplas ligações afetivas, permanece unido ao mundo graças ao vínculo mais intenso: o afeto sublimado, o amor objetivado, a bondade. A cultura cristã (através da criação do ideal de santidade) caracteriza um passo evolutivo que transpõe os marcos da cultura grega. A vã tentativa expressa pelo mito grego de Tântalo torna-se, no mito cristão, uma realização. Em termos simbólicos: a carne se faz espírito, o homem torna-se deus (precisamente aquilo que Tântalo teria desejado realizar); ou, para empregar as *inversões simbólicas* pelas quais o mito cristão exprime estas relações: "o Espírito faz-se carne", "Deus faz-se homem".

A cultura grega, que precede a era cristã, não tem como ideal a santidade, e sim a harmonia entre todas as pulsões dilatadas de caráter espiritual e corporal, a justa medida. Entretanto, acreditar que a cultura grega tenha conseguido a realização completa de seu ideal, significaria desconhecer totalmente seu desenvolvimento histórico. Na verdade ela permaneceu tão distanciada disso quanto a cultura cristã da realização do seu próprio ideal.

Justamente em razão dos gregos não terem alcançado a visão clara e mais elevada do ideal simbolicamente expresso pelo mito cristão, é que o desejo de purificação perfeita só pôde ser visto sob seu aspecto negativo: o perigo de uma superexcitação doentia da esfera espiritual. Sua visão mítica adverte contra esse perigo exprimindo unicamente o medo de ver rompida a harmonia das pulsões e perder a justa medida.

Trata-se de mostrar detalhadamente como a simbolização do mito grego exprime e condena, através do mito de Tântalo, essa falsa santidade, que consiste numa exaltação sentimental em direção ao espírito.

O mito conta que Tântalo, admitido à mesa dos deuses e querendo colocar-se no mesmo nível de seus anfitriões, convida-os para uma festa prometendo-lhes delícias incomuns. Para tanto, mata seu filho Pelops e o serve à mesa dos deuses, querendo observar se as divindades saberão reconhecer a iguaria que lhes foi servida.

Segundo este simbolismo, Tântalo substitui o alimento habitualmente servido à mesa dos deuses, o alimento espiritual, pelo alimento terrestre sob sua forma mais abjeta.

Na história real de Tântalo, seu filho é nomeado Pelops. Na significativa narrativa de sua vida, sintetizada pelo simbolismo mítico que faz de seu pai uma figura representativa da vida humana em geral, Pelops também deve ter uma significação simbólica. Ora, qual é o filho mítico do homem, de todo homem?

Dado que o alimento servido pelas divindades ao homem em estado de elevação tem uma significação oculta (a felicidade inerente à espiritualização-sublimação), o alimento servido às divindades pelo homem – um mortal em estado de elevação vaidosamente sustentada, querendo tornar-se igual aos deuses – deve também ter um alcance psíquico que só pode ser o inverso da significação sublime. O alimento abjeto que Tântalo oferece aos deuses seria, portanto, sua própria perversão.

Com efeito, pode-se dizer que todo homem em estado de elevação vaidosa toma qualidades perversas por qualidades sublimes, quer dizer, ele "oferece às divindades" sua perversão, esperando que esta possa ser tomada por uma sublimidade.

Já foi mencionado anteriormente que as relações de parentesco entre as divindades e o homem simbolizam o grau de espiritualização. Enquanto ser espiritual, comportando qualidades espiritualizadas, o homem é, simbolicamente, "filho" da divindade (mais especificamente, filho de uma divindade particular, que simboliza a qualidade característica do herói mítico). Se, em função de seu desejo de espiritualização, o homem torna-se simbolicamente "filho de deus", ele é, em contrapartida, "pai" de seus desejos corporais, ele os faz nascer. O simbolismo "filho do homem" significa, portanto, os desejos corporais, os desejos que o acorrentam à terra, os desejos terrestres. Uma vez que sua sede é o corpo, a carne, estes são também chamados, por conseqüência simbólica, de desejos carnais. Os desejos carnais são, desse modo, representados pelo "filho-carnal" ou pela "carne do filho". O "filho morto" representa os desejos terrestres psiquicamente mortos, perversamente aniquilados: o recalcamento. O "filho morto, servido à mesa dos deuses" simboliza a exaltação vaidosa em seu mais alto nível: o recalcamento de todo prazer terrestre, recalcamento devido à errônea convicção de assim poder transformar o prazer reprimido em prazer sublime, a perversão em qualidade espiritual, e desse modo "servir" ao ideal do espírito, às "divindades". Entretanto, os desejos recalcados não estão realmente mortos; continuam a alimentar o psiquismo: são transformados em perversão. Os desejos recalcados constituem um alimento abjeto: Tântalo ama secretamente seus desejos carnais (seu "filho"), ama-os de uma maneira exaltada e, mesmo que os "mate", que os recalque, permanece convencido de que são um alimento delicioso. Ao mesmo tempo, ele queria libertar-se da ambivalência doentia, inseparável do amor exaltado dos desejos corporais: o tormento da culpabilidade. Ele está, malgrado seu amor, pronto a sacrificar "esse filho mítico" (os gozos). O oferecimento desse alimento abominável às divindades está calcado na seguinte idéia: querendo igualar-se aos deuses, mas não podendo elevar-se até eles, Tântalo procura rebaixá-los ao seu nível. Sua esperança é que esse alimento, até aqui desconhecido dos deuses, lhes será agradável, ou ao menos que os dois estados, o sublime e o perverso, confundidos por sua vaidade e no entanto discerníveis por sua culpabilidade, poderão passar desapercebidos mesmo para os deuses. Espera que as divindades não reconheçam aquilo que comeram, regalando-se com a nova iguaria e felicitando-o por isso.

Esta passagem simbólica expressa, portanto, a perversão de Tântalo e sua tentativa culposa de libertar-se dela (o filho morto), assinalando ainda a forma vaidosa assumida por sua perversão (o filho morto, servido à mesa dos deuses). Encontra-se assim exposto o estado psíquico que resulta dessa perversão: o dilaceramento entre a vaidade e a culpabilidade, a incerteza que busca sua justificação. Uma vez que a iguaria, o filho morto, consiste na falsa purificação oferecida aos deuses, sua aceitação pelas divindades — símbolo de pureza ideal — simbolizaria a absolvição futilmente procurada, o apaziguamento completo da culpabilidade, a justificação suprema da purificação falsa e vaidosa.

Para se compreender toda a amplitude da simbolização, deve-se assinalar que Tântalo não sacrifica unicamente sua perversão, o que constituiria a verdadeira sublimação. Seu projeto de igualar-se aos deuses incita-o a uma elevação exaltada, fazendo-o matar "seu filho", os desejos naturais. Sucumbe assim à perversão pela exaltação em direção ao sublime. Todo homem deveria proceder ao sacrifício da tentação exaltada das pulsões corporais. Porém, sacrificar até mesmo a necessidade natural das pulsões significa ultrapassar a condição humana, aspirar ao grau supremo de sublimidade que se encontra designado pelo simbolismo "divinização". Acessível somente à força da alma mais excepcional, este é o estado psíquico graças ao qual o homem inteiramente purificado chega a igualar-se a essas figuras da pureza perfeita que são as "divindades". (O mito grego — já o dissemos anteriormente, e será preciso voltar a isso — não chega nem mesmo a considerar essa possibilidade suprema da natureza humana, centro do mito cristão).

Desprovido de força realizadora, Tântalo faz recair sua aspiração ao nível de uma exaltação imaginativa, tornando-a com isso ainda mais perigosa que a exaltação das pulsões corporais. Constitui-se dessa maneira a perversão do espírito sob sua forma mais decisiva, a vaidade levada ao seu paroxismo.

Este é o erro de Tântalo.

Revolta-se futilmente contra a condição humana; sacrifica seu "filho", os desejos naturais. Mata-o para oferecê-lo às divindades, mas sua oferenda nada é além de um embuste. Não sacrifica o espírito perverso em si mesmo, mata somente o corpo, mortifica unicamente a carne. Apresenta às divindades a carne, os desejos corporais (o filho do homem), em lugar de oferecer sua alma purificada (o filho de deus).

As divindades, entretanto, não se enganam com sua oferenda. Reconhecem a blasfêmia. Sabem distinguir o espírito verdadeiro do falso espírito, o alimento sublime do perverso.

Somente uma das divindades deixa-se enganar. Deméter, a deusa da terra-nutriz, a deusa que oferece os frutos da terra, os prazeres naturais, a satisfação dos desejos justificáveis ante o espírito. Ela se engana pois o que lhe é oferecido são os desejos naturais, e ela os ama. "Ama" o "filho do homem", a carne, o gozo terrestre, os frutos da terra, uma vez que sua função simbólica é exatamente oferecê-los. Mas seu engano é apenas passageiro: logo ela percebe que o que está a comer é o fruto corrompido, a carne mortificada, o prazer terrestre, seu próprio dom, mas recusado e sacrificado por desprezo. Cheia de horror, ela repudia a oferenda perversa. Zeus restaura a ordem da natureza que exige que viva o "filho do homem", o desejo natural. Ele ressuscita Pelops.

Tântalo, o culpado, é punido.

Ele é expulso do Olimpo, jogado para fora da esfera do espírito. Tendo recusado, não por sublimidade mas por exaltação perversa, as satisfações vitais e elementares que os deuses lhe haviam reservado, bem como a qualquer homem, são as divindades que, por sua vez, lhe recusam para sempre os gozos sublimes e espirituais para os quais tinha sido excepcionalmente convidado. Ele é precipitado nas profundezas subterrâneas, símbolo do subconsciente, miticamente chamadas de Tártaro (Inferno), região da culpa recalcada, do tormento sem descanso, região de desespero onde o homem culpado deve expiar.

O mito mostra Tântalo condenado a permanecer sob uma árvore cujos frutos encontram-se ao alcance de sua mão, enquanto seus pés ficam mergulhados na água. Quando, para satisfazer sua fome, ele levanta a mão, os frutos elevam-se para além de seu alcance e, quando se abaixa para beber, a água se esvai.

Qual é a significação psicológica desta imagem do castigo?

A qualquer exaltação em direção ao espírito, segue-se uma queda. Segundo seu sentido oculto, o castigo mostra-se tão somente como a conseqüência do estado psíquico de Tântalo, cujo mito em sua primeira parte representou o desvairado empreendimento que em seu desfecho final simboliza a explosão da loucura manifesta. O ascetismo não é a única forma doentia de que se reveste a exaltação do espírito levada a seu extremo. À destruição ascética do corpo corresponde a dissociação delirante da psique: ao recalcamento excessivo dos desejos corporais, segue-se sua explosão alucinativa. Esta lei psíquica pode ser observada de modo mais claro no delírio místico, cindido em dois estados inversos: um deles eufórico (vaidade que se torna delirante), estado no qual o doente imagina o céu aberto para si e vê-se elevado à altura do espírito (simbolicamente, crê-se o convidado de Deus); e o estado de tormento (culpabilidade que se tornou alucinativa), onde o doente se acredita eternamente condenado pelo espírito, o mais indigno dentre todos os homens, excluído de qualquer satisfação.

O castigo a que Tântalo é condenado pelo veredicto "da divindade ultrajada", pela "sentença" do espírito da vida, pela lei psíquica, é o mais justo que poderia existir, é uma ilustração da legalidade da vida e de sua justiça inerente. Este castigo é apenas outro aspecto do crime cometido, o indivíduo entrega-se ao louco empreendimento de uma elevação que ultrapassa o limite de suas forças, dedica-se, além de suas forças, à exaltação de suas necessidades espirituais, até que não lhe reste mais qualquer energia, nem mesmo para satisfazer suas necessidades mais naturais. Esta é a lei secreta do ascetismo. O homem acredita realizar a mais sublime das ações (fazer-se igual à divindade), quando na verdade ele é a vítima de uma obsessão doentia.

A água que se esvai e os frutos que lhe escapam são o símbolo claro de uma perda total do sentido do real, o símbolo da imaginação impotente que se tornou alucinativa. A alucinação oferece a Tântalo os frutos e a água, ambos elementarmente necessários para acalmar a fome e a sede. Quando porém tenta alcançá-los, percebe-se incapaz disso; as promessas alucinadas não são senão fantasmas e em vão procura agarrá-los. A água e os frutos, a satisfação de sua fome e sede, lhe são ao mesmo tempo alucinadamente prometidos e realmente interditados por seu espírito ascético, pelo espírito da vida que o anima mas que, por força da exaltação vaidosa, manifesta-se somente na forma de tormento e de inibição, sob a forma de culpabilidade exaltada: o insaciável, que, em função da exaltação vaidosa, não soube contentar-se com o alimento sublime que os "deuses" lhe ofereceram, não tem sequer condição, em função da culpabilidade exaltada, de tomar do alimento terrestre e corporal. O símbolo do castigo (os frutos que lhe escapam) tem, portanto, exatamente a mesma significação que o símbolo do crime (o filho morto). Aqui, como em todos os mitos, torna-se evidente que a perversão e o castigo são uma única e mesma coisa. A culpa é o castigo. A intervenção da divindade é somente um símbolo entre outros, indicando a falta cometida ou a falta superada e sua conseqüência: a deformação doentia ou a formação sadia do psiquismo. O funcionamento legal age inevitável e unicamente por si mesmo. No mito de Tântalo, os símbolos do castigo, a água e os frutos que se lhe recusam, são a repetição e demonstração final do tema central do mito: a impotência corporal e espiritual, conseqüência da exaltação imaginativa.

Os símbolos terminais não exprimem somente o vão delírio da fome e sede corporais, estes contêm igualmente o outro aspecto da loucura manifesta: a inquietude impotente do espírito que só consegue encontrar satisfação pela alucinação. A água, graças a sua qualidade refrescante e purificadora, é símbolo constante da espiritualização-sublimação (tornada inacessível), enquanto os frutos que escapam ao culpado castigado não são unicamente símbolo do alimento corporal, representando também a obra espiritual. Ambos simbolizam os "frutos" que a sublimação deveria produzir, os frutos do esforço espiritual, frutos que escapam ao homem doentiamente exaltado, a Tântalo. Seu castigo é o contrário do que seu excesso em relação à intensidade da vida quis obter: a esterilidade definitiva do espírito que se aniquila na loucura.

Efetuada a tradução do mito de Tântalo, é interessante ressaltar mais claramente não apenas o paralelismo (já assinalado) mas também a diferença deste mito grego com certos aspectos do mito cristão. O filho morto lembra o sacrifício. Ora, o sentido simbólico do sacrifício é a renúncia aos bens terrestres por amor ao espírito (a divindade). Do mesmo modo, o simbolismo do "filho morto" pode ser encontrado nos mitos de todos os povos. Para citar um único exemplo: quando Abraão dispõe-se a sacrificar seu filho, um anjo (a intuição sublime) revela-lhe que o único sacrifício válido é purificar a alma de toda exaltação, purificação esta que tem como símbolo constante o animal inocente, o cordeiro. (O fato do homem a ser sacrificado ser substituído pelo animal indica também a purificação dos costumes que corresponde à transformação evolutiva das tribos de caçadores em povos pastores.)

No mito judaico-cristão, o pai mítico de todos os homens é Deus único, símbolo da perfeita idealização do espírito. A mãe mítica, ao contrário, é a terra, o mundo manifesto, o mundo sensível simbolizado no mito grego por Deméter (terra-mater), e no mito cristão pela mãe-virgem, Maria. Enquanto o mundo sensível permanece inocente (virgem), enquanto não é vaidosamente exaltado, está justificado perante Deus-Espírito. Somente a revolta vaidosa (a promessa da serpente) pode corromper o mundo dos sentidos (os desejos). É por esta razão que, no mito cristão, o símbolo do mundo inocente e bom, a mãe mítica, Maria, é freqüentemente representada em pé sobre a esfera terrestre, esmagando com seus pés a serpente.

Miticamente, todo homem é "filho de Deus", filho do pai mítico e da mãe mítica, filho do espírito e da terra. Mais especificamente, os heróis míticos são "filhos de deus": o espírito, legado do pai mítico, é forte neles, mas não é por isso que as necessidades terrestres, dom da mãe mítica, deixam de exercer pressão. Provém daí o perigo da exaltação e, por conseqüência, os conflitos típicos do homem, simbolizados pelos combates que devem ser empreendidos pelo herói.

Por meio do desenvolvimento conseqüente da imaginação simbólica, o herói do mito cristão é representado como filho da terra-virgem, Maria, e do Espírito Santo. Ele encarna o vencedor definitivo do conflito interior. Os desejos terrenos, quando perfeitamente dissolvidos, têm sua energia espiritualizada. Os prazeres corporais são, sem exaltação vaidosa, realmente convertidos em felicidade sublime. Este sacrifício último dos desejos múltiplos encontra-se igualmente expresso através do símbolo do "filho morto". Entretanto, em virtude da vitória conquistada, o "filho sacrificado" não significa mais o recalcamento e sim a espiritualização. Em conseqüência dessa inversão, não é mais o homem que sacrifica seu "filho" à divindade, é "Deus" que sacrifica seu "Filho único" aos homens. Esta inversão significativa explica-se da seguinte maneira: graças à sua perfeita purificação, o herói do mito cristão, mesmo sendo um homem real, iguala-se ao símbolo "divindade", ele é simbolicamente divinizado, o que quer dizer que se tornou a manifestação real da qualidade ideal de que a divindade é símbolo. Ora, esta qualidade, para permanecer ideal, exige (simbolicamente, Deus "quer") que seu "filho" simbólico, o homem real, resista mesmo na sua morte ao assalto do mundo pervertido sem se deixar arrastar pela perversão. Expresso em termos simbólicos, Deus-filho sacrifica-se aos homens, mostrando, graças a sua invencível força de sublimação, o caminho da salvação.

Mas a analogia simbólica entre o mito grego e o mito do Novo Testamento é ainda muito mais profunda, não se reportando somente ao contraste entre a elevação vaidosa de Tântalo e a elevação sublime do herói cristão. De fato, concerne também ao simbolismo da queda que, no Antigo Testamento, precede a elevação sublime e perfeita, de modo que a analogia estende-se também ao mito judaico.

Satã, o espírito decaído (simbolicamente, o anjo decaído), quis, como Tântalo, igualar-se à divindade. Isto faz com que seja banido do Céu (lugar simbólico da felicidade) e precipitado no inferno (lugar simbólico do tormento). Como Tântalo, Satã simboliza a exaltação imaginativa; entretanto, diferença fundamental entre as duas culturas, o herói grego permanece uma aparição singular e individual, enquanto que, no mito judaico-cristão, o anjo decaído simboliza o espírito do Mal, o princípio do mal. Não aparece unicamente como uma ilustração isolada do destino da exaltação imaginativa, sendo na verdade a personificação desta função psíquica: ele simboliza a culpa e a queda do mundo inteiro. O princípio psicológico do Mal (a exaltação vaidosa) torna-se, no plano simbólico, o príncipe do Mal, o demônio que, sob a forma da serpente (vaidade), promete a Adão (símbolo da humanidade) torná-lo igual a Deus. A diferença mais importante e significativa entre o mito grego e o mito judaico-cristão reside em que Satã não incita à recusa do fruto e à exaltação em direção ao espírito; sua ação dirige-se, ao contrário, a que Adão coma o fruto e revolte-se contra o "Espírito-Deus". Contudo, esta diferença é apenas aparente, pois, psicologicamente, as exaltações inversas estão ligadas de modo ambivalente e terminam por reunir-se numa mesma significação. A recusa exaltada dos desejos terrestres, dos "frutos", conduz, como demonstra o castigo de Tântalo, aos desejos terrestres alucinadamente exaltados e insaciáveis, o desejo, mesmo que impotente, de tomar o "fruto" (a tentação da serpente-Satã). Ao mito judaico da queda, o mito cristão acrescenta a explicação simbólica do estado de perfeita elevação, realmente alcançada pelo herói (a redenção). O mito grego, precursor do mito cristão e neste sentido incompleto, ignora a visão do estado de elevação em seu mais alto grau e sob sua forma perfeita; contenta-se em exprimir o horror que, em conformidade com seu ideal de harmonia, lhe inspira o excesso da elevação de caráter fútil, impotente e insaciável, que na verdade é a mais profunda das quedas, simbolizada pelo mito de Tântalo.

Veremos mais tarde de que maneira a cultura grega, através do mito de Perseu, simboliza a elevação de caráter sadio e comedido, de acordo com seu ideal de harmonia entre as pulsões.

Convém, no entanto, apresentar antes a tradução de outros mitos, onde os heróis, depois de um inútil esforço de elevação, sofrem igualmente a queda.

FÁETON

Fáeton é filho de Hélios, deus do sol.

Para bem compreender a significação desta filiação, que é decisiva para todo o sentido oculto do mito, será preciso especificar a qualidade simbolizada por Hélios.

Todas as qualidades positivas são representadas por divindades solares. Há, porém, junto aos gregos, duas divindades que simbolizam o sol de uma maneira especial: Hélios e Apolo, que representam o sol sob dois aspectos diferentes. Hélios simboliza o sol real que preside o ciclo das estações, da vegetação terrestre, da fecundação e produtividade da terra. O sol, entretanto, não é somente adorado enquanto astro real que fornece os frutos terrestres. A simbolização mítica mostra uma tendência geral de transpor a produção exterior e vegetativa para o plano psíquico e moral. Desse modo, os frutos terrestres tornam-se o símbolo dos "frutos" da alma, os desejos e sua espiritualização-sublimação. Nesse plano, o sol torna-se, ele próprio, símbolo da produtividade da alma, da harmonização dos desejos. Ora, o mito grego representa a força suprema do espírito e da alma, a verdade e o amor, através de duas divindades supremas, Zeus e Hera. As conseqüências destas qualidades supremas (miticamente, os filhos) são a sabedoria e a harmonia simbolizadas por Atená e Apolo.

O fato de Fáeton ser filho de Hélios faz prever que ele não buscará a produtividade da alma, a harmonia e a sabedoria, mas uma produtividade extrovertida. O mito falará, portanto, de um tipo de homem absolutamente diferente daquele tratado pelo mito de Tântalo. Este último aspira à produtividade interior, ao desabrochar das qualidades; seu erro esteve em buscá-la excessivamente e a despeito de suas forças. Se, na história de Tântalo (mesmo que visando à tarefa essencial, a formação do caráter), nem Atená nem Apolo fazem sua aparição protetora, é precisamente porque, no plano psicológico, falta ao herói sabedoria e harmonia. Se, por outro lado, Fáeton, filho do sol, não é descendente de Apolo mas de Hélios, isto quer dizer que ele não ambiciona a harmonia da alma, mas a fecundidade exterior em proveito do mundo, a obra exteriorizada, a qual, no entanto, é de origem espiritual, dado que toda divindade solar, enquanto pai mítico de um homem, simboliza uma qualidade do espírito. Com efeito, é o que veremos expresso nos detalhes da simbolização.

O mito conta que Fáeton sai à procura de seu Pai-Hélios, quando descobre sua filiação divina. Esta busca se dá no momento em que o espírito se revela a ele, isto é, justamente na idade entusiasta em que o adolescente torna-se consciente de suas qualidades, quando aquele que possui a qualidade positiva representada pela divindade reconhece-se pela primeira vez, com alegria, seu "filho". Fáeton sai em busca de seu pai; dito de outra maneira, prepara-se para fazer uso de suas qualidades produtivas.

O mito reporta-se a uma motivação significativa, pois Fáeton só parte em busca de seu "Pai" porque se sente compelido pelo desafio daqueles que contestam sua filiação, censurando-o por vangloriar-se inoportunamente de ser "filho do sol", de ser homem-espírito. Ele considera a produtividade na perspectiva de vir a oferecer ao mundo a prova de sua afirmação. Não é, portanto, um impulso interior, o amor a seu pai-espírito, que se encontra na base de sua decisão, e sim, desde o início, a necessidade de brilhar e de impor-se. Fáeton apressa-se a tornar-se espiritualmente produtivo e ser admirado por suas qualidades. A vaidade o espreita desde o começo.

Feliz pela chegada do filho, Hélios lhe promete satisfazer um desejo.

Não parece excessivo ao filho exigir a permissão de guiar, mesmo que por um dia, os cavalos alados que puxam a carruagem do sol.

Toda a motivação secreta de Fáeton encontra-se condensada no simbolismo desse desejo, e a tradução dessa representação contém a chave para a compreensão do caráter do herói e, conseqüentemente, para a explicação psicológica do mito. Ora, esse desejo figurado não chega a ter nem mesmo a obscuridade analógica habitual aos símbolos, apresentando, ao menos numa primeira abordagem, a limpidez de uma simples metáfora poética.

O sol oferece ao mundo a fertilidade e a luz. Para Fáeton, filho da divindade solar, fecundar e iluminar o mundo é um desejo natural; de qualquer modo, seria preciso exaltá-lo. Segundo a capacidade natural de suas qualidades, Fáeton tem o direito de acreditar-se destinado a oferecer ao mundo a iluminação espiritual. Dada sua condição mortal, entretanto, necessita, ele próprio, receber a luz, símbolo da verdade; seu espírito só poderia ser, por assim dizer, o espelho da verdade, capaz de no máximo captar seus raios esparsos a fim de concentrá-los e refleti-los, tornando-se, assim, fecundo no exato limite de suas qualidades. No entanto, Fáeton não aceita o esforço paciente de elucidação progressiva que constitui a tarefa própria ao espírito humano. Seu desejo assinala o mais insensato dos projetos: ele ambiciona assegurar ao mundo, unicamente por suas forças, a própria fonte de toda a luz. Não tem dúvidas de poder mostrar-se à altura da qualidade ideal da qual seu pai, guia da carruagem solar, é símbolo. Sua presunção consiste em querer colocar-se no lugar de seu pai mítico, figura imortal em sua condição de símbolo do processo sem fim de iluminação e fecundação. Em lugar de contentar-se em ser o "filho" mortal, pretende brincar de ser deus, querendo fazer-se igual à divindade. Este é, sob um novo aspecto, o erro de Tântalo. O desejo de Fáeton simboliza o excesso de vaidade da qual se tornou rapidamente a vítima.

Esta forma de vaidade — a obstinação de querer iluminar espiritualmente a vida, ou seja, combater o erro a ponto de ambicionar salvar o mundo — é um dos aspectos mais freqüentes da exaltação em direção ao espírito. Se examinarmos detidamente a alma adoecida até atingirmos a dimensão mais profunda de sua motivação secreta, concluiremos que esta forma do projeto exaltado é observada em diversos graus de intensidade e dissimulação num considerável número de estados de deformação psíquica, encontrando sua explosão manifesta em certas formas megalômanas da vaidade delirante.

Entretanto, como o mito de Tântalo o demonstrou, o perigo fundamental permanecerá sempre associado à exaltação insensata em relação à mais essencial das produções, isto é, a formação de si mesmo. Por outro lado, é precisamente na medida em que esta condição fundamental a qualquer produtividade fecunda seja negligenciada, que a procura da obra exterior transforma-se facilmente em produção vaidosa. Se, ao invés de nos fixarmos na clareza fácil da metáfora poética, nos empenhamos em traduzir o mito segundo toda sua profundidade simbólica, veremos que o desejo de Fáeton expressa exatamente isso: o cavalo é o símbolo da impetuosidade dos desejos, e torna-se, por essa razão – como a tradução de muitos outros mitos o demonstrará ainda mais claramente –, símbolo dos desejos indomados, uma representação da imaginação perversa. O cavalo alado, ao contrário, é símbolo da sublimação dos desejos. Antes de querer conduzir o carro do sol-espírito e guiar os cavalos alados, Fáeton deveria ter aprendido a domar os cavalos, a sublimar, ele próprio, seus desejos; seria unicamente esta sublimação que poderia tê-lo preservado das conseqüências de seu desejo insensato e perigoso.

Hélios suplica a seu filho que renuncie a seu desejo tão exaltado. Porém, Fáeton recusa-se a escutar os conselhos do deus solar, conselhos do espírito. Repugna-lhe formar a si mesmo segundo os conselhos do espírito; quer somente parecer-se com ele, pretendendo realizar uma obra aparente e desmesuradamente grande. Face a sua insistência, seu pai mítico termina por ceder-lhe seu lugar. Segundo a fábula, Hélios está comprometido por sua promessa; segundo o sentido oculto, a qualidade espiritual, ofuscada pela exaltação, torna-se impotente para opor-se ao desejo mais absurdo.

Fáeton toma o carro, atrela os cavalos e faz sair o sol, a luz, do palácio de ouro de seu pai. Logo revela-se sua incapacidade para controlar os cavalos. O carro desvia-se de sua rota. O sol-iluminação, a verdade que Fáeton manifesta, abandona sua via predestinada. Ele erra ao acaso: a rota traçada por Fáeton é a do erro. O carro, conduzido à deriva, abandona a região sublime e aproxima-se demasiadamente da terra, isto é, a verdade que ele gostaria de manifestar está mesclada aos desejos terrestres, é impura. A luz que ilumina transforma-se em labareda que devora, ao invés de fecundar, incendeia a terra.

Zeus, símbolo supremo do espírito, restabelece a ordem. Para colocar um fim à aventura destruidora, para impedir Fáeton de causar ainda maiores danos, lança o raio que fulmina o culpado. Esta é uma nova simbolização do tema central do mito. O relâmpago iluminador, o esclarecimento espiritual, inflama o homem sublimemente, penetra-o de entusiasmo, de gozo produtivo; o ultraje ao espírito, a exaltação insensata da qualidade espiritual, transforma o dom em castigo, o relâmpago em raio.

Fáeton é jogado fora do carro, fora do caminho do espírito-sol; é devolvido à terra, é esmagado e perece nas labaredas destruidoras que ele próprio desencadeou.

No mito de Fáeton, cujo tema, segundo o sentido oculto, é a produção vaidosa que transforma a verdade em erro, o culpado não é o único a ser punido. A labareda destruidora espalha-se e atinge todos os habitantes da terra.

Este simbolismo põe em relevo um aspecto capital da perversão do espírito.

A labareda destruidora representa o castigo que é inevitavelmente inerente à perversão vaidosa da verdade, ao erro culposo. Ora, na realidade, é o erro que se espalha, e suas conseqüências nefastas (a labareda destruidora) atingem todos os que participam da culpa do herói (autor do crime), deixando-se influenciar pelo erro que ele carrega.

O erro essencial, o erro sobre o sentido da vida (o único de que falam os mitos), propagado pelo falso espírito, enraíza-se na psique de seus semelhantes, impregnando-a de falsos julgamentos e, portanto, de motivações pseudo-espirituais. Tais motivações irrompem na forma de ações insensatas e mesmo absurdas. O erro separa, exalta subjetivamente e isola os indivíduos, ou então os reúne parcialmente no entusiasmo falso e destrutivo, o fanatismo. As motivações perversas, vaidosamente justificadas, subconscientemente dissimuladas e convertidas em culpabilidade inconfessada e obsessiva, irrompem na forma de uma acusação que cada um impõe contra os outros. Disso resulta o desdém mútuo, o ódio, a agressão. Assim, o erro essencial, criado pela exaltação sentimental do falso herói do espírito e por sua impotência qualitativa, transforma-se necessariamente em sofrimento e destruição que podem alastrar-se pelo mundo inteiro. Forma-se um círculo vicioso que não é mais somente intrapsíquico, mas que encerra o mundo e as gerações.

Os três mitos até aqui traduzidos formam um conjunto coerente que mostra a destruição da força produtiva, conseqüência da exaltação espiritual. A impotência que disso resulta nem sempre atinge a quantidade da produção. Esta pode até mesmo multiplicar-se convulsivamente, e a improdutividade não se trai senão pela diminuição do valor espiritual. O herói decaído, vaidosamente exaltado, torna-se incapaz de produzir seja a verdade, a bondade ou a beleza.

O mito de Ícaro, através do símbolo da elevação e da queda, levou-nos a falar da produtividade artística. O mito de Tântalo trata da produtividade intrapsíquica, a bondade (purificação interior). O tema do mito de Fáeton, por sua vez, é a atividade desorientada, a elevação impotente em direção à verdade e a queda no erro. A impotência em diversos graus manifesta-se sobre todos os domínios da vida do espírito, chegando à deformação tanto do mundo interior quanto do mundo exterior.

A seguir serão apresentados três mitos cujas traduções apresentam variações do tema mítico (elevação e queda) que até aqui encontra sua expressão mais profunda e concentrada no mito de Tântalo. Esses mitos formulam, com a ajuda de novas imagens simbólicas, o tema comum a este primeiro grupo de mitos que simbolizam os combates dos heróis cujo perigo é a exaltação sentimental frente ao espírito.

IXÍON

O mito de Ixíon, sob muitos aspectos, é comparável ao de Tântalo, se bem que expresse seu tema comum através de imagens muito distintas, agregando ao tema uma variação muito importante.

A identidade do tema oculto encontra-se assinalada pelo fato de que o início da fábula, a história da elevação, não é mais do que uma repetição do começo da história de Tântalo.

Ixíon tornou-se culpado perante os homens e os deuses. O relato de seus fracassos precede, como no mito de Tântalo, a narração simbólica.

O mito propriamente dito começa pelo simbolismo já suficientemente explicado na tradução do mito de Tântalo. Ixíon foge dos homens e refugia-se no Olimpo, onde é amigavelmente acolhido por Zeus, que o convida a permanecer junto dele, na região sublime.

Ixíon, depois de um período de queda, é purificado graças a seu arrependimento, passando por um período de elevação. Esta, porém, não poderia durar muito, pois seu arrependimento não é suficientemente sincero, como mostra a seqüência de sua história. Esquecido de sua posição perante a "divindade", símbolo da qualidade ideal, ele acredita-se um ideal real entre os ideais simbólicos e reprime sua fraqueza humana, cuja compreensão fez dele "o amigo das divindades" (aquele que ama ativamente o ideal e quer realizá-lo no limite de suas forças). A culpabilidade insuficientemente espiritualizada, parcialmente recalcada, transforma-se em vaidade, e a vaidade de Ixíon exprime-se de uma maneira bastante audaciosa. Seu esquecimento o leva a apaixonar-se por Hera, o que o faz conceber secretamente o projeto de roubá-la de Zeus. Alimenta a esperança de poder enganar o espírito. Nesta imagem simbólica de sua recaída imaginativa encontram-se condensadas, ao mesmo tempo, a perversão do espírito, a vaidade (usurpar o lugar de Zeus) e a perversão sexual (seduzir Hera).

Todavia, o simbolismo é ainda muito mais complexo, o que exige, para compreendê-lo em toda sua profundidade, que nos detenhamos um instante com o objetivo de elucidar a situação psicológica que o sustém.

Hera é o símbolo do amor sublimado, mesmo sob seu aspecto perfeitamente objetivado e assexual, a bondade. Ixíon espera poder possuir a sublimidade perfeita enganando Zeus, quer dizer, entregando-se à exaltação do desejo corporal. Este é exatamente o erro de Tântalo. No entanto, há uma diferença bastante interessante: o desejo de Ixíon de possuir Hera, símbolo da bondade, é acompanhado de desejo sexual. No mito de Tântalo, ao contrário, parece que a exaltação em relação à sublimidade é contrastada pelo apetite insaciável dos desejos terrestres proveniente antes da pulsão nutritiva que da pulsão sexual. É um fato psicológico incontestável que a deformação nervosa, representada neste primeiro grupo de heróis míticos, não é de forma alguma caracterizada prioritariamente pela exaltação da nutrição amplificada (preocupação dirigida às posses, dinheiro, e à posição social). Esta forma de exaltação certamente existe também na imaginação do nervoso, encontrando-se na vida real condenada ao fracasso, dada sua incapacidade em mobilizar a energia que permanece sendo parcialmente absorvida pela exaltação idealista. É patente que a luta pelo êxito exterior no plano social exige um constante esforço, talvez até bastante banal, mas,.em todo caso, impossível ao *nervoso*, cuja se energia encontra demasiadamente enredada pelos conflitos intrapsíquicos. O apetite exaltado pelo sublime, quando se excita em função de convulsões extenuantes, não deixa ao nervoso absolutamente nenhuma outra escolha senão cair, no que concerne ao esforço de realização, na aventura sexual, em maior ou menor grau, igualmente inibida e impotente. Esta situação psicológica obriga-nos a admitir que, no que concerne às dificuldades da luta ascética contra a tentação, inclusive no mito de Tântalo, o simbolismo da fome e sede insaciáveis estende-se também aos desejos de ordem sexual, de tal modo que, em relação à identidade do sentido oculto, a diferença entre as imagens empregadas nos mitos de Ixíon e de Tântalo é apenas secundária.

Tal como no mito de Tântalo, os deuses não são vítimas da ambigüidade do herói: não são enganados, podem perceber os desejos ocultos. Isto significa que a qualidade sublime não pode ser subvertida em perversão, por mais secreta e puramente imaginativa que seja essa transformação em seu início, sem que, por vias psiquicamente legais, o castigo não esteja já em vias de preparação. O primeiro passo dado em direção às inclinações perversas já prepara o início da queda. Graças a sua legalidade, esse encadeamento aparecerá no mito como se tivesse sido preparado pela divindade. Mas o mito não deixa de colocar em relevo "a paciência da divindade", isto é, a influência da elevação real sobre a qual Ixíon se mostrou-se capaz de realizar e que continuará sendo exercida enquanto a força da alma não estiver totalmente destruída. O castigo final permanece pendente enquanto a implicação perversa não se tenha tornado decisiva.

O homem "convidado dos deuses" não pode ser igualado a seus anfitriões; tampouco, simbolicamente, as divindades exigem que ele o seja. Não lhe é imposta a perfeita realização da qualidade ideal. O erro lhe é permitido, mas sua falta o colocará à prova: ele a superará ou sucumbirá a ela. Dada a legalidade desta prova consecutiva à falta, são as divindades, segundo a conseqüência simbólica do mito, que a infligirão. A forma da prova encontra-se igualmente determinada pela legalidade própria ao psiquismo. Em conformidade com a lei do psiquismo, o desejo oculto (no caso de Ixíon, possuir Hera) exalta-se imaginativamente. A imaginação exaltada esforça-se por satisfazer qualquer desejo, mesmo o mais insensato; mas o objeto desejado só é possuído sob a forma frustrada de uma imagem onírica. Trata-se de uma satisfação irreal, cujo objeto poderia ser qualificado como nebuloso (estar nas nuvens). O mito simboliza este fato psíquico ao narrar que as divindades modelam com uma nuvem um fantasma à imagem de Hera e enviam-no a Ixíon.

O fantasma de Hera representa o estado psíquico de Ixíon, sua exaltação idealista, inseparável de sua exaltação lúbrica. A pretensão vaidosamente impudica não aparece ainda senão sob seu aspecto risível, como toda perversão parece sê-lo, no início, antes de desvelar seu lado aterrador. Para escapar desse desdobramento próprio à legalidade, Ixíon deveria despertar de seu estado doentio: deveria compreender que o objeto de seu desejo é tão somente um fantasma; que é realmente impossível possuir Hera, fazer da deusa, símbolo da pureza, o objeto de seus desejos impuros. Ele não deveria contentar-se em possuir o fantasma da sublimidade, mas esforçar-se para alcançar a realização parcial do ideal inacessível, o que só pode ser feito através da sublimação de seu desejo impuro.

Mas o miserável, ao invés de despertar, sucumbe diante da prova. Abusa da imagem de Hera. Isto é, longe de dissolver o emaranhado ambivalente de sua ambição falsamente sublime, ele exalta seu estado impuro, dando livre curso à sua imaginação sacrílega.

Ixíon, entretanto, não é levado a sério por seus magnânimos anfitriões. Ele não é punido, uma vez que seu erro é, ainda, uma presunção puramente imaginativa. Zeus, o Espírito, permanece inclinado à indulgência enquanto o desencaminhado não comete a falta decisiva: a transformação da imaginação impura em alucinação triunfante, que confunde o devaneio da satisfação sonhada com a realidade.

Como se não bastasse, o profanador insensato não tarda a persuadir-se de que é realmente o preferido de Hera, isto é, sua inconfessável impureza culpada transforma-se em vaidade megalômana que o faz acreditar gozar da perfeita sublimidade.

Ixíon vangloria-se por toda parte de ter seduzido a esposa de Zeus, de ser aquele que soube enganar o Espírito. Orgulha-se de ser o mortal que recebeu os favores da deusa; pensa haver suplantado o senhor dos deuses; acredita-se, pois, superior à divindade. Ante a presunção dessa vaidade levada a seu limite, a cólera do deus ofendido é despertada. O culpado é precipitado do Olimpo para o Tártaro, da região sublime para o tormento da vida subconsciente. O mito mostra-o firmemente preso por serpentes a uma roda em chamas que gira perpetuamente.

O castigo infligido não é um fato que simplesmente se adicionaria à loucura do crime. Ele é tão somente sua representação simbólica.

O instrumento de tortura, a roda que gira, mostrando a cabeça do supliciado ora em cima, ora embaixo, é um novo indício do círculo perverso das elevações e quedas incessantes, e de sua conseqüência inelutável, a impotência. A rotação da roda fazendo "girar" a cabeça é símbolo da loucura, expressão da punição do culpado e da deformação do espírito que vai da exaltação imaginativa ao delírio. A causa da loucura (o que faz girar a cabeça do culpado) é o aprisionamento à roda por serpentes, portanto, pela vaidade. O suplício é intensificado pela incandescência da roda; o tormento do fogo é símbolo da perversão e de seu castigo pelo remorso, o tormento da culpabilidade recalcada que "queima" interiormente, consumindo a psique.

Certamente a depravação sexual desempenha um grande papel em todos os estados de deformação psíquica. Mas não é, entretanto, seu fator mais importante, sendo apenas uma forma específica da queda. E nunca seria demasiado insistir que a causa essencial, comum a todos os estados de queda, é a elevação vaidosa.

O contraste entre ascensão e queda não é vivido somente sob a forma de elevação e baixeza, mas também sob a forma de sentimentos de prazerosa frivolidade e angústia pesarosa. Ora, a enganosa ascensão vaidosa é desprovida de sentimento de elevação; é uma convulsão que acarreta a queda. O pesar é devido à mácula da culpabilidade, inseparável do júbilo vaidoso, de natureza irreal, imaginária e falaciosa. Na perversão sexual, a culpabilidade pesarosa liga-se à queda, vivida como diametralmente oposta à elevação espiritual. É por esta razão que a alternância entre elevação e rebaixamento, que caracteriza o nervoso, varia da maneira mais espetacular entre espiritualidade e sexualidade, ambas exaltadas pela vaidade e inibidas pela culpabilidade. Se não prestarmos atenção a essa exaltação-inibição recíproca, podemos facilmente ser levados a acreditar que a nervosidade e seus diversos estados definem-se exclusivamente pelo desregramento da função sexual. O erro é consideravelmente agravado se a exaltação impotente da sexualidade nervosa é entendida unicamente sob a forma mais elementar da união corporal (o ato fisiológico). Desenvolvida de forma sadia, a sexualidade humana inclui a união da alma, o amor. Assim compreendida, a sexualidade sadia constitui um estado de elevação inseparável da função espiritual e sublime. A depravação sexual é, antes de tudo, caracterizada pela insuficiência dessa função sublimadora que deveria permeá-la.

O mito de Ixíon simboliza exatamente a verdadeira causa da impotência sexual que, na verdade, não é senão uma conseqüência da impotência da elevação sublime. Esta é a significação mais profunda do desejo culpado desse falso herói que, na realidade, mesmo sendo impotente para possuí-la, agarra-se vaidosamente à sublimidade (Hera).

BELEROFONTE

Poderíamos pensar que a imaginação exaltada, causa primeira da deformação psíquica, não poderia encontrar expressão mais clara do que a apresentada no mito de Ixíon: "o fantasma de nuvens feito à imagem de Hera" (exaltação em direção a uma sublimidade sem consistência real). A simbolização é, no entanto, muito mais concentrada e clara no mito de Belerofonte, que, em muitos aspectos, aproxima-se do mito de Ixíon, o que inclusive é sublinhado pelo castigo final comum aos dois mitos.

Belerofonte deve combater um monstro terrível, a Quimera. O nome não deixa qualquer dúvida sobre a significação dessa figura mítica. Nenhuma outra imagem poderia melhor exprimir o perigo quimérico da exaltação imaginativa, perigo exteriorizado pelo mito sob o aspecto de um monstro encontrado acidentalmente, enquanto que, na verdade, o inimigo quimérico encontra-se sempre presente, visto que todo homem carrega secretamente a tentação à exaltação imaginativa, o monstro devorador, a Quimera. Com toda certeza "Quimera" e "imaginação perversa" são sinônimos. O fato de, neste mito, o herói combater monstro quimérico, o mais claro símbolo da deformação psíquica, coloca em relevo da maneira mais intensa essa verdade geral: os inimigos combatidos pelos heróis míticos são "os monstros" que atormentam a psique.

Mas graças ao símbolo "Quimera" encontra-se expressa, com precisão, a natureza da imaginação perversa e sua completa definição. Psicologicamente, a imaginação perversa compõe-se dos desejos exaltados provenientes das três pulsões existentes. Ora, nessa figura monstruosa, a Quimera, encontramos, pela primeira vez unidas num único simbolismo, as diferentes formas que a exaltação imaginativa é capaz de assumir. A Quimera, com corpo e cabeça de leão, possui ainda uma cabeça de bode e uma cauda com cabeça de serpente. Encontramo-nos, portanto, em presença de símbolos típicos cuja significação já foi elucidada na *Introdução*. O mito não poderia exprimir mais claramente a realidade psicológica das três formas da perversão imaginativa: a vaidade, perversão espiritual simbolizada pela serpente; a perversão sexual, representada pelo bode; e a perversão social de tendência dominadora, cujo símbolo é o leão. A perversão dominadora, expressa por um dos símbolos mais típicos, aparece aqui pela primeira vez; e logo veremos o papel predominante que ela exerce neste mito, tanto como ameaça exteriormente dirigida contra o herói, quanto como perigo essencialmente inerente ao herói. É a forma específica de que se reveste sua vaidade, sua revolta final contra o espírito, causa de sua queda definitiva.

A história que precede a fábula mítica apresenta Belerofonte não como um homem culpado, mas como herói inocente que sofre a ação perversa do mundo, a intriga de dominação. Ora, o motivo da intriga do mundo não é outro senão a exaltação imaginativa e quimérica, de onde se conclui precisamente que o combate essencial do herói, originalmente inocente, é simbolizado por sua vitória passageira sobre a Quimera.

Mas essa vitória não poderia torná-lo vaidoso e, por essa mesma razão, levá-lo à queda final, se o herói não contivesse em si próprio, a despeito de sua aparente inocência, o germe da perversão destinado a eclodir, apesar de todos os esforços de elevação e mesmo de seu êxito passageiro. Esta é, certamente, uma situação humana típica acentuada por um traço simbólico: o pai mítico de Belerofonte é Poseidon, o que significa que a qualidade psíquica simbolizada por esta divindade é bastante forte nele. Poseidon (como vimos, e como veremos ainda mais claramente) simboliza a legalidade da perversão. De acordo com a legalidade própria à psique, o tipo de homem representado por Belerofonte está inclinado à perversão. Combatente fervoroso do espírito, ocasionalmente vencedor, com grande capacidade para resistir à dominação perversa do mundo, ele é facilmente levado a ultrapassar a medida sensata. Torna-se, em função disso, incapaz de dominar definitivamente o "monstro" essencial, a vaidade culposa.

A intriga mundana que ameaça o herói, ainda inocente, é reportada pelo relato que precede a fábula mítica.

Hostil ao herói e temendo-o por rivalidade, o rei de Argos ordena-lhe seguir à Lícia para junto do rei, a fim de transmitir-lhe uma mensagem contida em algumas tábuas lacradas, que, sem o conhecimento de Belerofonte, aconselha a morte do portador. Jobates, rei da Lícia, constrangido em violar abertamente as leis da hospitalidade, incita Belerofonte a combater o monstro que devasta o país, a Quimera, convencido de que seu hóspede morrerá nessa luta. Mas Belerofonte sai vencedor, casa-se com a filha do rei e chega assim a partilhar o trono e assumir o poder.

O símbolo "monstro devastando um país" é freqüente, tipificando o reinado nefasto de um rei pervertido, tirânico e fraco. É esta situação que coloca o país em desordem, jogando-o na perversão monstruosa. Se, no lugar da Quimera, introduzirmos a significação psicológica, a exaltação imaginativa revestida das duas formas já indicadas (intriga do mundo ambiente e pureza ameaçada do herói), teremos como resultado o seguinte sentido oculto: no início de sua aventura, graças à força pura de sua inocência, o herói vence a intriga contra ele dirigida, para finalmente sucumbir. Termina por perder sua força essencial e servir-se da força perversa (violência e intriga) com o objetivo de manter-se no poder, controlá-lo e expandi-lo.

Neste estado preliminar da tradução, não podemos deixar de pensar que essa história se propagou sob inúmeras formas através das lendas de todos os povos: um jovem herói estrangeiro chega à corte de um rei, liberta o país de todos os inimigos interiores e exteriores e, como recompensa, casa-se com a filha do rei. O fato lendário é, em suma, bastante conforme aos costumes desses tempos passados, o que lhe confere um fundo de realidade histórica. Porém, a história encontra ainda maior correspondência quando confrontada às possibilidades da alma humana: tornando-se rei, o herói perde sua ingenuidade inocente e o sentimento da justa medida; vaidoso por seu êxito, deixa-se arrastar em loucos empreendimentos de conquista. Se não perecer, será destituído do poder, devendo viver pelo resto de seus dias no tormento estéril do remorso de sua loucura e erros cometidos.

Menos prolixo que as lendas que abundam em detalhes acidentais, o mito concentra-se nos motivos ocultos de uma história intemporalmente típica. Coloca em relevo as motivações sempre significativas para a alma humana, graças à força condensadora de sua expressão figurada.

A dificuldade do combate que espera Belerofonte é acentuada por um indício simbólico: todo homem imprudente o bastante para aproximar-se do monstro quimérico será devorado, o que constitui precisamente o perigo monstruoso da exaltação imaginativa.

Mas os deuses enviam a Belerofonte o cavalo alado, Pégaso. Certamente, esta é a ajuda mais eficaz no combate contra a Quimera, a imaginação perversa. Pégaso é o símbolo da imaginação sublimada; psicologicamente, a imaginação objetivada que eleva o homem às regiões sublimes.

Foi mencionado anteriormente que o cavalo representa a impetuosidade dos desejos. Mas, em se tratando somente de exprimir a impetuosidade, a simbolização poderia ter escolhido muitos outros animais. Um símbolo é uma condensação expressiva e precisa.

O cavalo representa os desejos impetuosos porque é o animal que serve de montaria ao homem, do mesmo modo que os desejos, facilmente exaltáveis, servem de suporte biológico, fundamento da animalidade do ser espiritualizado encarnado pelo homem. Assim como doma e dirige o cavalo, o homem deve poder domar seus desejos. Porém, libertar-se da prisão dos desejos pode, neste contexto, exprimir-se por uma outra imagem: "abandonar o animal", descer do cavalo a fim de sustentar-se sobre os próprios pés; postar-se em pé seria, portanto, sinônimo de "força espiritual da alma". O equilíbrio, graças a essa posição, é um dos traços mais característicos do homem. O pé mostra-se assim como símbolo da alma, significação que na seqüência será verificada muitas vezes. (O ser humano irremediavelmente ligado ao cavalo, formando um só corpo com o animal, é inclusive um monstro mítico, o Centauro.) Mas, melhor do que separar-se provisoriamente do animal (do aprisionamento impetuoso dos desejos que dominam o homem) é recuperar a energia primitiva dos desejos purificando-os, elevando-os ao nível do sublime, o que se expressa simbolicamente pelas asas que permitem ao cavalo elevar-se aos ares.

O cavalo alado representa o contrário da imaginação perversa, a imaginação criadora e sua elevação real. Nos momentos de elevação, o homem, esquecendo suas necessidades imediatas e corporais, não aspira senão à satisfação de seu desejo essencial. É a sublimação das necessidades corporais, ou ao menos de sua impetuosidade, que impede, que "combate" a multiplicação quimérica dos desejos e, conseqüentemente, a exaltação imaginativa em relação a eles.

O símbolo "Pégaso enviado a Belerofonte por Atená (símbolo da combatividade sublime) para combater a Quimera" significa que o homem só encontra condições de vencer a exaltação imaginativa na medida em que venham em seu socorro as qualidades espirituais e sublimes, suscetíveis de elevá-lo acima do perigo da perversão.

Belerofonte monta o cavalo alado para combater a Quimera. Sua inspiração realmente sublime, sua pureza ingênua, permite-lhe triunfar sobre o perigo que o ameaça. Pégaso eleva-se nos ares levando consigo o herói, o que torna o monstro impotente contra ele. Belerofonte mata-o com suas flechas, que representam os raios solares, símbolo da penetração espiritual.

A elevação sublime, no entanto, é tão somente um estado passageiro da alma humana, pois o homem deve tornar a descer à terra. Seus desejos corporais exigem sua atenção, razão pela qual ele se acha novamente ameaçado pelo perigo quimérico que o incita a exaltá-los. O verdadeiro herói é aquele que, nessa luta contínua, sabe resistir, sabe viver alternadamente nos dois planos: o da elevação espiritual e o da vida concreta. Este é o ideal grego da harmonia dos desejos. Mas quão grande é o perigo do homem, depois de atingir a sublimidade em momentos de elevação, vir a acreditar-se um ser sublime ao abrigo de qualquer sedução perversa. Este é o caminho pelo qual ele volta a tornar-se uma presa da exaltação quimérica. O mito grego não se cansa de exprimir que a vitória espiritual, a elevação, tão perfeita quanto pareça ser, traz consigo o perigo mais insidioso. O espírito vencedor, justamente em razão da vitória, acha-se ameaçado de transformar-se novamente em espírito vencido, em vaidade, vaidade tanto maior quanto mais esplendorosa tenha sido a vitória.

Desse modo, a mais gloriosa das vitórias leva Belerofonte a cometer a mais vaidosa das loucuras. Ele se revolta contra o espírito, permitindo-se querer conquistar o Olimpo, morada do espírito, pela força das armas e com a ajuda de Pégaso. Inebriado por sua vitória, imagina-se mais forte que Zeus e todos os deuses reunidos, símbolo da lei que impõe ao homem a justa medida de suas aspirações e de seus esforços.

A vaidade de Ixíon aparecia matizada pela perversão sexual; a vaidade de Belerofonte encontra-se marcada pela outra perversão corporal, a perversão do poder sob sua forma mais audaciosa.

Belerofonte é precipitado no Tártaro onde sofre a mesma sorte de Ixíon. A conseqüência legal de seu estado de alma é simbolizada pelas imagens já traduzidas: a roda incandescente que gira sem parar, à qual o torturado é amarrado por sua própria vaidade, as serpentes.

O tema do jovem casal – *herói enviado e virgem a ser conquistada* – não é encontrado unicamente no mito de Belerofonte, aparecendo também, sob as mais diversas variações, num grande número de mitos, por exemplo, as histórias de Perseu, Jasão, Teseu e Hércules. Mesmo se o herói, através de uma vitória passageira, chega a abater o monstro e unir-se à virgem, pode sempre terminar por perecer.

Da mesma forma que o monstro simboliza não somente a ameaça advinda do estado pervertido do mundo ambiente, mas antes de tudo o perigo intrínseco da alma (perda da pureza), a virgem, por sua vez, simboliza não somente a pureza a conquistar, mas também a ligação da alma com *o ser feminino parceiro da vida*. A correta escolha do parceiro é, como veremos, representada pela verdade mítica como uma condição decisiva da vida sadia. Assim, o tema do jovem casal inclui na ilustração mítica o sentido não somente da vida do homem, mas também da vida da mulher, cobrindo dessa maneira todos os aspectos da existência. Aos combates espirituais do homem-herói, cujo sentido é a elevação na medida de suas forças (pulsão evolutiva), adiciona-se a ajuda fecundadora que lhe fornece, ou deveria fornecer-lhe, o impulso do amor (pulsão sexual), a fim de aguçar sua força de resistência em relação às seduções e ameaças ambientes (pulsão social). O elo de significação entre o monstro que deve ser morto e a virgem a ser libertada encontra-se freqüentemente expresso pelo combate contra o Dragão, guardião da virgem e do tesouro.

O casal homem-mulher (herói-virgem) deveria unir-se na pureza (vitória sobre o dragão, símbolo de banalização). Esta unidade da combatividade e da pureza não é somente garantia do desenvolvimento do casal, pois estende-se também a seu filho. Os pais unidos em alma e espírito prolongarão sua vida evolutiva, tornando-se os "pais míticos", os criadores educativos da alma pura e do espírito heróico do filho. O tema do jovem casal é a expressão simbólica de toda a vida, do sentido evolutivo e de seu desenvolvimento histórico através das gerações. A esperança heróica insurge em cada nova vida que nasce, em cada nova geração; cada criança, cada adolescente, carrega-a em diferentes graus de intensidade. Mas muito freqüentemente o impulso é minado pela impureza da exaltação imaginativa (preparada através de toda a infância pela influência de pais incapazes de preencher o papel mítico de edificadores de almas). A esperança perde sua força de resistência, o impulso sucumbe.

O tema da ligação entre combatividade e pureza encontra sua expressão mais sublime e mais profunda no mito cristão, onde o herói é simbolicamente enviado pelo rei dos Céus, o Deus-único, símbolo do ideal supremo. Ele não é mais enviado para libertar tal ou tal país, mas o mundo inteiro. Filho simbólico da divindade (imagem idealizada da vida sublime), ele luta contra a perversão do mundo representada pelo "príncipe do mundo", Satã, símbolo supremo da exaltação imaginativa. Tendo sublimado todos os desejos carnais (de ordem material e sexual), sendo ele próprio a pureza perfeita, não tem mais necessidade de conquistar a virgem-esposa, símbolo da pureza. Ele é puro por sua própria força, puro por nascimento, o que é expresso pelo mito através do símbolo da virgem-mãe.

Importa agora verificar de que maneira o mito grego expressa seu ideal, o ideal da justa medida, da harmonia das pulsões, através da história do herói-vencedor.

PERSEU

Perseu é filho de Zeus e Danae. Zeus, o espírito, pai mítico, fecunda-a tomando a forma de uma chuva de ouro. A sublimidade da criança não poderia ser melhor indicada. A nuvem, caindo do céu sob a forma de chuva e fecundando a terra, é símbolo do espírito. Danae é uma mulher, símbolo freqüente da terra. A sublimidade encontra-se assinalada pelo fato da chuva fecundante ser de ouro; amarelo e brilhante, o ouro é um símbolo solar. Perseu é, portanto, o herói, filho da terra, gerado pelo espírito. O mito de seu nascimento já o designa como um herói-vencedor. Cabe ressaltar que a filiação simbólica é expressa por uma imagem (a mulher terrestre fecundada pelo espírito-chuva) quase idêntica àquela empregada pelo mito cristão para representar o nascimento do herói-vencedor.

O pai de Danae, Acrísio, para escapar à predição do oráculo de que viria a ser assassinado por seu neto, decide livrar-se tanto da mãe quanto da criança. Abandona-os, mas Perseu é salvo. O abandono da criança é um símbolo freqüente, comum aos mitos de diferentes povos. Ele expressa a perversidade hostil do pai real;

mas simboliza também, e antes de tudo, a importância predominante do pai mítico para a vida futura da criança abandonada. No mito de Perseu, o tema encontra-se significativamente modificado. Perseu não tem um pai humano, ao menos segundo a fábula mítica. Filho de Zeus, o herói tem ascendência divina. O pai humano encontra-se substituído pelo ancestral, o pai de Danae.

O oráculo é, por definição, ambíguo. Todo homem possui no plano mítico dois "pais": a sublimidade e a perversão. Este simbolismo ostentará toda amplitude de sua importância no mito judaico-cristão, onde o pai mítico, sob sua forma positiva, é Deus-Criador chamado "Deus Pai". O pai mítico, sob seu aspecto negativo, é o ancestral simbólico, o "velho Adão", representante mítico de toda a humanidade. Sua queda simboliza a fragilidade da natureza humana que dá preferência à maçã proibida, o fruto terrestre, a exaltação dos desejos, em lugar do apelo do espírito, e que sucumbe de geração em geração à sedução do espírito negativo, a serpente-vaidade. Expressa não mais pela representação do mito da Gênese, mas, de uma maneira geral, válida para a verdade mítica de todos os povos, temos que o pai mítico que forma, que cria espiritualmente o homem, cada homem, é o espírito no homem, manifesto sob sua forma positiva, a elevação, e sob sua forma negativa, a queda.

Segundo o sentido ambíguo do oráculo, Perseu matará em si mesmo ou a potência sublimadora ou a perversão. (No mito de Tântalo, a perversão foi simbolicamente caracterizada como "o filho" do homem. Mas, se é justo dizer, por mediação da imagem, que a perversão é "filha do homem", não é menos justo dizer que o homem é "filho da perversão", dado que a inversão é um processo habitual do sonho mítico, tanto quanto do sonho noturno.)

Perseu, entretanto, não é o "filho mítico do espírito" tal como qualquer outro homem. A filiação mítica tem para ele unicamente o sentido sublime realçado pela imagem da chuva de ouro. Perseu é, por assim dizer, o filho único, o enviado do espírito positivo. O oráculo, em si mesmo ambíguo, ganha um sentido claro e distinto: o "pai mítico" que Perseu matará é o espírito negativo, a perversão. A predição de que mataria o ancestral (o velho Adão, representado neste mito pelo rei Acrísio e sua hostilidade perversa) significa que o herói "matará", superará a influência da perversão que reina no mundo. Sendo morto pelo disco (símbolo solar), o ancestral é claramente denunciado como símbolo da perversão.

Este é o momento de lembrar um episódio que aproxima o mito de Perseu do mito de Belerofonte, sendo ao mesmo tempo uma ilustração da superioridade do herói vencedor. Perseu também monta Pégaso para conquistar a virgem. Esta, no entanto, não é símbolo da pureza, mas, ao contrário, da vaidade feminina. Andrômeda vangloriou-se de ser mais bela que as Nereidas, que, por vingança, amarram-na a um rochedo onde ela é ameaçada de ser devorada por um monstro marinho enviado por Poseidon. O simbolismo exprime que, por sua vaidade, Andrômeda encontra-se ligada à terra (aos desejos terrestres), destinada a tornar-se vítima da perversão (monstro marinho). Dessa maneira, a verdade mítica evidencia o outro aspecto da natureza feminina (contrário à sua força calmante e purificadora): sua fragilidade inata,da qual o homem, por sua vez, deveria poder resgatar a mulher neste processo de fecundação mútua, única condição que dá à união da alma masculina e feminina seu verdadeiro sentido. Ora, o simbolismo revela que Perseu não tem necessidade de ser socorrido pela mulher para ultrapassar seus próprios perigos. Ele liberta a beleza da perversão que a ameaça e a conduz à sublimidade, unindo-se a ela, esposando-a.

Mas este desfecho só poderá ser definitivo, ou mesmo significativo no sentido indicado, se Perseu, ao contrário de Belerofonte, conseguir realizar a condição essencial capaz de evitar a queda final, mesmo após uma vitória passageira, por maior que seja.

No mito de Perseu, a libertação de Andrômeda não será uma vitória passageira, pois a simbolização expressa claramente, como veremos, que o herói somente se torna capaz de libertar a mulher ameaçada de perversão depois de ter lutado vitoriosamente contra seu próprio perigo essencial.

Esse perigo, essencial a todo homem, encontra-se simbolizado pelo fato mais ressaltado no mito de Perseu, o combate contra Medusa, rainha das Górgones.

As Górgones, três irmãs: Medusa, Euríale e Esteno, são monstros, devendo simbolizar, portanto, o inimigo interior a ser combatido. As deformações monstruosas da psique devem-se às forças pervertidas das três pulsões: sociabilidade, sexualidade e espiritualidade. A pulsão espiritual e evolutiva prevalece sobre as outras. A rainha das Górgones, Medusa, deve, portanto, simbolizar a perversão da pulsão espiritual, a estagnação vaidosa.

Esta significação é particularmente sublinhada por um traço simbólico: Medusa possui uma cabeleira feita de serpentes.

Mas a cabeleira de serpentes é igualmente o atributo de outras figuras monstruosas, as Erínias, símbolo do tormento da culpabilidade recalcada. O atributo comum aponta a solidariedade entre vaidade e culpabilidade recalcada. A vaidade não é senão o recalcamento da culpabilidade. Medusa simboliza, portanto, a vaidade culposa.

Horrenda, Medusa, segundo uma outra versão, é magicamente sedutora. A vaidade é sedutora e a culpabilidade horrenda. Essa mesma dualidade é verdadeira para toda perversão: as perversões dos desejos corporais são também, e ao mesmo tempo, sedutoras e repugnantes. A ligação entre as três formas de perversão é indissolúvel (o que o mito exprime representando-as como irmãs). O homem atingido pela perversão sexual não poderia escapar à perversão (exaltativa ou inibidora) das pulsões corporais; o princípio dominante (rainha das Górgones) é constituído pela exaltação vaidosa e pela inibição culposa dos desejos corporais (irmãs de Medusa). Disso resulta que o homem que sabe vencer a vaidade culposa escapará, por esse mesmo caminho, da perversão das pulsões corporais: se os desejos não sofrem essa exaltação, não serão atingidos pela inibição culposa. Ao triunfar sobre a rainha Medusa, Perseu escapa do domínio de suas irmãs. O mito o revela por um indício simbólico: Perseu, depois de sua vitória sobre Medusa, é perseguido por Euríale e Esteno, que não conseguem alcançá-lo.

A analogia simbólica entre Medusa e as Erínias (cabeleira de serpentes), a ligação real entre vaidade e culpabilidade recalcada, deixa entrever que o meio de combater Medusa deve ser idêntico àquele que protege contra as Erínias. Ora, contra a culpabilidade advinda da exaltação vaidosa dos desejos, não há senão um único meio de salvaguarda: realizar a justa medida, a harmonia. O mito grego exprime isso através de uma simbolização extremamente precisa: o culpado só é salvo da perseguição das Erínias refugiando-se no templo de Apolo, deus da harmonia. No frontispício desse santuário lêem-se estas palavras que resumem toda a verdade oculta dos mitos: “Conhece-te a ti mesmo”. A única condição do conhecimento de si mesmo é a confissão das intenções ocultas, que, por serem culpáveis, são habitualmente recalcadas pela vaidade. A inscrição reveladora significa, portanto: *desmascara tua culpabilidade*, ou, o que dá no mesmo, *aniquila tua vaidade*. Escapar das Erínias e abater Medusa é uma única e mesma coisa. A verdade psicológica, em conformidade com o sentido oculto dos mitos, revela um único meio para isso: a clarividência em relação a si mesmo, o inverso do ofuscamento vaidoso e petrificante.

É precisamente isto que exprime, nos menores detalhes da simbolização, o mito de Perseu.

O tema central do mito de Perseu é a dificuldade de enfrentar Medusa: quem quer que olhe a cabeça de Medusa é petrificado.

Ver Medusa significa: reconhecer a vaidade culposa, perceber a nu sua própria culpabilidade vaidosamente recalcada que ninguém consegue confessar a si mesmo, da qual ninguém suporta a visão. A vaidade culposa, fraqueza essencial de todo homem, define-se portanto da seguinte maneira: a exaltação desarmônica dos desejos (culpa), ligada à idéia de perfeição (vaidade), a despeito da exaltação doentia (ou a despeito da inibição doentia) dos desejos naturais.

Entretanto, poder visualizar sua própria vaidade culposa (o estado exaltado e desarmônico dos desejos) foi anteriormente definido como condição para o conhecimento de si mesmo, conhecimento esse que constitui o meio para a mobilização do esforço de harmonização, e chegar assim à cura (sendo Apolo a suprema divindade da saúde). A cabeça de Medusa deve, portanto, ter uma significação mais complexa cuja tradução exige um aprofundamento psicológico.

Ora, a confissão da culpabilidade (da fragilidade diante da harmonização) não constitui necessariamente uma *catarsis* compreensiva e libertadora. A confissão pode ser, e quase sempre é, uma forma específica da exaltação imaginativa, um arrependimento exagerado. O exagero da culpa inibe o esforço reparador, servindo ao culpado unicamente para refletir-se vaidosamente na complexidade de sua vida subconsciente, imaginada como única e de excepcional profundidade. A confissão exagerada é uma mentira que convida a uma retificação não menos imaginativa: talvez não sejamos assim tão culpados quanto pensamos. De justificativa em justificativa (as circunstâncias, os outros ...) chegamos no "talvez não sejamos de modo algum culpados, talvez sejamos até mesmo razoavelmente perfeitos comparados aos outros". Mas nenhuma sugestão da imaginação exaltada pode realmente convencer. Esse "talvez", essa afirmação, essa gradual transformação da inculpação excessiva em desculpa excessiva, corre o risco de arrastar o sujeito para um círculo vicioso, composto de uma sucessão obsessiva de novas auto-acusações e autojustificações. O sujeito, exposto a essa oscilação ambivalente entre culpabilidade e vaidade, pode chegar a crer-se, vaidosamente, o mais perfeito ou o mais culpado de todos os homens e gabar-se de uma culpabilidade única e, conseqüentemente, inexpiável. Por falta de um real esforço de elucidação, esta condição conduz a uma estagnação vaidosa mais e mais acentuada e, finalmente, à "petrificação" interior.

Esse jogo ambivalente da imaginação perversa, *a oscilação entre vaidade e culpabilidade exaltada*, mostra o quanto é difícil libertar-se do encarceramento perverso e petrificante imputável à desorientação angustiante que inspira no homem vaidoso a descoberta de sua fraqueza vital, a revelação de sua culpa em relação à vida.

Para sair desse círculo vicioso da fascinação vaidosa e do terror petrificante que nasce da confissão exaltada, não é o bastante descobrir a culpa: é necessário poder suportar sua visão de maneira objetiva, sem exaltação nem inibição (sem exagerá-la nem minimizá-la). A própria confissão deve manter-se isenta do excesso de vaidade e culpabilidade. Ora, essa confissão compreensiva e libertadora da culpa torna-se impossível se o olhar aterrorizado prende-se somente às fraquezas sem levar em conta as qualidades que também existem, mas que permanecem paralisadas por força da estagnação. A procura da culpa, realizada sem vaidade, é equivalente à descoberta e à eclosão das qualidades negligenciadas.

A petrificação que o homem carregou consigo (a estagnação pela vaidade) exterioriza-se graças à confissão compreensiva. Esta libertação, esta auto-objetivação, pode favorecer a cura. Mas favorece-a unicamente se o homem possui uma força suficientemente grande a mobilizar, suficientes qualidades a desenvolver, para que não se desespere completamente quando sua culpabilidade e sua vaidade forem colocadas à vista: a cabeça de Medusa.

Medusa simboliza o terror, o desespero em relação a si mesmo que assalta a alma vaidosa nos lampejos de lucidez, quando lhe é permitido ver-se nua. Isso pode ocorrer a qualquer homem nas grandes crises da vida consecutivas aos fracassos provocados pela estagnação de suas qualidades reais. Medusa representa a imagem deformada de si mesmo, a imaginação exaltada de si mesmo, a culpabilidade exaltada entrevista nos momentos em que a vaidade desmorona. O horror medusante que nesses instantes assalta a alma é um equivalente da vaidade: o desgosto de vê-la desmoronar-se. Esse pesar terrificante desperta a tendência a reconstituir a vaidade (ainda que pela exaltação sentimental da culpabilidade). A petrificação pelo horror (pela cabeça de Medusa, espelho da subjetividade deformante) é devida à incapacidade de suportar objetivamente a verdade em relação a si mesmo. Uma única atitude, uma única arma, pode oferecer proteção contra Medusa: não olhá-la a fim de não ser petrificado pelo horror, mas captar sua imagem no espelho da verdade.

É precisamente esta arma que possibilitará a vitória de Perseu sobre a rainha das Górgones.

Antes de qualquer coisa, é importante definir a situação psicológica, quer dizer, o estado de espírito com o qual o herói se expõe ao mais perigoso dos combates: o fato simbólico de Perseu ser "filho" de Zeus-espírito, revela que nem sua culpabilidade nem sua vaidade são excessivas. O perigo essencial da alma humana não o aterroriza: ele está propenso a levar adiante o combate. Quando confrontar Medusa, saberá resistir à sedução vaidosa de comprazer-se na contemplação do horror de sua culpa. Não sucumbirá ao círculo mágico que conduz à petrificação. Seu medo não será psiquicamente mortal. Ele pode pretender a vitória sobre Medusa. Porém, é necessário que a surpreenda enquanto dorme; o homem somente é lúcido e apto ao combate espiritual, quando a exaltação de sua vaidade não está desperta.

Mas o herói não poderá triunfar, a despeito de suas qualidades que o preservam do horror excessivo, a menos que, no momento decisivo, o espírito acorra em sua ajuda; simbolicamente, que a divindade lhe forneça a arma do combate. É das mãos da filha de Zeus, Palas Atená, que Perseu recebe o escudo simbólico, o espelho da verdade. Atená é a deusa da combatividade espiritual, divindade da sabedoria e da verdade. A sapiência, o amor combativo pela verdade, é a condição para ascender ao conhecimento de si e, em conseqüência, chegar à harmonia. A espiritualização combativa e a sublimação harmonizante são solidárias: Atená é irmã de Apolo. Ambos são os descendentes preferidos das divindades reinantes, pois simbolizam as funções psíquicas sensatas nascidas da visão dos ideais últimos: verdade suprema (Zeus) e sublimidade perfeita (Hera). O escudo reluzente de Atená, ao refletir a imagem verídica das coisas e dos seres, permite conhecer-se a si mesmo: é o espelho da verdade. Perseu é irmão mítico de Atená que, mesmo antes do combate simbólico, o havia protegido contra o excesso de vaidade e culpabilidade. Tal é o atributo da sabedoria de Perseu que o arma para o combate, permitindo-lhe o manejo adequado do escudo protetor. Este escudo é o espelho no qual o homem se vê tal como é, e não como gosta de imaginar ser. Socorrido por Atená, por sua própria sabedoria combativa, Perseu suporta a visão da imagem verídica da Medusa: a visão de sua própria vaidade culposa.

A imagem refletida pelo espelho da verdade guia a mão do herói armada com a espada; o gládio cortante, símbolo da força lúcida do espírito que ousa penetrar o núcleo do problema: a cegueira vaidosa e suas falsas valorizações, contraditórias e ambivalentes.

Perseu vence e mata Medusa.

Decapita o monstro para levar a cabeça como troféu. Do sangue que jorra do ferimento surgem Crisaor (a espada de ouro), símbolo da espiritualização, e o cavalo alado, símbolo da sublimação. Perseu dá, assim, nascimento a Pégaso.

A imaginação perversa deve morrer, para que nasçam as duas formas da imaginação criadora: a espiritualidade e a sublimidade. Pégaso representa a elevação sublime em geral. Entretanto, ele possui uma significação específica: é o cavalo das Musas. Sob este aspecto, Pégaso representa a arte, a elevação através da beleza (o contrário da fealdade de Medusa). (Diz-se que Pégaso, golpeando a terra com seu casco, no monte Hélicon, fez jorrar a fonte da inspiração poética.)

Qual é a razão psicológica desta atribuição especial que se agrega à significação geral do símbolo "Pégaso", que engloba a imaginação sublime sob todas suas formas?

As três manifestações da elevação sublime são a verdade, a beleza e a bondade. O pensamento verídico e a bondade ativa constituem as expressões mais claras do sentido da vida, despojadas no mais alto grau da fervilhante multiplicidade dos desejos. A beleza, domínio da arte, ao contrário, constitui o sentido da vida, a essência vista *através* do tumulto das paixões, da aparição multiforme e multicor. A arte, em lugar de dissolver ativamente a deformação, interage imaginativa e sublimemente com essa substância psíquica, mesmo sendo ela impura. É impossível que a arte seja dissociada dessa condição, uma vez que, para estabelecer um quadro figurado da afetividade, o artista deve apresentar à imaginação as cores e os contornos da vida, mesmo nas suas manifestações perversas (as seduções e os encadeamentos de suas nefastas conseqüências), a fim de resgatar sua forma pura, a beleza da legalidade secreta.

A arte é o espelho da vida que mostra aos homens capazes de emoção as forças e as fraquezas da alma, as conseqüências nefastas de suas exaltações imaginativas, com o objetivo de obter a catarse, a elevação acima da vaidade culposa. A arte verídica é uma produção da imaginação sublimemente criadora, oposta à imaginação exaltada. Monstro devorador, Medusa, segundo a imagem mítica, "devora" Pégaso, isto é, impede a imaginação criativa de alçar vôo. Mas, tão logo morta Medusa, renasce a imagem verdadeira da vida: Pégaso é libertado.

A imagem verdadeira da vida e de seu sentido corresponde à visão supraconsciente da justiça imanente. Somente ela assume a beleza da vida, sua legalidade, sua justiça, que se realiza por vias extraconscientes, subconsciente e supraconscientemente ocultas. A arte não faz senão desvelá-la pela força comovedora de suas imagens. Assim fazendo, assume sua missão estética, pois nada há de mais estético que a coragem combativa, e só a visão da justiça tem condições de despertar a coragem moral nos momentos de decaimento. É certo que o arrebatamento, em lugar de caracterizar o entusiasmo desencadeado pela emoção artística, pode não passar de uma efêmera "boa intenção".

A libertação de Pégaso seria apenas um episódio passageiro na história de Perseu e de seu combate essencial, se o herói não tivesse a força de realizar "o arrebatamento" sublime representado por Pégaso. Isso é assinalado pelo mito ao narrar que Perseu, montando Pégaso, é levado para além do alcance de Euríale e de Esteno, que o perseguem para vingar a morte de Medusa. Graças à vitória sobre a vaidade, Perseu, o herói vencedor, "arrebatado" pela imaginação sublime, é capaz de escapar à perseguição perversa de sua imaginação e colocar-se, não só intencionalmente, mas realmente, fora do alcance da exaltação dos desejos corporais.

Porém, o sentido oculto do mito de Perseu não se esgota nos episódios simbólicos da vitória sobre Medusa e da libertação de Pégaso.

Para que seja considerado definitivamente vencedor, Perseu deve cumprir uma condição que, sendo suplementar, é na verdade essencial e fundamental.

Servindo-se de Pégaso (libertado por Perseu), Belerofonte pôde vencer a Quimera. Tântalo e Ixíon desfrutaram da condição de convidados dos deuses, o que não constitui, afinal, um pequeno grau de elevação. Todos, no entanto, sucumbiram à queda.

A condição da vitória não é a ascensão passageira, mas a manutenção de um nível constante de elevação.

A vitória sobre a vaidade transforma-se muito facilmente em vaidade pela vitória.

Se em algum momento Perseu tivesse imaginado ter definitivamente triunfado sobre a vaidade culposa, teria se tornado sua vítima em definitivo. A vitória definitiva não se adquire em um só e único combate, mas pela luta infatigável de toda uma vida.

Simbolicamente, o mito exprime essa condição essencial ao dizer que, mesmo depois de sua morte, a cabeça de Medusa guarda seu poder mágico, sua sedução petrificante.

Perseu preenche a condição essencial cortando a cabeça de Medusa e levando-a consigo, o que implica que o herói permanece continuamente capaz de suportar sua visão. O simbolismo da cabeça cortada que guarda todo o seu poder indica que a vaidade continua a seduzir e a culpabilidade a petrificar, mesmo quando parecem estar definitivamente vencidas. O fato de Perseu levar consigo a cabeça significa, portanto, que o herói continua a resistir vitoriosamente à petrificação e que, sem descanso, supera o perigo, sendo capaz de contemplar sem excessivo horror a verdade que não cessa de apresentar-se a ele: os acessos, ainda que cada vez mais raros e fugazes, de sua própria vaidade culposa. Como na ocasião de seu combate simbólico, ele não poderá, durante essa luta de toda sua vida, afrontar a verdade monstruosa senão com o amparo do espelho protetor de suas qualidades despertas, simbolizadas pelo "escudo de Atená" (sendo esta o símbolo da qualidade combativa que é o amor à verdade).

A grande vitória de Perseu não é, portanto, ter morto e decapitado Medusa, mas ter carregado consigo sua cabeça e poder olhar a verdade em relação a si mesmo, sua culpabilidade acidental, sem deformá-la perversamente, sem recalcá-la, sem transformá-la em vaidade estagnante, em petrificação.

Entretanto, a cabeça de Medusa na mão de Perseu tem ainda uma outra significação, mais vasta, que não concerne mais ao herói somente, mas aos outros homens, ao mundo inteiro. Sendo Medusa a imagem da vaidade culposa de cada um, Perseu não venceu em Medusa senão seu próprio perigo. Para todos os outros homens a imagem medusina continua viva, cada qual permanecendo exposto ao perigo essencial, à exaltação imaginativa em relação a si mesmo, à sedução vaidosa e à culpabilidade petrificante.

Perseu leva a cabeça com poderes mágicos para mostrá-la aos homens. Mas não o faz com o intuito de aniquilar ou petrificar, pois o que expõe à visão dos homens não é mais Medusa viva, mas Medusa vencida. O que ele propõe aos homens é a luta contra o perigo essencial. A cabeça cortada prova que Medusa não é invencível. A cabeça exibida por Perseu é o apelo a seguir seu exemplo, a combater e vencer a sedução hedionda que todo homem carrega consigo: a tendência ao recalcamento da culpa, ao recalcamento de cada sentimento acidental de culpabilidade.

A vitória de Perseu pode tornar-se fecunda para os outros, para o mundo inteiro. Perseu não é somente o herói vencedor, mas também o herói salvador do mito grego.

Ante à cabeça de Medusa, mostrada por Perseu, o adversário tem somente duas possibilidades: vencer o horror mágico, despertando-se da letargia da vaidade culposa, ou imobilizar-se no pânico e petrificar-se ainda mais.

Desse modo, ninguém pode furtar-se à terrível verdade representada pela cabeça de Medusa nas mãos de Perseu. Colocado ante sua responsabilidade essencial, o adversário é, queira ou não, obrigado a escolher. Sua escolha entre Perseu e Medusa será determinada pela intensidade de suas qualidades essenciais (espelho protetor de Atená).

Se suas qualidades lhe permitem resistir à sedução da Medusa, ele escapará da petrificação e dará início à luta contra ela (desmascaramento da culpa, sinônimo de enfraquecimento da vaidade). Se, ao contrário, escolhe Medusa, se sofre a sedução, estará comprovando que suas qualidades essenciais são inferiores àquelas do herói-vencedor. Por essa mesma razão ele é vencido no plano essencial a priori por Perseu. Ao escolher Medusa, escolheu seu destino: a "petrificação" psíquica.

Nenhum homem pode resistir impunemente a Perseu armado com a cabeça da Medusa vencida. Perseu venceu, em Medusa, o mundo inteiro.

O mito assinala esse fato pelo episódio simbólico da vitória do herói sobre o Titã Atlas.

Os Titãs, como veremos, simbolizam as forças brutas da terra e, conseqüentemente, os desejos terrestres em estado de revolta contra o espírito (Zeus). Uma vez vencidos, são esmagados sob o peso da terra (destino simbólico de toda exaltação dos desejos). Atlas é o Titã esmagado sob o peso da terra que deve carregar sobre seus ombros. Atlas recusa hospitalidade a Perseu. O herói mostra-lhe a cabeça de Medusa e petrifica-o.

A significação oculta desse episódio é clara: Atlas é o "suporte" perverso do mundo. (A exaltação titânica dos desejos é o monstro-gigante, "suporte" do mundo). O Titã representa, assim, o mundo inteiro sob seu aspecto perverso. Ele recusa hospitalidade a Perseu, pois o mundo em estado de perversão é hostil à tarefa heróica, que não faz senão agudizar sua culpabilidade e ferir sua vaidade. O mundo recusa-se a admitir a possibilidade de uma luta vitoriosa contra a rainha das perversões. Sua força perversa nada é além de uma fragilidade essencial. Submetido à força de Medusa, o mundo perverso (Atlas) não tem condições de reconhecer-se na imagem verídica de sua falta deformante (a cabeça de Medusa). Sofre sua sedução (vaidade) e sucumbe à petrificação (recalcamento da culpa).

No entanto, a vitória de Perseu sobre o mundo sustentado pela força titânica da perversão só encontra validade no plano essencial. No plano da realidade, é o mundo que termina por triunfar sobre Perseu. A "petrificação" é somente o símbolo verídico que designa o estado psíquico, a estagnação, que determina, enquanto persiste, a atividade perversa do mundo. Perseu, herói simbólico, sofre o destino do homem: ele morre, e a perversão do mundo sobrevive.

Por outro lado, no plano essencial, a verdade da tarefa heróica não perece de modo algum: continua a opor ao erro do mundo sua contra-imagem legal, dotada do poder salvador ou medusante. O mito o exprime simbolicamente: ao morrer, Perseu lega a cabeça de Medusa a Palas Atená, que a coloca como efígie sobre sua égide.

Portanto, é a própria deusa da verdade, a deusa da combatividade do espírito, que continuará a mostrar aos homens a verdade libertadora, a possibilidade de vitória sobre Medusa, sobre a vaidade culposa. A deusa, símbolo da combatividade que inspira o amor à verdade, apresenta a quem quer que vá a seu encontro seu escudo, o espelho, convidando-o a reconhecer-se em Medusa, incitando-o à luta contra a mentira essencial, a mentira subconscientemente desejada, o recalcamento.

Depois de sua morte, Perseu, vencedor da vida e de seu perigo essencial, é simbolicamente imortalizado. Ele é colocado por Zeus entre as constelações sob a forma de uma estrela brilhante no céu, símbolo do ideal.

Segundo o sentido oculto, nota-se a analogia quase completa entre o mito de Perseu e o mito cristão do herói-vencedor, analogia que se estende do nascimento à morte.

Os dois heróis são filhos do Espírito-Pai e da Terra-Mãe. Ambos triunfam sobre a perversão do mundo inteiro, e sobre o próprio princípio de perversão, representado no mito judaico-cristão pelo "Príncipe do Mal", Satã. Este também simboliza a deformação do espírito (o anjo decaído), a vaidade (a serpente sedutora) e sua conseqüência legal, a mortificação infernal (a culpabilidade), chegando à "morte da alma", simbolismo equivalente à "petrificação" interior. Os dois heróis se deparam com a hostilidade do mundo, com a recusa da hospitalidade. Tanto um como outro encontram-se simbolicamente divinizados em virtude de sua vitória no plano essencial. A verdade ilustrada por sua vida não morre com eles. No mito cristão, o "Cristo", o mensageiro da verdade (Messias), sai da tumba, o que corresponde ao simbolismo do mito grego: a deusa da verdade mostrando a cabeça do monstro vencido.

A diferença fundamental é que, no mito cristão, a história do herói mítico (o Cristo) acaba sendo a ilustração simbólica da vida de um homem real, Jesus. Este homem, mortal entre os mortais, purifica-se inteiramente (santifica-se), realizando assim no mais alto grau a tarefa essencial, o ideal de que falam simbolicamente todos os mitos. O homem realmente santificado termina assim por confundir-se com o herói mítico simbolicamente imortalizado e

divinizado. (Essa fusão entre realidade e símbolo transforma-se em confusão, tão logo a diferença entre os dois planos – condição para sua fusão – é omitida e a verdade simbólica tomada por uma realidade concreta).

Não é de modo algum impossível que a verdade simbólica expressa pelo mito de Perseu seja igualmente um tipo de redução idealizante, que se reporte à existência real de um homem, do qual, no entanto, todos os traços históricos se teriam apagado totalmente (o que poderia ser verdadeiro para qualquer herói mítico).

Porém, mesmo neste caso, o homem real, cuja vida seria ilustrada através do mito grego do vencedor, não poderia ser imaginado como realizador do mesmo grau de elevação que o homem real de que fala o mito cristão. Perseu liberta a mulher para desposá-la, claro indício de que a harmonia atingida permanece a mesma do ideal grego da justa medida (harmonia entre o desejo essencial e os desejos múltiplos). Este ideal é inferior àquele entrevisto pelo mito cristão, que propõe a dissolução de todos os desejos múltiplos, cuja energia, assim recuperada, concentra-se completamente no desejo essencial, reforçando-o a um nível tal que o homem não mais sucumbe face à sedução ou à ameaça do mundo. Esta paz inalterável, esta felicidade imperturbável, encontra-se simbolizada no mito cristão pelo "Céu" (e no mito hindu pelo Nirvana).

É claro que este ideal supremo, a elevação que está a salvo de qualquer queda e recaída, ultrapassa de longe a força média dos homens. No entanto, designa, por assim dizer, o objetivo de todo esforço de sublimação, *o ideal diretivo* válido para o conjunto dos homens que permanecem mais ou menos expostos ao tormento da alternância vaidade-culpabilidade (elevação exaltada e queda). Esse ideal supremo é a conseqüência última da necessidade natural de elevação, do impulso evolutivo (do desejo essencial) que anima todo homem nos mais diversos graus de intensidade. Esse desejo essencial constitui o princípio de animação de todo ser vivo, assegurando dessa maneira não somente a base biológica do ideal supremo de elevação (e as escalas intermediárias dos valores vitais), mas também a expansão evolutiva da vida e a multiplicidade concreta de suas formas existentes.

2. A discórdia inicial

DEUS-CRIADOR E DEUS-JUIZ

Depois da análise de um primeiro grupo de combates heróicos, a tradução se propõe abandonar este tema para, na seqüência, voltar a ele depois da exposição indispensável de um aspecto mítico que parece ter uma natureza absolutamente diferente daquela estudada, mas que forma, no entanto, em função de sua significação oculta, o fundamento biológico de todos os combates heróicos. Este novo aspecto da simbolização não mais se refere ao problema moral (o conflito da alma humana), mas à imagem metafísica da "criação" do mundo e à representação simbólica da evolução que conduz ao advento da psique consciente e seus conflitos.

Porém, antes de entrar na análise dessas imagens concentradas no mito fundamental, a Teogonia, pode ser útil tentar fixar o resultado até aqui adquirido, através de um breve resumo destinado a colocar em evidência a ligação existente entre os combates heróicos do homem e a luta titânica das divindades, tema da Teogonia.

Os mitos traduzidos até aqui mostram o quanto sua verdade esotérica está de acordo, nos mínimos detalhes, com a psicologia e até mesmo com a psicopatologia.

A culpa mítica do herói em relação à divindade é o símbolo das faltas reais cometidas em diversos graus por todo homem frente ao sentido evolutivo da vida. Sob esse aspecto real, a culpa torna-se o problema central da psicologia íntima, pois reflete-se no consciente; mais ou menos obscuramente sentida, torna-se sentimento de culpa, culpabilidade.

Em relação à culpabilidade, duas atitudes são possíveis: a confissão e a denegação. A aceitação da falta conduz à sua compreensão (espiritualização) e sua purificação (sublimação). A culpabilidade é dissolvida (miticamente, encontra sua "remissão"). Por outro lado, a denegação (o recalcamento) destrói a lucidez, sendo assim diametralmente oposta à clareza do espírito. Numa imagem, podemos dizer que a culpabilidade tornada subconsciente e incontrolável, crescendo às custas do espírito, "devora" o ser consciente em seu aspecto psíquico e essencial.

Ao desenvolver de uma maneira extremamente conseqüente suas imagens aparentemente ilógicas, a mitologia personifica a culpa e seus diversos aspectos sob a forma de monstros devoradores que o homem deve combater por sua própria satisfação essencial. Ela introduz igualmente a figura da divindade-juiz, responsável pela distribuição simbólica da recompensa e do castigo.

A divindade torna-se, assim, a imagem simbólica da legalidade da vida e de sua justiça inerente.

Mas os mitos são a imagem da vida em seu conjunto, de todos os seus problemas, de todas as suas perspectivas. A pré-ciência mítica não é esgotada pelo símbolo da divindade-juiz, nem pelos combates dos heróis do tipo *nervoso*. A divindade não é somente o juiz simbólico, ela é igualmente o símbolo do princípio criador. Quanto aos heróis combatentes, representação dos homens e de seu comportamento, não são ameaçados somente pelo perigo monstruoso da exaltação imaginativamente inibida (*nervosidade*), mas também pelo perigo da exaltação ativamente desencadeada (*banalização*).

A verdade mítica, a justiça inerente à vida (e sua conseqüência, responsabilidade integral do homem) só pode ser compreendida se a tradução consegue trazer à luz a dupla significação da divindade (juiz e criador) e os dois aspectos complementares do combate heróico, do conflito psíquico (*nervosidade* e *banalização*).

Portanto, é importante elucidar, por um lado, a significação do símbolo "Deus-Criador" e, por outro, preparar a compreensão da luta heróica contra esse outro perigo monstruoso que é a banalização.

Estes dois novos temas de simbolização encontram-se intimamente ligados. A mitologia grega representa o ato simbólico de *criação* sob a forma de uma luta da Divindade-Espírito contra as forças desencadeadas da terra. Ora, esse desencadeamento ambicioso de forças "terrestres" rebeladas contra o espírito ordenador e harmonizador, é precisamente o indício que define a *banalização*. Apêndice perverso do amor sentimentalmente exaltado dos heróis do tipo *nervoso*, a revolta banal do ser humano contra o espírito (contra o sentido evolutivo da vida) é, portanto, apenas um caso especial que se destaca do mais profundo dos temas de toda a mitologia, tema simbolicamente tratado na Teogonia: a revolta da criatura contra o "Espírito-Criador". A revolta banal do ser humano contra o espírito é assim prefigurada na Teogonia, onde se encontra simbolicamente transposta para o plano cósmico, titânico, supra-humano.

Desse modo acentua-se a concordância finalmente perfeita da simbolização mítica em seu conjunto com a psicologia genética exposta na introdução, concordância essa que determina o curso da análise.

Toda mitologia compõe-se essencialmente de dois grupos de mitos que convém distinguir claramente: o mito do Deus-Criador ou das divindades criadoras (criação do mundo e gênese evolutiva, chegando ao advento do ser consciente, o homem) e o mito do Deus-juiz ou das divindades julgadoras do combate heróico do homem, do ser mais ou menos consciente, responsável em razão de sua intelectualização, que o expõe à escolha. *O mito da "criação" evolutiva contém, segundo sua aparência fabulosa, uma metafísica, mas cuja transcendência é puramente simbólica e cujo sentido real e oculto é de natureza cosmológica e biológica. O mito da divindade-juiz* (disseminado nas inumeráveis aventuras dos heróis combatentes) *é de ordem psicológica e moral.* As duas formas míticas encontram-se intimamente ligadas pela história evolutiva da vida: a partir do advento do ser consciente, o impulso evolutivo, antes inconsciente, torna-se a meta diretiva e supraconsciente, o ideal de que decorrem os valores-guia. Sob seu aspecto energético, o impulso evolutivo torna-se o desejo essencial que anima o homem e tende a orientá-lo em direção aos valores mais ou menos supraconscientes, em direção ao objetivo evolutivo que se tornou ideal-guia (simbolizado pela divindade e seu chamado). Todo desvio da direção evolutiva desencadeia a culpabilidade e seu risco de recalcamento seguido de suas conseqüências "monstruosas". As duas deformações subconscientes encontram-se incorporadas ao conjunto desta questão evolutiva, sentido da vida e tema dos mitos, sendo a *nervosidade* a exaltação doentia do desejo essencial e a *banalização*, sua dispersão em desejos múltiplos e acidentais.

Certamente teria sido preferível, do ponto de vista da coerência do plano de análise, seguir o encadeamento evolutivo e começar a tradução pela história simbólica da Gênese que, na mitologia grega, encontra-se exposta na Teogonia. Entretanto, dada a extraordinária redução sofrida pela história genética na Teogonia grega e confusão dos símbolos que disso resulta, tornou-se indispensável preparar a compreensibilidade pela ilustração do processo de simbolização, e com esta finalidade modificar o encaminhamento analítico. Dessa forma, a tradução concentrou-se antes de tudo na explicação de um grupo de mitos que tratam da exaltação nervosa do desejo evolutivo, não abordando, senão depois dessa preparação, o mito fundamental, a Teogonia, suporte e centro de toda a mitologia grega. A análise da revolta dos filhos da terra, os Titãs, contra o espírito-ordenador, tema da Teogonia, facilitará a tradução ulterior de alguns mitos (aqueles que mais se destacam) do grupo de "heróis banalizados", cuja falta consiste não mais na fixação exaltada em relação ao Espírito-Pai, mas à Terra-Mãe.

TEOGONIA

No início era o Caos.

O "Caos" do mito não é o mundo preexistente em estado caótico. (Não é a matéria indiferenciada, nem tampouco o Espírito diferenciador.) Ele não é uma realidade, é somente uma denominação simbólica. É o caos que o espírito humano encontra quando procura explicar a origem do mundo. O "Caos" simboliza a derivação do espírito humano diante do mistério da existência (simbolicamente, diante da "Criação"). O símbolo quer dizer: o que existe "no início" é caótico (misterioso) para o espírito humano e seu esforço de explicação. Assim, o "Caos" ou o "Mistério" encontra-se "mais além" dos dois princípios distinguíveis do mundo existente: mais além não somente da matéria a ser diferenciada, mas também do espírito diferenciador.

O "Caos" assim definido pode ser designado como a "essência misteriosa" da vida, de onde "emana" o mundo aparente. É importante, portanto, fazer uma distinção entre a essência e a aparição. A essência é misteriosa, "caótica"; a aparição, porque fundada na essência, é legal. A aparição compõe-se do espírito e da matéria.

A legalidade desenvolve-se historicamente pela evolução. Esta consiste na interpenetração dos dois princípios do mundo aparente: Matéria e Espírito. A Matéria opõe-se ao Espírito. A mitologia grega dá forma à imagem do desenrolar evolutivo apoiada numa luta entre o princípio material (Titã) e o princípio espiritual (Divindade).

Desse modo, torna-se claro que, segundo a intenção profunda do mito, a Divindade-Espirito, tanto quanto a idéia de uma Materialidade que lhe seria oposta, não pertencem à Essência, ao Mistério, ao "Caos". Ambas são imaginadas como emanando do Mistério e permanecendo como figuras aparentadas. Chamadas de Espírito ou Materialidade, ou, em termos míticos, Urano e Zeus por um lado, e Gaia (Gea) e Titãs por outro, essas são apenas idéias e imagens representativas. O que importa são as imagens graças às quais o mito consegue exprimir a relação entre essas idéias fundamentais. Os Titãs, filhos de Gaia, simbolizam a materialidade; Zeus, descendente de Urano, representa a espiritualidade. Mas Zeus é, ele próprio, filho de um Titã: os Titãs divinizam-se, a matéria espiritualiza-se. Nestas figuras simbólicas encontra-se condensada toda a legalidade evolutiva do mundo aparente.

Dado que o Mistério-Caos permanece assim distinto de suas imagens simbólicas, poderíamos dizer que a mitologia grega é no fundo um monoteísmo que se expressa através de uma simbolização politeísta.

As primeiras formas do mundo aparente que "irrompem" do "Mistério-Caos" são, portanto, a Matéria-Mãe e o Espírito-Pai: a Terra e o Céu.

Céu e Terra simbolicamente personificados são representados por Urano e Gaia, respectivamente.

Urano e Gaia unem-se, e essa união dá nascimento às manifestações elementares que caracterizam as origens do mundo muito antes da aparição da vida. Porém, ainda que fecundada e, ao mesmo tempo, devastada pelas torrentes diluvianas que caem do céu, a terra-Gaia não se submete senão involuntariamente ao princípio formador, Urano, de quem sofre a violência.

A Teogonia, e mesmo a mitologia grega em seu conjunto, não é outra coisa senão o desenvolvimento dessa união-oposição inicial entre o princípio formador e o princípio elementar, entre Espírito e Matéria, cujos primeiros representantes simbólicos são Urano e Gaia. Essa união-oposição torna-se a condição tanto da evolução quanto da involução. A prevalência da união, a penetração da matéria pelo espírito, decidirá em favor da evolução: a prevalência da oposição, a resistência hostil ao espírito, conduzirá à involução. A evolução predomina, e terminará por criar a matéria animada (o corpo, a carne, sede dos desejos) e mesmo o corpo humano animado pelo espírito clarividente tornado consciente. No plano consciente, na etapa humana da evolução, a união-oposição inicial, a evolução-involução, apresentar-se-á sob a forma espiritualização-perversão, tema comum a todos os mitos que, assim compreendidos, derivam da Teogonia, do mito da criação do mundo e da vida.

A Mãe da aparição é Gaia, a terra-matéria ainda não maculada de vida. Ela é, no entanto, condição da vida futura; ela produzirá a vida: a terra se tornará "a Mãe" da vida.

Urano é o Céu-Pai. A representação artística de Urano assemelha-se de modo impressionante à imagem, propagada ainda em nossos dias, do Deus-Pai-Espírito. Imaginado como um ancião majestoso, deixa cair de seus braços amplamente abertos o manto azul do céu, enquanto o carro do sol figura sobre sua efígie.

Os filhos de Urano e Gaia são as conseqüências da "união" entre céu e terra, as forças elementares que aparecem sobre a terra sob a influência cósmica e estelar: as perturbações atmosféricas (os ciclones); a separação das águas (a formação dos oceanos); as erupções vulcânicas. Configura-se o desencadeamento dos elementos: terra, ar, água, fogo. O mito personifica essas manifestações elementares nos Titãs, nos Ciclopes e nos Hecatônquires, gigantes de cem braços. Estes personagens míticos simbolizam as forças selvagens e indomáveis da natureza nascente. Representam a primeira etapa da gestação evolutiva: os cataclismos pelos quais a terra se prepara para tornar-se o lugar propício para a expansão da vida.

Esse desencadeamento dos elementos possui ao mesmo tempo um alcance evolutivo, caracterizado pelos Hecatônquires e sobretudo pelos Ciclopes, e um aspecto devastador, representado pelos Titãs. Estes são, assim, a primeira aparição do princípio do "Mal", da hostilidade em relação ao espírito-ordenador. A relação entre os irmãos, Ciclopes e Titãs, encontra-se assim caracterizada pelo mesmo traço de união-oposição que determina a discórdia inicial entre Gaia e Urano, entre matéria e espírito, discórdia essa que é a própria condição da insuficiência da aparição e, conseqüentemente, de sua evolução. (A história dos Ciclopes e dos Titãs permanecerá intimamente ligada ao elemento formador e devastador por excelência: o fogo. Os Ciclopes são imaginados trabalhando nos Vulcões; os Titãs, pela ação de Zeus-Espírito, terminarão sepultados sob os vulcões.) Mas o próprio Urano levanta-se contra as forças desencadeadas da natureza, formando o contra princípio indispensável à evolução.

Urano, Pai-Espírito, lança no Tártaro seus filhos-inimigos, os Titãs devastadores, demasiadamente inclinados à revolta, demasiadamente ligados à matéria-terra sob sua forma elementar. Mas Gaia, a matéria em oposição ao projeto do Espírito, liberta seus filhos preferidos e incita-os à revolta aberta contra o reino de Urano.

Crono, "o Tempo", o filho mais rebelde de Gaia, a terra em estado de gestação, destrona Urano; ou seja, o princípio que coloca fim ao reino de Urano é a progressão temporal, a própria necessidade evolutiva. Crono mutila seu pai cortando-lhe os órgãos genitais com uma foice, símbolo da morte. Mas Urano é uma divindade imortal, trata-se, portanto, de uma morte metafórica: o fim do reino. Mas a foice é também o emblema da ceifa, símbolo de uma nova esperança de colheita. Os órgãos genitais correspondem simbolicamente ao "falo", que exprime menos a função de fruição que de força criadora. O órgão de Urano simboliza a força capaz de criar a vida. Apoderando-se dos órgãos genitais de Urano, Crono criará a vida. Entretanto, a era cheia de uma nova esperança é inaugurada pelo Titã revoltado, princípio do Mal, o que é contrário à esperança. A discórdia inicial, longe de apaziguar-se, ameaça acentuar-se. Do sangue de Urano nascem as Erínias, símbolo da culpa.

A terra será maculada pela vida. Não se trata da vida humana, pois Crono rege, como veremos, o reino animal. A culpa-Erínias que nasce do sangue de Urano deve ser distinguida da culpabilidade humana que, segundo uma outra versão do nascimento das Erínias, é filha de Hades, divindade-rei do subconsciente. A culpa de Crono que dá nascimento à vida é de ordem biológica, e o nascimento da vida é miticamente concebido como uma mácula da Criação, pois a vida em evolução fará finalmente nascer a culpa do ser consciente e individualmente responsável, a culpabilidade humana.

Entretanto, a relação entre vida e culpa é ainda mais complexa. O simbolismo que representa o nascimento da culpa – por um lado, pelo sangue de Urano derramado pela revolta de Crono, e por outro, como filha de Hades – só pode ser compreendido em relação a um nascimento anterior à própria culpa. Nesse triplo nascimento da culpa, concentra-se a significação oculta da Teogonia em seu conjunto. Compreender o sentido oculto do mito da Teogonia é, antes de tudo, saber distinguir as diferentes significações da culpa mítica. Efetivamente, a Teogonia compõe-se de três partes: os mitos de Urano, Crono e Zeus. Cada um destes mitos representa um novo aspecto da culpa nascente e seu desdobramento evolutivo. A Teogonia, o mito da criação evolutiva, representa a evolução tanto como uma amplificação evolutiva da culpa, quanto como um esforço sempre mais intensificado destinado a superar a culpa.

O mito de Urano narra simbolicamente a *origem* da culpa existencial. A existência manifesta é imaginada como "ex-pulsa", empurrada para fora do "Mistério-Caos", de onde resulta a *discórdia inicial,* a dualidade conflitiva: Espírito (Urano-Céu) e Matéria (Gaia-Terra). A criação do Universo e sua imanente discórdia titânica implica em sofrimento universal. Entretanto, antes da aparição da vida, Culpa e Sofrimento não são ainda vividos física e psiquicamente. A culpa é, por assim dizer, metafisicamente imanente, latente.

Esta culpa latente concretiza-se com a aparição da vida, tornando-se *culpa vital*, culpa biológica, sofrimento vivido. Posto que a culpa é inerente a Urano, ela pode nascer de seu sangue derramado. Nascerá pelo crime de Crono, potencializando-se pela avidez da vida animal ainda próxima da matéria. Mas a avidez da vida não implica unicamente o apetite material e o sofrimento dele resultante. A vida é também ávida por superar o sofrimento através da progressiva espiritualização.

Do impulso espiritualizador nascerá, através das etapas evolutivas, o reino mítico do Espírito-Zeus, que representa, ao nível da realidade, o reino do animal tornado consciente: o advento do *ser humano* e da *culpa individualizada*. Ao nível consciente da vida humana, a culpa manifesta-se sob a forma da discórdia entre os desejos múltiplos (apego à terra-matéria) e o desejo essencial e evolutivo, o desejo de reencontrar, graças à espiritualização-sublimação harmonizadora, o estado de unificação ideal, o retorno ao repouso no seio da essência-mistério.

Visto que o desejo essencial aspira ao repouso no seio do Mistério imaginado como Princípio-Criador, o mito pode dar a entender que é "Deus", símbolo do Mistério, que exige do homem o esforço espiritual e sublime, o esforço ético.

Na realidade, o imperativo ético é imanente à vida. A evolução extrai seu impulso da discórdia inicial, da antinomia que oscila entre os dois princípios da aparição, matéria e espírito. Entretanto, a evolução permanece imperfeita. O aperfeiçoamento evolutivo através do tempo nunca atingirá o retorno perfeito, o repouso no Absoluto. A vida permanece, simbolicamente, "culpada" em relação à Essência.

"Crono" significa o Tempo, e simboliza a fome devoradora da vida, o desejo insaciável.

Com a primeira manifestação de vida, com a primeira tensão psíquica, com o primeiro esboço de desejo, estabelecem-se o plano temporal e sua insatisfação. Com o reino de Crono, tem início o tempo, o sentimento de *uma duração que se escoa entre a excitação e sua satisfação.*

O mito exprime o advento da vida ainda de uma outra maneira: da espuma que envolve o órgão sexual de Urano lançado por Crono ao mar, nasce Afrodite, Deusa do amor, sob sua forma puramente física, geradora da vida. (No plano mais evoluído do psiquismo humano – no qual o amor se completa em sua união com a alma, cujo símbolo é a esposa de Zeus, Hera –, o símbolo "Afrodite" representará a perversão sexual, pois o ato de fecundação pode ser buscado unicamente em função do prêmio do gozo que a natureza infundiu ao ato. A necessidade natural exalta-se, então, perversamente.)

Assim como Afrodite surge do mar, do mesmo modo, do mar nascem os primeiros germens da vida e suas primeiras formas evolutivas em estado de efervescência monstruosa. Mas a vida transbordará por toda a terra. Esta terra vibrante de vida é simbolizada por Rea, esposa de Crono. Esta não tem mais o mesmo caráter de Gaia, a terra-monstro, assolada por cataclismos; Rea é a terra enquanto "mãe" da vida animal, caracterizada pela fecundação transbordante. Ela também é festejada pelas danças delirantes e extáticas das Coribantes, simbolizando o desencadeamento das forças vitais e a alegria de viver.

Durante o reino de Crono e Rea, durante a era pré-consciente da vida animal, o sentido da vida parece ser muito mais sua efervescência que sua evolução. O tempo apresenta-se ainda como que cego, preenchido por uma vida absolutamente inconsciente de si; o tempo não tem ainda dimensões precisas e a vida ainda não se compreende a si mesma. Os seres vivos aparecem e desaparecem, nascem e morrem. Crono os devora. Entretanto, o impulso inconsciente desta vida, por assim dizer, imersa na materialidade, transformar-se-á em pulsão espiritual, o que evidenciará o sentido dessa efervescência, conferindo-lhe uma direção precisa. Zeus, o filho divino do tempo devorador, nascerá. É predito a Crono que Zeus o destronará: é necessário, desde a origem inerente à vida, que, de sua insuficiência e de sua fome insaciável, nasça e renasça a necessidade de encontrar o caminho para a satisfação suprema, a espiritualização.

O espírito-Urano pode ser destronado pelo filho de Gaia, pela revolta titânica de Crono, mas ele não pode ser destruído. Urano continua vivo, e, graças a seus conselhos, Rea, a vida exuberante, consegue salvar da fome devoradora de Crono, do Tempo, seu filho preferido, Zeus, o filho divino do tempo, o princípio da evolução que se encaminha para a espiritualização. Rea dá a Crono uma pedra (matéria inanimada) para ser engolida no lugar de seu filho Zeus. Crono deixa-se enganar, pois o tempo insaciável não poderia distinguir entre matéria e espírito. Ele devora indistintamente os Objetos e os Seres.

A vida cheia de júbilo (Rea) obtém a vitória sobre a morte (sobre o tempo indistintamente devorador). Salvo por Rea, o filho Zeus crescerá: o impulso evolutivo atingirá o nível da vida consciente, representado por Zeus. Sua infância é protegida e festejada pelo jubilo entusiasta das Coribantes. Ao tornar-se adulto, Zeus obriga Crono – que havia engolido os filhos de Rea, precursores do espírito consciente – a devolver à vida seus irmãos e irmãs; estabelece-se uma nova etapa evolutiva, o reino da vida consciente, o reino da vida humana submetida à lei do espírito (Zeus).

O reino de Zeus representa a reentronização de Urano ao nível da vida consciente. O espírito-ordenador do mundo (Urano) tornou-se o espírito-harmonizador dos desejos humanos (Zeus). A discórdia inicial conduz assim à vitória do espírito (ao menos no que concerne à esfera ideal representada pelas Divindades). Quanto à vida humana, permanece submetida à discórdia culposa, mas também à vocação evolutiva, ao apelo e à lei do espírito harmonizador.

Zeus, socorrido por seus irmãos e irmãs (símbolos das qualidades sublimes e da legalidade que "ajuda" o espírito a governar), vê-se obrigado a proteger seu novo reino contra o assalto dos Titãs, os irmãos sobreviventes de Crono.

Os Titãs, convertidos em adversários do espírito consciente, não simbolizam mais exclusivamente as forças selvagens da natureza. Lutando contra o espírito, eles representam as forças indomáveis da alma, que se opõem à espiritualização harmonizadora. Esta transposição da significação conforme a justaposição dos planos evolutivos constitui um procedimento geral da simbolização, tão válido para os Titãs e os Ciclopes, quanto para Urano, as Erínias e Afrodite. O mito, preocupado em transpor a simbolização cósmica ao nível do plano psíquico, dará ao fogo (de origem vulcânica), em oposição à luz-espírito, a significação do intelecto. As forças selvagens da natureza nascente, que, ao mesmo tempo, devastam e, no entanto, formam a terra para que ela possa tornar-se "mãe da vida", são precursoras do intelecto que, em oposição ao espírito harmonizador, aderirá preferencialmente à terra (à satisfação dos desejos terrestres). Para satisfazer às necessidades primárias, o intelecto também começará por sulcar e trabalhar a terra (a agricultura, fundamento da expansão técnica e utilitária), para que esta possa mostrar-se clemente, "mãe-nutriz" da vida. Mas o próprio intelecto ultrapassará os limites da necessidade natural e, multiplicando desordenadamente os desejos, se mostrará, por sua vez, como devastador titânico. Se os Ciclopes (forças formadoras) simbolizam, enfim, o intelecto-servidor fiel ao espírito, os Titãs, forças devastadoras, desde a origem opostas ao espírito, terminarão por simbolizar o intelecto a serviço dos desejos desvairados, o intelecto revoltado contra o espírito (ver o mito de Prometeu, filho dos Titãs, criador do homem, o único ser vivo capaz de revoltar-se contra o espírito).

São os servidores do espírito, os Ciclopes, que forjam no fogo (símbolo do intelecto) a arma vitoriosa de Zeus. Esta arma é o raio-relâmpago, símbolo do esclarecimento intuitivo e espiritual. A intuição esclarecedora só pode produzir-se depois de um trabalho preparatório realizado pelo intelecto-servidor, que consiste em "forjar" na chama-impulso "a arma do espírito", quer dizer, a condição de sua combatividade vitoriosa. Esta condição é a previsão intelectual, que elabora, que forja evolutivamente a linguagem e seus conceitos, armas indispensáveis para a clarividência intuitiva do espírito que ilumina, ainda que por instantes-relâmpago que se repetem, o sentido da vida, habitualmente obscuro e, não obstante, imperioso. Unicamente esse esclarecimento espiritual mostra-se capaz de despertar e sustentar o impulso, a combatividade sublime, e "fulminar" desse modo os "Titãs", a impetuosidade dos desejos insubmissos e desordenados.

Vencidos, Crono e os Titãs são sepultados sob vulcões, cujas erupções simbolizam seu ódio indomável, quer dizer, a revolta dos desejos terrestres, princípio sobrevivente da materialidade. Esta, com efeito, a despeito do advento da era do espírito, do reino simbólico de Zeus, não está definitivamente apaziguada no ser humano, centro de toda simbolização. *Somente ele está realmente vivo entre tantas figuras simbólicas que o rodeiam, imaginadas por ele como guias ou adversários, e cuja rivalidade é somente a projeção dos conflitos de sua alma.*

O combate que opõe, de um lado, Crono e os Titãs e, de outro, os filhos de Crono, as divindades espirituais, simboliza o esforço evolutivo da formação do ser consciente que surge da animalidade.

Mas com a vitória obtida sobre Crono, o conflito inicial não desapareceu. O ser humano pode, num certo sentido, retornar à animalidade. Segundo a expressão metafórica da linguagem que, freqüentemente, junta-se à sabedoria mítica, o homem pode "bestializar-se". Perdendo o impulso evolutivo, ele se banaliza.

O mito simboliza esse perigo através do monstro Tifeu, criado pela terra Gaia como última tentativa de oposição ao espírito.

Tifeu é o mais temível de todos os monstros, inimigos do espírito. Ele simboliza a possibilidade de banalização do ser consciente, a mais decisiva oposição ao espírito evolutivo: o recuo em direção à imediatidade dos desejos característicos da animalidade. Com Tifeu, a criatura mais monstruosa da terra-matéria Gaia, renasce, concentrado num único símbolo, o perigo antes representado pelos Titãs vencidos, perigo que permanece, no entanto, insuficientemente domado pelo espírito. Esta significação encontra-se sublinhada pelo nome "Tifeu", que significa "fogo devorador". Dado que o fogo é símbolo do intelecto, Tifeu representa, portanto, o renascimento da revolta destrutiva do intelecto, o mais ameaçador dos perigos que poderiam levantar-se contra o reino do espírito-Zeus.

O monstro tem um aspecto tão aterrador que todos os deuses, tomados de horror, fogem dele: as qualidades sublimes desaparecem com a aproximação da banalização. Unicamente o espírito combatente pode esperar vencer a banalização, miticamente, somente Zeus ousa enfrentar Tifeu. Mas mesmo que vencedor dos Titãs, Zeus é derrotado por Tifeu. O monstro o lança por terra e corta-lhe os tendões dos pés. Veremos adiante, verificado por muitos exemplos, que o pé é símbolo da alma; os tendões cortados significam, portanto, que a alma, a aspiração sublime, encontra-se reduzida à impotência, o que é precisamente a conseqüência da derrota infligida pela banalização. O espírito não é invulnerável; ele pode sucumbir ao assalto da banalização, e somente esta poderia chegar a fazê-lo perecer.

Mas o ideal do espírito humano, Zeus, não sucumbirá definitivamente. Curando-se de suas feridas, reabilita-se de sua queda, e armando-se com seus raios, consegue abater Tifeu.

Entretanto, o monstro da banalização, acoplando-se a Équidna, já havia engendrado uma progenitura nefasta. Équidna, ser monstruoso, metade mulher, metade serpente, simboliza o desejo terrestre (mulher) vaidosamente exaltado em relação ao espírito (serpente). Ela representa o outro perigo essencial, complemento da banalização: a exaltação sentimental em relação ao espírito, a *nervosidade*. Da união monstruosa dos dois perigos essenciais, a *nervosidade e a banalização*, Équidna e Tifeu, nasce a multidão de monstros que, a despeito da vitória de Zeus sobre Crono, os Titãs e Tifeu, malgrado o advento da era do espírito, não cessam de assaltar o ser humano, que vive sob o reino de Zeus: a Quimera e a Esfinge, Medusa e Escila, e tantos outros perigos monstruosos que os homens amados pelos deuses, os filhos do espírito, os heróis, são chamados a combater.

Mas mesmo que esses perigos monstruosos continuem a ameaçar a vida humana, Crono é definitivamente destronado; doravante estabelece-se o reino do espírito. A terra não pertence mais à vida animal mas ao ser humano. A vida tornou-se consciente e aspira à uma forma de manifestação ainda mais elevada. Esta aspiração supraconsciente é simbolizada pelas divindades olímpicas. A culpa de cada vida não mais se manifesta somente em sua forma biológica; tornou-se o apelo do espírito que se dirige ao indivíduo freqüentemente rebelde, transformando-se em culpabilidade humana, suscetível de ser vaidosamente exaltada ou banalmente ostentada.

Essa culpa essencial de cada vida, convertida em vaidade culposa de cada indivíduo, essa culpa individualizada, mas que carrega sempre seu caráter biológico e hereditário, consiste, portanto, em não participar da aspiração sublime da vida supraconsciente, em não preencher a tarefa essencial de toda vida (simbolicamente, o mandato de Zeus), em não se deixar animar pela pulsão evolutiva tornada espírito consciente, em não espiritualizar e sublimar a fome devoradora do desejo, mas exaltar vaidosamente a aspiração sublime em lugar de satisfazê-la realmente, ou sufocá-la pela banalização, atraído pela irresponsabilidade, traço característico da vida animal.

As divindades que presidem simbolicamente ao reino do espírito (Zeus e seus irmãos e irmãs) representam a aspiração sublime, o ideal da vida consciente.

Os filhos divinos de Crono, vencedores de seu reinado, são três irmãos: Zeus, Poseidon e Hades, e três irmãs: Héstia, Deméter e Hera.

Dessas divindades, as três irmãs simbolizam as etapas da história evolutiva do desejo humano, enquanto que os três irmãos representam a legalidade que governa a discórdia entre o sublime e o perverso, traço distintivo que separa a vida consciente da vida pré-consciente. O esboço de uma tradução da Teogonia ficaria incompleto, se fosse negligenciada a necessidade de precisar ainda melhor a significação dessas Divindades-símbolos, representação idealizante das qualidades da psique humana.

Héstia, a mais velha das filhas de Rea (alegria de viver), simboliza a pureza e a simplicidade do desejo terrestre (material e sexual). A necessidade elementar começa a cindir-se na multiplicidade dos desejos humanos, os quais, em sua virgindade, encontram-se ainda preservados do perigo dessa dispersão exaltativa que será caracterizada pela impureza da perversão.

O mito evidencia isso ao narrar que Héstia havia jurado perante Zeus permanecer virgem. Recusa a mão de Apolo e de Poseidon. Apolo, filho de Zeus, é símbolo da espiritualização harmonizadora, ideal elevado demais para a intencionalidade elementar simbolizada por Héstia. Poseidon, por outro lado, representa como veremos a legalidade que governa a banalização dos desejos múltiplos, sua insaciabilidade perversa. Héstia, ao recusar tanto um como outro, representa, portanto, a vitória sobre os dois perigos do desejo: a exaltação em relação ao ideal e a exaltação em relação ao prazeres. Ela representa, assim, *a justa medida* (realização da sublimação na medida do impulso disponível). Este é o ideal mais elementar, válido para cada vida humana, ideal que se encontra no centro de toda a Mitologia grega. A exigência de moderação está assinalada pelo atributo de Héstia, a chama sagrada, a chama do lar (daí lareira). Héstia é, por essa razão, a protetora do lar.

Deméter, a segunda irmã, simboliza os desejos múltiplos do homem expostos à tentação perversa, que, em razão do sofrimento que dela resulta, podem ser capazes de receber um reforço do impulso sublimador. Deméter representa a terra povoada pelo homem. Ela não é mais como Gaia, o símbolo da terra imaculada e monstruosamente selvagem; ela não é como Rea, o símbolo da terra cheia de vida animal. Deméter representa a terra fecunda trabalhada pelo agricultor e que, pela colheita dos frutos, provê a necessidade sadia do homem. Deméter torna-se, assim, o símbolo dos desejos terrestres justificados, encontrando satisfação graças ao esforço hábil do intelecto-servidor que, ao cultivar a terra, permanece acessível ao apelo do espírito. Símbolo do desejo terrestre, embora justificado perante o espírito, Deméter não é elevada à categoria de esposa. Ela não está na mesma condição do espírito.

Hera, a esposa do espírito-Zeus, é símbolo da sublimação perfeita do desejo. Representa a aspiração sublime na sua forma mais elevada, o amor. Ela simboliza o desejo objetivado, capaz de ultrapassar a satisfação subjetiva e corporal, e aspirar à doação de si, à comunhão da alma. Hera é o desejo que superou seu egocentrismo elementar; torna-se o ideal da união sublime entre os homens e preside, no plano sexual, à correta eleição do companheiro e a união exclusiva e perene. Desta forma, Hera torna-se, em um plano que ultrapassa a significação de Héstia, a protetora do lar familiar e, num plano superior ao sentido de Deméter, a protetora da comunidade.

As três irmãs de Zeus, símbolo do objetivo supremo de todo desejo humano, significam, portanto, a formação do desejo (Héstia); a satisfação ativa (Deméter) e sua sublimação (Hera). O casal supremo Zeus-Hera representa, assim, o ideal perfeito da espiritualização-sublimação. A *Zeus*, rei de todas as divindades, símbolo da legalidade que governa a espiritualização, unem-se e opõem-se seus dois irmãos, *Hades* e *Poseidon*. Eles simbolizam o contrário da espiritualização legal: a legalidade das duas formas da perversão. Hades, rei da região subterrânea, representa a legalidade que governa a inibição perversa do desejo, o recalcamento, a perversão. Poseidon preside à legalidade que governa a satisfação perversa do desejo, a banalização, a perversidade.

Antes de passar para um estudo mais detalhado da banalização e suas diversas formas, vale insistir no fato de que a oposição entre Zeus e seus irmãos não tem nenhuma significação definitiva. Assim como na intimidade mais profunda (lugar onde se manifestam as influências contraditórias das quais as divindades são apenas a personificação) todas as transformações entre espiritualização, sublimação, banalização e recalcamento tornam-se possíveis, da mesma forma as três divindades-irmãos, no fundo, são somente um único "ser-divino": a legalidade que preside ao trabalho intrapsíquico da transformação incessante da energia primitiva dos desejos. Poseidon e Hades não representam a *banalização* e a *nervosidade*, as duas formas de queda, mas a lei que as rege. Nesta lei encontra-se incluída a chance de elevação, a possibilidade de espiritualização-sublimação da perversão. Os dois irmãos da suprema divindade são, portanto, suscetíveis de abarcar, sob certos aspectos, a mesma significação que Zeus, com a condição, entretanto, que a transição significativa seja posta em relevo por meio de atributos suplementares. Hades, por exemplo, é freqüentemente chamado "Zeus-Infernal", visto que a perversão não é outra coisa que o próprio espírito tornado negativo, o espírito renegado, recalcado.

Todas as transposições entre os três irmãos tornam-se assim possíveis, e a mitologia utiliza-se de maneira bastante rica desta flexibilidade da simbolização.

3. A banalização

Os combates titânicos da Teogonia não são, na realidade, mais que uma invenção imaginativa do homem. Entretanto, essa invenção não é arbitrária, é uma projeção idealizante e personificadora dos conflitos que assolam a psique humana.

Na psique do ser tornado consciente, prolonga-se e concentra-se a disputa inicial que exige uma solução real. Escolher entre matéria e espírito, tal é o destino do ser humano.

Por menos que o homem esqueça o espírito, por menos que exalte seus desejos em direção à matéria (em direção à terra-mãe), já será suficiente para que caia na banalização.

No ser consciente, o meio de satisfazer o amor exaltado pela terra é o intelecto, e a tradução dos combates da Teogonia permitiu-nos divisar a diferença funcional entre o espírito evolutivo e o intelecto utilitário, este último ao mesmo tempo submetido ao espírito (Ciclopes) e revoltado contra ele (Titãs).

Na mitologia grega, o gênero humano é criado por um Titã (Prometeu). Os homens em geral, mais particularmente enquanto expostos à tentação banal, tornam-se herdeiros do conflito entre o Espírito-Zeus e o Intelecto-Titã. O tema atual — a tradução dos mitos que tratam da banalização — fornecerá, portanto, em seu conjunto, uma ilustração complementar desse conflito fundamental entre espírito e intelecto, tema que, ultrapassando o quadro da Teogonia, estende-se sobre o conjunto da simbolização mítica.

Mas a relação entre os conflitos psíquicos do homem e os combates simbólicos da Teogonia contém um aspecto ainda muito mais profundo.

A situação essencial do ser consciente pode ser desenvolvida a partir da Teogonia, não por ser o homem "filho de Titãs". A Teogonia trata do mistério da "criação". O Espírito humano é a manifestação mais surpreendente da Essência-Mistério. Nesta perspectiva, a sedução banal, o apego exclusivo à terra-mãe, aparece não somente como uma revolta do intelecto contra o espírito, mas também como uma queda original, como uma falta da espécie humana em relação à "essência-mistério". Esta falta define-se como o esquecimento da profundidade misteriosa de toda vida.

O mito nomeia simbolicamente essa falta essencial de "morte da alma". A significação psicológica deste simbolismo é a banalização.

Esta manifesta-se sob três formas que poderíamos chamar, segundo a imaginação mítica: convencional, dionisíaca e titânica.

É importante, portanto, antes de tudo, tentar estabelecer a psicologia desses diversos estados de banalização e as diferentes formas de simbolização empregadas pelo mito para caracterizá-los.

a) A Banalização Convencional

A banalização sob sua forma mais comum caracteriza-se pela absoluta falta de elevação, a queda constante e, em conseqüência, o rebaixamento que, contrariamente à sobretensão nervosa, é um estado de subtensão psíquica.

O traço em comum com a *nervosidade* é a causa de toda deformação psíquica: a exaltação imaginativa dos desejos. O estado em questão não é mais, tal como a insuficiência vaidosa do nervoso, uma *perversão* (que permanece reduzida ao jogo imaginativo). Quando contraposta à imaginação exaltada, *a banalização é sua explosão ativa*. Ela é a *perversidade* (em suas formas não somente sexuais mas também sociais). Convém, no entanto, distinguir a *banalização* da *banalidade*. Imputável a uma fragilidade natural da tensão psíquica, a banalidade não constitui um estado patológico. O homem banal pode, na medida de suas débeis forças, lograr uma espécie de harmonia que representa uma maneira frustrada de elevação. A banalização, ao contrário, é um rebaixamento individual, o abandono do esforço evolutivo. Esta decadência é constatável independentemente do grau inicial, fraco ou forte, da tensão psíquica. A perversidade convencional distingue-se das formas chamadas dionisíaca e titânica por uma falta de envergadura da tensão original. O banalizado convencional pode, portanto, ser considerado um banal banalizado.

A subtensão doentia do banalizado é conseqüência de uma carência da função espiritualizante destinada a preparar a reação sensata. O intelecto, reduzido a seus próprios instrumentos, capaz no máximo de formar projetos utilitários, mostra-se inapto a disciplinar a efervescência dos desejos imaginativamente exaltados. A pressão dos desejos ultrapassa qualquer contenção sensata, de tal forma que a exaltação imaginativa transforma-se em uma agitação cuja única lei é a exigência crescente de descarga imediata. Os desejos, fonte de toda tensão interior, não podendo mais ser contidos, fazem com que a energia psíquica cesse de acumular-se. O trabalho intrapsíquico, a "combustão" da energia bruta dos desejos, diminui. O "fogo" interior se apaga, e a conseqüência disso é a falta de pensamentos lúcidos (luz do espírito) e de sentimentos fortes (calor da alma). A esfera supraconsciente e espiritual morre, e com ela toda possibilidade de prazer intenso. A felicidade, sentido último da vida, vê-se substituída por uma euforia beata, conseqüência de uma perda gradual da visão das exigências sublimes: o indivíduo afetado, mesmo que essencialmente diminuído, jacta-se de conhecer e abraçar a vida inteira e todas suas possibilidades. O sofrimento essencial, causa da culpabilidade do nervoso, exprime-se no banalizado sob a forma de um vago mal-estar tedioso, conseqüência do vazio interior que ele se esforça por preencher através da caça ofegante de prazer ou através do automatismo de um trabalho obsessivo destinado a realizar os desejos exaltados de posse material e de posição social.

A forma convencional de banalização continua sendo o perigo, tão grande, porém secreto, que corrói e mina as bases culturais e sociais da vida dos homens. O intelecto que perde sua lucidez não é senão um pensamento carregado de afetividade primitiva, cego e extremamente permeável a todos os erros correntes. Isto não impede que o banalizado convencional mostre-se astucioso e intrigante na perseguição de seus fins individuais, freqüentemente pouco confessáveis.

Contrariamente à clarividência mítica e à sua psicopatologia simbólica, a patologia moderna toma essa deformação psíquica, em razão de sua freqüência, pela condição normal da vida, o que bloqueia toda verdadeira compreensão da psicologia humana, base da tradução dos mitos.

O homem afetado por essa forma de banalização perde gradualmente sua personalidade. Sua vida, desprovida de qualquer direção interior, regula-se pelas convenções sociais, a opinião pública, os preconceitos de época. Encontra-se completamente determinado pelo meio social. É animado unicamente por uma culpabilidade convencional: o medo do escândalo, a angústia diante da opinião dos outros. A convenção é a medida comum e uniforme do banalizado. Esta redução a uma medida comum, a uniformidade na opinião, em suma, a submissão banal, não é senão a caricatura da livre adesão à lei inelutável do espírito, à qual o banalizado, revoltado contra o espírito, não quis ou não pôde submeter-se. Seu estado de alma é o castigo por essa revolta frustrante que, no fundo, é tão somente uma forma de submissão perversa.

Veremos como o mito simboliza esta deformação, confrontando-a com seu apêndice inverso, *a nervosidade.*

Na floresta sombria, símbolo do subconsciente, habita um bandido, Sinis, que assalta os viajantes perdidos e se compraz em amarrá-los entre duas árvores curvadas à força. As árvores (símbolo das forças vitais), quando soltas, elevam-se bruscamente, rasgando o homem ao meio. Esta dilaceração é um claro símbolo da nervosidade. Mas nessa floresta simbólica encontra-se um outro monstro-gigante, um bandido chamado Procrustes, que captura os homens perdidos e estica-os sobre uma cama, para reduzi-los a um tamanho uniforme, a uma medida comum. Corta os pés daqueles que são muito grandes e alonga, esticando-lhes as pernas, os muito pequenos. Visto que tanto os pés como as pernas simbolizam a alma, o procedimento de Procrustes simboliza claramente a banalização, a redução da alma a uma medida convencional. (A justa medida do ideal grego comporta o equilíbrio entre as forças impulsivas e espirituais. Dado que estas forças são de diferentes grandezas em cada indivíduo, o ideal grego é uma medida que estabelece uma distinção essencial entre os homens. A medida comum de Procrustes é, portanto, a inversão banal do ideal.)

A mitologia grega conhece, inclusive, uma representação ainda mais apropriada dessas duas formas da doença psíquica, o símbolo de Caríbdis e Escila. Esta representação demonstra, da maneira mais surpreendente, a dificuldade de encontrar o justo meio, a fim de evitar o perigo das duas formas opostas de exaltação: imaginativa e ativa. Escila simboliza a nervosidade. Ela é representada pelo Dragão de múltiplas cabeças de serpente. Caríbdis significa a banalização; não é simbolizada por nenhum ser vivo, mas pelo abismo, pelo redemoinho que engole o navegante à deriva. O duplo perigo monstruoso encontra-se em pleno mar, símbolo da vida. Escila e Caríbdis são monstros marinhos, subordinados a Poseidon, símbolo supremo da lei que governa a banalização, pela qual a deformação banal, o castigo da falta vital, encontra-se, tal como a nervosidade incluída no sentido da vida.

Depois desses exemplos, antes de tudo episódicos, é conveniente proceder à tradução de mitos completos que simbolizam os dois aspectos da banalização convencional: o lucro e a luxúria (depravação das duas pulsões corporais: material e sexual).

Um mito que trate da deformação em questão evidentemente não poderia ser a narrativa de um combate. Tal mito colocará em relevo, antes de tudo, a estupidez da banalização, que, em função dos gozos prometidos, e também em razão da ausência de culpabilidade e, portanto, da euforia que a caracteriza, toma o castigo (a perda progressiva das qualidades superiores) por um estado desejável (toma-o por um presente enviado pela divindade). Esta insensatez do intelecto desiludido exprime-se maravilhosamente num mito grego particularmente interessante por descrever esta perversão não sob seu aspecto hediondo e assustador, mas sob uma forma grotesca e risível. Pode-se acrescentar, incidentalmente, que a função catártica do caráter cômico consiste, tal como na arte, em rir-se da perversão de outrem. O humor, por outro lado, é um riso sublime, rir-se de si mesmo e das próprias faltas; portanto, uma forma catártica infinitamente mais libertadora, uma maneira de vencer a vaidade culposa.

MIDAS

Dentre todas as divindades, Dionísio, símbolo do prazer levado ao excesso, é a que mais aprecia a farsa e o escárnio. Possuindo um bom conhecimento da fraqueza de seu admirador, o rei Midas, termina por conceder-lhe maliciosamente a realização de um desejo.

O infeliz pede a extrema riqueza, meio de acesso a todos os prazeres. Ele pede que tudo o que venha a tocar transforme-se em ouro. Este estúpido desejo traz consigo seu castigo: até mesmo o pão que toca sofre essa transformação nefasta. Essa desventura simboliza o castigo de todo homem que deseja unicamente a riqueza. Vítima de um empobrecimento da intensidade vital, expõe-se a perder gradualmente a capacidade de gozar daquilo que pensa ser fortuna, ameaçado que está de vir a morrer de fome pelo ouro. A morte corporal por inanição é o símbolo da morte da alma por falta de alimento espiritual.

Midas, ante à evidência de seu erro, vendo-se enganado tanto pelo deus-zombeteiro quanto por sua própria estupidez, mostra um resto de bom senso. Reconhece seu erro, arrepende-se e implora ao deus que o liberte de seu desejo. Por esse arrependimento, primeiro passo em direção à libertação sublime, Midas assegura para si o direito de uma nova escolha.que, desta vez, terá um caráter muito mais importante e decisivo. Ele é chamado a desempenhar o papel de árbitro entre a arte de Pã e a arte de Apolo, o que, ao nível simbólico, expressa a escolha entre a vida sublime a e vida perversa. Às harmonias da lira de Apolo, Midas preferirá a sedução da flauta de Pã, divindade que pertence ao cortejo orgíaco de Dionísio. O desafortunado nada aprendeu de sua primeira experiência nefasta: escolhe novamente a vida perversa. Seu arrependimento nem sério nem interior deveu-se tão somente às circunstâncias acidentais e imperiosas. O insensato banal, demasiado medíocre para despertar a cólera de um deus, não é levado a sério por Apolo, tal como não o havia sido por Dionísio. Apolo, como Dionísio anteriormente, prega-lhe uma peça. Segundo seu veredicto, Midas terá doravante orelhas de asno, insígnias de sua estupidez.

Desconcertado de vergonha, Midas arrepende-se novamente, mas seu arrependimento não tem por objeto a ofensa ao deus sublime; ele se ressente unicamente da angústia perante a opinião pública, forma banal da culpabilidade. Com o objetivo de esconder suas orelhas, passa a usar um capuz frígio. Os frígios tinham fama proverbial junto aos gregos por sua libertinagem e devassidão. O capuz frígio significa, portanto, que Midas agrega a luxúria ao lucro: mascara a estigmatização vergonhosa de seu vício (as orelhas de asno) com o capuz, símbolo da luxúria. (Midas realiza, assim, por um subterfúgio, a intenção secreta de seu primeiro desejo em relação à riqueza, intenção implicada igualmente na sua segunda escolha, a predileção pela flauta de Pã.)

Este simbolismo merece que nos detenhamos um instante, pois denuncia um procedimento característico da banalização: a transformação da vergonha inibidora em bravata cínica, o contrário do recalcamento da culpabilidade nos nervosos. Enganado por seu próprio estratagema, o banalizado chega assim, às custas de um agravamento de seu estado perverso, a crer-se mais esperto que seus semelhantes, a esconder sua fraqueza (orelhas de asno) pela exibição triunfante do vício (capuz frígio), exibição vaidosamente tomada por uma força, uma audácia invejável.

No entanto, a vã admiração não consegue fazer calar a vergonha do vício, não consegue camuflar a evidência da tara estupidamente oculta pela exibição sem vergonha. A oscilação da inquietude ambivalente, transformando a vergonha secreta em triunfo cínico, não será aplacada e transformará o triunfo cínico em vergonha secreta, em temor de ver-se desmascarado. Esta angústia é tão mais aflitiva quanto mais o banalizado, triunfante mas secretamente envergonhado, sente-se rodeado por um mundo banal não menos vacilante em seus julgamentos e propenso, antes de tudo, a velar a devassidão e a exibir a vergonha obsessiva, sempre disposto a condenar hipocritamente o vício do próximo. Tornado cínico, o banalizado, isolado por sua atitude, revoltado contra a regra convencional, à qual, entretanto, permanece submetido, sente confusamente que a condenação pública o espreita perigosamente. Pronta a exibir-se em triunfo arrasador e grande jocosidade, esta condenação se desencadeará irresistivelmente contra o audacioso intimidado, tão logo seja descoberta sua estigmatização secreta: suas orelhas de asno, símbolo de uma bestialidade excessiva que o induziu a imaginar-se sobrepujando a todos os outros, não pelo esforço de sublimação mas pela inversão insolente da convenção (inversão tão tentadora em função de suas duas esperanças enganosas: chegar a libertar-se de toda a vergonha inibidora e gozar cada vez mais da perversidade sedutora).

As orelhas de asno do rei da banalidade não poderiam escapar por muito tempo à atenção maliciosa de seus súditos. Seu barbeiro não tarda a descobri-las, o que leva ao paroxismo a confusão de Midas. Temendo ver-se coberto de opróbrio e ridículo, o infeliz usa de um subterfúgio surpreendente que revela que a angústia banal, quando não encontra mais saída e se torna desesperadora, é suscetível de refluir sobre sua contraforma nervosa. O insensato cava um buraco na terra para nele cochichar a confissão de sua falta: "O rei Midas tem orelhas de asno". Significaria este procedimento desesperado a intenção de uma confissão, de um reconhecimento libertador do erro vital? Visto que a capacidade de assumir sua própria falta é um comportamento inadmissível para Midas, o homem banal, é forçoso admitir que se trata exatamente do contrário da confissão, ou seja, o recalcamento, o que inclusive é confirmado por um detalhe do simbolismo. O buraco cavado na terra é um símbolo claro do subconsciente. Ao confiar seu segredo vergonhoso à terra, Midas apressa-se a enterrá-lo na vã esperança de assim fazê-lo desaparecer. Mas do recalcamento, o contrário da exibição banal, resulta inevitavelmente a ostentação nervosa da falta, sua irrupção deformada simbolicamente, o sintoma patológico, traindo insidiosamente a fraqueza da alma. Segundo a fábula, um junco brota exatamente no lugar onde o buraco havia sido cavado. O junco representa a tendência da alma pervertida a curvar-se a todos os ventos e dobrar-se a todas as correntes de opinião.

Midas, o rei da banalidade, será novamente vítima de sua artimanha. De nada lhe servirá ter desejado "enterrar" a lembrança de sua falta. Doravante, é a deformação patológica do caráter (o junco que cresce no buraco cavado), a fraqueza da alma (castigo da depravação) que o trairá e fará dele o motivo de riso do mundo. A fábula exprime isso ao narrar que é o junco que clama a todos os ventos, revelando a quem quiser ouvir, aquilo que o desafortunado quis esconder o mais profundamente possível: "o rei Midas tem orelhas de asno". O rei Midas, símbolo da vulgaridade banal, é, a despeito de sua recusa em reconhecê-lo, o homem mais tolamente enganado de todos os mortais.

O mito de Midas estigmatiza, sobretudo, o gosto pelo lucro. A perversão pela luxúria, apenas indicada neste mito, mesmo constituindo um aspecto da banalização convencional, é um dos temas mais freqüentes da mitologia, encontrando-se tanto nas histórias dos heróis ameaçados de *nervosidade*, como nos mitos dos heróis *banalizados*. A razão disso é que, mesmo banalizados, os heróis míticos encontram-se resguardados do amor perverso pelo dinheiro, permanecendo, no entanto, expostos à perversão do amor sexual. Por esse motivo é importante traduzir aqui um mito que, dentre todos os outros, trata da maneira mais concentrada desse freqüente tema da banalização.

EROS E PSIQUÊ

Eros representa a divindade que preside à sexualidade em seu conjunto, tanto em sua forma banalizada quanto em sua forma sublimada. A banalização consiste no mau uso da função que não busca senão o prazer físico; a sublimação acrescenta à ligação passageira do ato a união perene das almas.

Psiquê, personificação da alma, deixa-se seduzir por Eros sob sua forma perversa, o que, para a alma, significa a perda da aspiração que deveria caracterizá-la, assinalando, portanto, a mais banal das decadências. É preciso que a alma tenha perdido sua força, sua clarividência, que esteja cega pela imaginação exaltante, para que possa conceber o amor sob sua forma perversa e para que essa forma lhe pareça sedutora.

Psiquê é aprisionada num palácio por Eros, simbolizando as promessas da luxúria da qual é prisioneira e não pode libertar-se. Eros, amante perverso (a visão pervertida do amor), só vem visitar a alma que lhe é cativa ao abrigo da noite, temendo que Psiquê, vendo-o sob seu real aspecto, desperte da sedução imaginativa que a escraviza. O sedutor, que na verdade é horrendo, ordena expressamente à alma que jamais tente penetrar a escuridão que o oculta de sua visão. A reclusão, a noite e a proibição de ver, são símbolos claros de um amor que tem necessidade de esconder-se vergonhosamente, de um amor perverso, subconsciente, conseqüência do recalcamento.

Uma noite, porém, Psiquê, ao lado de Eros adormecido, infringe a interdição e cede à tentação de conhecer o objeto de sua paixão. Com a luz de uma tocha, descobre um horrível monstro a seu lado. A tocha acesa simboliza o despertar da clarividência que começa a dissipar o encantamento imaginativo, o despertar do remorso que permitirá a Psiquê ver o amor perverso à luz do dia. O horror sob seu aspecto revelador não é senão a culpabilidade prestes a tornar-se consciente, suscetível de libertar a alma, vítima passageira da banalização. Psiquê foge do palácio do encantamento, liberta-se do aprisionamento imaginativo.

Livre de sua cegueira, Psiquê dirige-se à esposa de Zeus, Hera, implorando-lhe ajuda. Hera, deusa da pureza da alma e do lar, impõe-lhe tarefas extremamente duras, símbolos das dificuldades a superar, a fim de apagar a mancha da devassidão. Efetuada a purificação, Psiquê reencontra a clarividência: o amor físico, Eros, não se apresenta mais a ela sob o aspecto de um monstro sedutor. Reaparece sob sua forma real, idealizada pela simbolização e representada como divindade olímpica. Psiquê desposa a visão sublime do amor físico, torna-se esposa de Eros: a alma reencontra a capacidade de união. É a própria Hera que une a alma à verdadeira visão do amor, Eros e Psiquê, e são os próprios deuses, todo o Olimpo, que se regozijam com sua união e vêm festejar as bodas.

Para encerrar a exposição da banalização sob sua forma convencional, devemos assinalar que os símbolos mais freqüentes desse castigo são: afundar na lama, submergir no pântano. A terra lodosa pode ser substituída pela terra que se abre sob os pés, de onde provém o símbolo do desaparecimento no abismo.

A mitologia grega reserva uma fábula especial a Midas, rei da vulgaridade, chegando a usar a seu respeito uma simbolização especial do castigo, mas trata-se aí de uma exceção. Afora esse caso, a mitologia alude reiteradas vezes a esta situação psíquica, mas não a personifica de modo algum. A razão para isso é que o estado de queda definitiva é incurável. No estado da banalização vulgar não há mais conflito intrapsíquico, nem combates da alma. A representação mais freqüente desse estado psíquico é o homem-animal, o homem inseparável do cavalo, símbolo dos desejos desenfreados, o Centauro. A mitologia não lhe outorga nenhuma importância pessoal, nem nome individual (a exceção mais marcante é, como veremos, o Centauro Quíron). Os Centauros, filhos de Ixíon e da imagem de Hera, aparecem habitualmente em bando e em número indefinido. Da mesma maneira que a mitologia não distingue mais individualmente os Centauros, também não fala nominalmente da multidão anônima suscetível de ser tragada pela lama, pelo pântano, ou devorada pelos monstros. Para a mitologia, esses são homens inumeráveis que ignoram a luta heróica e que são, em conseqüência, ignorados pelo relato mítico desses combates.

b) A Banalização Dionisíaca

Dionísio é uma divindade infernal. Suas relações com as outras divindades da região subterrânea (subconsciente) encontrarão ulteriormente sua tradução. É suficiente notar aqui os traços que fazem dele um novo símbolo da banalização. Não se trata mais da banalização por vulgaridade, mas por insaciabilidade. As significações de Dionísio, bastante multiformes e, no entanto, centradas no traço fundamental de insaciabilidade e intemperança, não são, entretanto, desprovidas de uma certa característica de sublimidade enganosa. Esta pseudo-sublimidade é imputável a uma inegável busca de intensidade de vida – inseparável do símbolo Dionísio – que se desvia do desejo essencial, dirigindo-se à mera satisfação dos desejos terrestres. Dionísio simboliza a embriaguez orgíaca na qual pode perecer a existência humana. Como Rea, símbolo do transbordamento da vida pré-consciente e animal, Dionísio aparece encabeçando um cortejo, a Tíade, composto de uma multidão de personagens simbólicos, com freqüência meio-animal, meio-homem, todos representando tanto o primitivismo do desejo indisciplinado, como a depravação do desejo frenético. As figuras mais importantes da Tíade, ocupando o lugar das Coribantes de Rea, são as Mênades de Dionísio, símbolo do desencadeamento frenético dos desejos múltiplos.

Dionísio é símbolo do desencadeamento sem limites do desejo terrestre, símbolo da libertação em relação a qualquer inibição. Ele representa o triunfo da banalização, tanto em relação às interdições convencionais, quanto no que concerne até mesmo à inibição espiritual e sublime. Esta libertação banal pelo desencadeamento dos desejos caracteriza a queda fácil, o contrário da libertação sublime obtida graças à harmonização que caracteriza a elevação heróica. Por essa razão a atração exercida pela banalização dionisíaca encontra-se oculta no subconsciente de todo homem. Isto explica a divinização de Dionísio e sua adoração tão propagada na antigüidade decadente. O erro flagrante dessa adoração não é imputável à verdade mítica, cuja intenção encontra-se claramente expressa pela simbolização, mas à atitude do homem em relação ao mito: a inclinação originalmente perversa (pecado original do mito cristão) que pode chegar a fazê-lo desconhecer até mesmo a intenção verídica do mito, de seu próprio sonho supraconsciente.

Esta intenção verídica é atestada pelo castigo que o mito reconhece como inseparável da banalização dionisíaca e de seu triunfo vaidoso sobre a culpabilidade inibidora. O castigo típico é o esquartejamento pela multidão de desejos contraditórios (o dilaceramento pelas Mênades, símbolo mais variável e freqüente quanto mais nos aproximamos da esfera de Dionísio). Este esquartejamento é a pendência banal do dilaceramento nervoso entre vaidade exaltada e culpabilidade recalcada.

É claro, entretanto, que o frenesi dionisíaco é acessível exclusivamente a homens de envergadura, cuja aspiração originalmente elevada foi desviada de seu fim evolutivo. Sua força vital, num movimento de perda de intensidade essencial, toma uma forma extensiva, dispersa em desejos acidentais e múltiplos.

ORFEU

Orfeu é uma das figuras mais importantes da mitologia grega. A ele o mito atribui a reforma dos Mistérios de Elêusis, a superposição do culto de Dionísio ao antigo rito. Toda sua história mostra-o hesitante entre o sublime e o perverso, entre Apolo e Dionísio. Símbolo do esplendor da arte e da inconstância do artista, Orfeu acompanha seu canto com a lira de Apolo, e o poder de seus acordes arrasta consigo até mesmo as árvores e os rochedos do Olimpo; mas ele é também o encantador das feras, o enfeitiçador da perversidade. Pode ocorrer que Orfeu apareça fazendo mau uso da lira de Apolo,empregando-a para seduzir os monstros, para adular os instintos perversos. (Assim, por exemplo, no mito de Jasão, o canto de Orfeu encanta e faz adormecer o Dragão em vez de matá-lo e vencê-lo. O canto de Orfeu ocupa o mesmo plano que o filtro da feiticeira Medéia que adormece o dragão, segundo uma outra versão.)

No episódio de seu amor por Eurídice, habitualmente tomado por uma história sentimental e tocante, encontra-se simbolicamente expressa toda a natureza dionisíaca de Orfeu: o dilaceramento pelos desejos certamente intensos e, no entanto, banalmente contraditórios.

A contradição diz respeito à inconstância da força de união da alma, característica de Orfeu, símbolo do artista. O perigo desta inconstância particularmente pronunciada é o dom da própria natureza do homem voltado à arte, a contra partida de sua vocação fundada no vigor da imaginação. Impelido à criação de imagens sublimemente visionárias, o vigor imaginativo pode tornar-se fragilidade, quando a aspiração sofre a dispersão dionisíaca em lugar da concentração apolínea. O vigor imaginativo, ao invés de sustentar a aspiração criadora, perde-se nas múltiplas seduções da realidade.

Somente o sentimento verdadeiro e profundo, o amor por Eurídice, poderia salvar Orfeu. O mito de Eurídice, na realidade, é tão somente a história do estado da alma de Orfeu. Ela é o lado sublime de Orfeu, sua força de concentração apolínea. A morte de Eurídice simboliza o desvanecimento da força sublime, a morte da alma de Orfeu, sua banalização. Eurídice morre pela picada de uma serpente, enquanto que a força da alma de Orfeu perece em função da vaidade típica do artista, que o faz acreditar que a terra inteira e seus prazeres lhe são devidos. A vaidade obceca-o a ponto de não poder renunciar a nenhuma das promessas de sua imaginação fragmentada, temendo que os múltiplos prazeres pudessem lhe escapar se continuasse a amar "Eurídice". Símbolo do desejo de harmonização e de concentração criadora, Eurídice encontra-se assim oposta à multiplicação dionisíaca dos desejos, às Mênades, e, no plano concreto, à multidão de mulheres secretamente desejadas.

Este duplo aspecto da simbolização (por um lado, Eurídice, desejo sublime; por outro, as mulheres cobiçadas, desejos múltiplos e perversos) verifica-se em todos os detalhes do mito, até mesmo na história da morte de Orfeu. Desse modo, vemos o quanto o excesso de banalização insaciável, o delírio dionisíaco, é semelhante ao conflito da nervosidade (o próprio Dionísio, sucumbe transitoriamente ao delírio). Entretanto, o fato dos desejos, tão sublimes quanto perversos, serem exclusivamente representados pela imagem da "mulher", assinala o caráter específico do estado de alma, a libertinagem dionisíaca e insaciável.

Não sabendo amar Eurídice com toda sua alma, seu amor ambivalente buscando e sofrendo outras seduções, a imaginação de Orfeu não consegue mais descrevê-la sob as cores vivas próprias do vínculo exclusivo. Eurídice torna-se para ele uma sombra; seu amor, Eurídice, morre. Segundo o mito, Eurídice desaparece na morada dos mortos, símbolo do subconsciente punitivo. Na verdade, o punido é Orfeu; é sua força da alma que morre, é seu amor ambivalente que o dilacera e atormenta. Orfeu sai à procura de Eurídice; desce à morada das sombras, ao subconsciente; arrepende-se. Sua afeição é despertada, o que é expresso simbolicamente pelo mito.

Orfeu implora ao deus subterrâneo e chega a obter um favor excepcional: que Eurídice lhe seja devolvida, que a sombra de seu amor seja reanimada, a fim de que ele possa reconduzi-la à luz, e que ela reviva para ele. Diante da amplitude desse arrependimento, Hades, de acordo com as leis que governam o subconsciente, está pronto a ceder à súplica. Impõe, entretanto, uma única condição: que ao reconduzir Eurídice para a vida Orfeu não se volte antes de ter ultrapassado o umbral do recinto infernal. A condição é simbólica: o amor de Orfeu pode renascer, Eurídice pode reviver somente se Orfeu estiver animado pelo arrependimento sublime transformado em alegria pelo reencontro de Eurídice. O menor arrependimento perverso em relação às seduções do subconsciente o tornaria indigno do favor concedido, impróprio a ressuscitar o amor defunto, e retiraria assim, sem qualquer outra intervenção, toda eficácia do privilégio recebido. Orfeu não deve voltar-se em direção ao passado perverso que o distanciou de Eurídice, que fez com que ela se tornasse para ele uma sombra. Mas o arrependimento sublime, o amor ferido, não curou inteiramente Orfeu. A devassidão permanece nele sob a forma de arrependimento perverso. Seu olhar procura as promessas perversas do subconsciente das quais deve abrir mão. Orfeu cede à tentação de voltar-se para trás e Eurídice desaparece para sempre. (Este mesmo tema é encontrado no mito judaico da mulher de Lot, que, ao deixar o lugar da perversidade, Sodoma, olha para trás e é petrificada.)

Chega-se à mesma conclusão se se admite que é a impaciência de seu amor por Eurídice que incita Orfeu a olhar para trás. A condição imposta por Hades simboliza a legalidade do funcionamento subconsciente, e esta legalidade consiste na debilitação da força dos desejos que tendem a duas direções inversas. Orfeu deveria superar esta ambivalência e reencontrar a potência de seu desejo, sua concentração em um só e único fim: salvar Eurídice. O fato simbólico de, ao deixar o Tártaro, a região subconsciente, Orfeu voltar-se para trás, possui dupla significação, característica da ambivalência. Volta-se, como vimos, em direção à vida perversa que ele está prestes a abandonar: a sedução exaltada da devassidão (as "outras mulheres", símbolo dos desejos múltiplos e perversos). Ele teme, ao ressuscitá-la, permanecer para sempre ligado a Eurídice. Mas Orfeu volta-se também para a exaltação ambivalente em relação a Eurídice, o que só pode expressar sua fragilidade sentimental. Somente um amor verdadeiro e profundo poderia inspirar a Orfeu o controle de si mesmo, a força de ressuscitar Eurídice.

Orfeu sofre o castigo fatalmente implicado por sua insaciável inconstância: a "morte da alma", o esquartejamento pelos desejos contraditórios. Segundo a fábula, são as mulheres (seus desejos insaciáveis em relação às mulheres) que o dilaceram. Presentes, ainda que de uma maneira subjacente, em toda a história mítica, as mulheres fazem, assim, uma brusca aparição final. O esquartejamento pelos desejos terrestres e múltiplos (mulheres) não concerne diretamente à morte real de Orfeu, não é senão a imagem da "morte da alma". A significação se evidencia no detalhe final de uma outra versão que mostra Orfeu dilacerado pelas Mênades de Dionísio. O mito exprime, dessa maneira, que Orfeu termina por morrer (realmente) na confusão da depravação.

Mesmo que Orfeu tenha sofrido esse fim pouco heróico, a lira emprestada por Apolo será colocada por Zeus entre as constelações. A arte apolínea, expressão do ideal de harmonia, permanece uma manifestação sublime da vida, a despeito da muito freqüente fragilidade dionisíaca de numerosos adeptos dos quais Orfeu é o representante.

A aproximação entre Orfeu e o artista, naturalmente exigida pelo caráter e pelos atributos do herói, só tem validade, evidentemente, em um plano que ultrapassa de longe a concepção contemporânea da arte,da qual o mito não tinha conhecimento. A relação da visão mítica da arte (expressão simbolicamente profunda da vida) com as artes modernas reduz-se ao fato de que estas podem ser consideradas uma proliferação profana. Esta mesma relação de profanação existe entre o homem-artista de nossos dias e Orfeu. A diferença entre Orfeu e as inumeráveis gerações de artistas é da mesma natureza que aquela estabelecida pelo mito entre o herói guerreiro e a multidão de homens representada pelos centauros. É certo que todo artista dotado de uma visão autêntica supera o nível do artista-centauro e participa, num grau mais ou menos acentuado, da natureza de Orfeu.

Orfeu é uma figura heroicamente representativa, o que significa dizer que pertence a uma dimensão sobrehumana. É o cantor por excelência da vida e de seu sentido. Seu canto miticamente profundo é artístico somente na medida em que o mito se encontra na origem de toda arte; é de importância secundária que a arte órfica já se tenha servido da forma métrica que permaneceu como meio de expressão artística e poética. Mesmo o erro dionisíaco de Orfeu, causa do desvanecimento da visão verídica (da morte de Eurídice), é alimentado pelas forças míticas na sua dimensão demoníaca. Sua poesia e sua conduta são, ambas, manifestações miticamente significativas: o fracasso de seu impulso para com Eurídice (em direção à visão supraconsciente) possui o sentido de um combate heróico seguido de uma derrota, ela própria representativa. O canto de Orfeu e sua vida são a ilustração do conflito essencial que assola a vida humana e que, enquanto manifestação evoluída da discórdia inicial, encontra-se representado em todos os mitos através do combate entre o divino e o demoníaco.

O alcance representativo da história de Orfeu encontra sua mais alta afirmação no fato de que o relato mítico não se limita a expressar o combate essencial sob uma única perspectiva da derrota. O mito apresenta uma visão complementar do fim do herói.

Conta-se que, antes de sua morte, Orfeu teria abandonado o culto de Dionísio ou ao menos o teria purificado de suas exuberâncias orgíacas. Reconhecendo sua aberração, teria-se dedicado à adoração de Apolo. Esta versão dá a entender que, depois de haver provocado a morte definitiva de Eurídice, símbolo do amor exclusivo, Orfeu teria conseguido reanimar Eurídice, símbolo de sua aspiração sublime, e, finalmente, terminaria por horrorizar-se com o arrependimento dos prazeres perversos que o prenderam à devassidão. Dominando sua insaciabilidade banal, ele a teria transformado em intensidade criadora sob sua forma sublime, sendo assim libertado de sua ambivalência dilacerante. Desse modo, Orfeu teria encontrado o amor do sublime em toda sua força, o amor sublimado em sua mais alta forma de objetivação: não mais o amor da mulher-inspiradora, mas o amor da harmonia, sentido legal da vida e da arte, simbolizado pelo deus-inspirador, Apolo. A perseguição das Mênades não significa mais, nesta versão, o dilaceramento interior do herói, mas a exaltação dos desejos que reina no mundo. As Mênades guardam a significação da perversidade desencadeada e sua culpa latente. Mas, uma vez que Orfeu, graças à sua harmonização apolínea, supera essa causa essencial da decadência humana, as Mênades tornam-se o símbolo da perversão ambiente, que, ultrajada pela vitória essencial, transforma-se em agressão vingativa.

Graças a esta segunda versão do mito de Orfeu, torna-se possível compreender um dado histórico da mais alta significação, que liga a mitologia grega ao mito cristão: no início do Cristianismo, Orfeu, vencedor de Dionísio, foi freqüentemente confundido com Jesus, o vencedor do sedutor Satã. Tal como Orfeu, o herói cristão torna-se vítima da perversidade hostil do mundo.

As afinidades entre a arte e o transbordamento dionisíaco são particularmente extensas.

Os mitos, segundo sua aparência, segundo sua fabulação, são uma forma de arte; constituem até mesmo a fonte inesgotável da criação artística, e isto precisamente porque, segundo sua significação oculta, contêm uma definição do sentido ético da vida, que também se encontra fundado no fenômeno estético por excelência: a harmonia.

O *ethos* aspira à realização ativa da harmonia, enquanto que a verdadeira arte é sua concretização imaginativa.

O transbordamento dionisíaco vangloria-se de um certo atrativo estético acenando com a promessa de uma libertação dos limites impostos pelo moralismo hipócrita. O ethos, oposto ao moralismo, convida à superação tanto da excessiva inibição da nervosidade, quanto da freqüente desinibição através da banalização convencional. Mas a libertação é tão somente pseudo-estética quando, por excesso passional, passa a combater a lei espiritual e sublime, a exigência de harmonização. O excesso de aversão em relação a qualquer limitação incita à confusão entre a interdição livremente aceita, o domínio de si, o desenvolvimento harmonioso dos desejos, a verdadeira libertação, com as diferentes formas de sujeição perversa e obsessiva. A falta vital inclui o fracasso vital. A aspiração dionisíaca conduz unicamente a uma caricatura de libertação, à libertinagem, ao desregramento sem limites, o que constitui unicamente mais uma forma de escravidão, de dependência obsessiva em relação à energia primitiva e selvagem do desejo. Em razão da promessa de uma libertação fácil, manifesta-se aqui o mais alto grau de cegueira afetiva, que aprisiona o homem subjugado na impossibilidade de compreender a legalidade da vida, a justiça adaptativa que determina que toda aberração carregue consigo a advertência punitiva, e todo desvio, sua sanção corretiva.

A arte, quando se atém a seu verdadeiro fim, representar a imagem verídica da vida, não é senão uma prolongamento da verdade mítica, uma ilustração difusa da verdade concentrada nos símbolos míticos. Neste sentido, soube criar figuras representativas do contra-ideal dionisíaco, as quais adquiriram uma reputação legendária não somente porque suas imagens permanecem enraizadas nas profundezas da fabulação mítica, mas também porque representam o desejo de libertação perversa secretamente dissimulado em cada psique humana. Mas a arte não poderia ser imagem verídica se, tal como o mito depois de exaltar os traços sedutores do herói desencaminhado, não acrescentasse o trágico desfecho de sua história. Seria suficiente lembrar as lendas de Don Juan e sobretudo Fausto.

A lenda nórdica do Fausto nos trás o aprofundamento de um tema freqüente que pertence à esfera da banalização convencional: o homem que vende sua alma ao diabo, que lhe concede os prazeres terrestres e o meio de obtê-los, o dinheiro. Fausto, por outro lado, revela o traço dionisíaco da insaciabilidade; em lugar de servir ao espírito, ele tenta invocá-lo com a ajuda da magia, a fim de torná-lo seu servidor. Mas só o que consegue é fazer surgir o espírito maligno. Ele entrega sua alma ao diabo.

Mesmo nesta lenda popular pertencente a um outro círculo cultural, o "Espírito do Mal" guarda, no entanto, os traços mais característicos do mito grego: símbolo da exaltação imaginativa, de onde derivam as duas deformações psíquicas, *nervosidade* e *banalização*. Satã-Mefisto demonstra a malignidade do intelecto, ao sugerir a realização dos projetos imaginativos, e não deixa de excitar a insaciabilidade imaginativa; é o sedutor dionisíaco.

c) A Banalização Titânica

Se a devassidão sexual tem uma importância predominante tanto para a banalização convencional quanto para a forma dionisíaca, será a perversão da sociabilidade (porém não mais sob sua forma irrelevante) que caracterizará uma nova forma de banalização que podemos chamar "titânica", uma vez que corresponde mais diretamente à revolta simbólica dos "Titãs" contra o "Espírito": a tendência à dominação.

Toda forma de banalização caracteriza-se por um estado de subtensão psíquica. Entretanto, a subtensão só concerne aqui (como na forma dionisíaca) ao desejo essencial, ao impulso evolutivo. Na banalização chamada "titânica", a energia encontra-se dispersa numa multidão de desejos materiais inquietantes, que se engendram mutuamente e tendem a se agrupar em torno de uma ambição obsessiva de melhoria do mundo. Nesse contexto, esse tipo de banalização transforma-se no centro de uma agitação excessiva e destrutiva. A forma "titânica" é, portanto, imputável, ela também, a uma carência da força de resistência em relação aos desejos materiais e terrestres, à falta do controle espiritual. Assim como o Titã é hostil a Zeus, o intelecto humano, titanicamente revoltado, mostra-se pouco preocupado com a verdade, com o sentido secretamente legal, com o espírito da vida. O projeto mítico dos Titãs não é exaltar o espírito, elevar-se à altura do espírito, tornar-se seu igual, tal como o herói sentimental. A revolta titânica pretende fazer o espírito desaparecer, pretende "matar o espírito", "devastar o Olimpo", para que toda a lei sublime seja anulada.

Esta forma de banalização, que visa à superioridade apenas no plano do status social, transforma-se, quando levada ao excesso, na tendência de dominação dos outros, o despotismo. A tendência à dominação perversa é o perigo intrínseco representado pelos combates de todo um grupo de heróis cuja história mítica falta ainda traduzir. Dada a necessidade de consagrar todo um capítulo a esta forma capital da perversão banal, seria, no momento, inoportuno fornecer ilustrações características, sendo importante, no entanto, definir seus traços marcantes.

Os heróis que pertencem a este grupo são freqüentemente filhos de reis destinados a governar. Para que se mostrem dignos de sua responsabilidade, desde sua juventude devem defender-se contra a tentação dominadora, a ambição titânica, que poderia incitá-los a submeter o mundo aos caprichos ou às aspirações individuais, em lugar de esforçar-se para fazer reinar "a vontade do espírito", a lei da harmonia. (A exigência mítica em relação ao governo dos assuntos humanos, encontra-se expressa pelo atributo do rei: no mundo cristão, o emblema do globo terrestre sobre o qual se ergue a cruz, símbolo medieval do espírito, exprime que o rei deve governar a terra em nome do espírito.)

As lutas incessantes, travadas pelos heróis deste grupo contra a forma titânica da perversão, testemunham que a simbolização silencia sobre a história dos tiranos banais que ignoram o combate mítico, o esforço interior devido ao chamado do espírito. O mito celebra o homem dotado de uma força superior cuja energia transbordante, não esgotada pela revolta ambiciosa do intelecto, não se resigna deliberadamente à morte do espírito. Estabelece o círculo dos homens heróicos, obstinados a defender-se contra toda perversão, o que inclui, portanto, a luta contra esta forma específica de traição ao espírito, a dominação perversa.

Podemos dizer que o curso da história, mesmo que intimamente determinado pelo conjunto de todos os traços, sublimes e perversos, do caráter humano, consiste, em linhas gerais, tão somente no desenrolar das conseqüências do erro titânico: o encadeamento ininterrupto dos excessos do idealismo banalizado e da banalização idealizada. As formas da vida comunitária renovam-se e encontram-se, em prazo mais ou menos longo, minadas pela persistente perversidade que termina, sucessivamente, por tornar cada uma delas tão insuficientes quanto as formas anteriores. Cada nova forma exige e prepara assim sua própria superação. Esta é a lei da evolução ao nível da vida humana. Em outras palavras, a luta pela melhoria da condição social é inevitável. Porém, acima dessa luta, como de toda luta humana, paira a lei do espírito, a lei imutável que governa espiritualização e perversão, e que, a despeito das variações do quadro social e de suas regras de jogo, permanece como determinante soberana da vida íntima de cada um e de todos, e, conseqüentemente, da vida das sucessivas comunidades. Esta lei soberana e imutável desvela-se unicamente à medida que a compreensão penetra o funcionamento extraconsciente, verdadeiro domínio da pré-ciência mítica. A própria vida une ao erro essencial, que se propaga através das épocas históricas, seu castigo: a exaltação do sofrimento, renovada de geração em geração. Diante da exigência essencial, são responsáveis não somente os heróis dominadores, centro de energia e de atividade transbordantes, mas também as massas inerentemente unidas na culpa constituída pelo obscurecimento afetivo.

O mito, aprofundamento verídico das aparências, não fala mais nem dos eventos históricos, dos quais soube condensar o sentido legal, nem das massas visivelmente atingidas pelas conseqüências do erro "titânico". Ele concentra toda sua penetração simbólica para revelar o castigo secreto, e no entanto terrível, reservado pela legalidade extraconsciente da vida aos heróis chamados a guiar os eventos exteriores da aventura humana.

Este novo aspecto do castigo exige uma expressão simbólica absolutamente diferente daquela empregada pelos mitos para representar o tormento interior, o remorso sofrido pelo herói sentimental. A expressão simbólica representa aqui a ausência do desejo de elevação essencial. A simbolização estará na presença de uma nova manifestação da discórdia inicial. O mito serve-se de uma representação análoga àquela que exprime o destino dos Titãs, o castigo ao desencadeamento das forças brutas e aos projetos astuciosos do intelecto. Os Titãs desejaram somente a terra, quiseram fazer triunfar o princípio terrestre, e é a terra que termina por esmagá-los. (O Titã Atlas, por exemplo, é esmagado sob o peso da terra, a qual é condenado a suportar sobre os ombros.) Esse esmagamento é igualmente, sob múltiplas variações, o castigo dos heróis tentados pela dominação perversa. O sentido bastante claro desse simbolismo será reencontrado na maior parte dos mitos de heróis desse grupo; deve-se notar, entretanto, que as imagens que exprimem essa significação são extremamente multiformes. Sísifo, por exemplo, esforça-se por fazer rolar o peso morto, a pedra, sobre as encostas de uma montanha na vã esperança de alcançar seu cume. A pedra volta a cair a cada nova tentativa. O vão esforço para chegar, através do procedimento banal, ao cume da vida e ao contentamento definitivo, não poderia estar melhor representado. Uma outra variante merece ser mencionada. O esmagamento sob a terra pode ser substituído por um símbolo de idêntica significação, o acorrentamento à terra. O esmagamento sob a terra e o acorrentamento à terra simbolizam a punição infligida àqueles que se banalizaram. Quanto ao herói que se defende contra a deformação ameaçadora, que combate, simbolicamente, os monstros que representam a dominação perversa (gigantes, bandidos, leão, touro), serve-se freqüentemente de uma nova arma, o peso esmagador, a clava.

As leis que governam a banalização em sua totalidade são somente uma outra expressão da lei suprema que preside às motivações secretas. Apesar desta identidade, há uma oposição no interior dessa lei única. A mitologia grega expressa essa oposição-identidade pela representação que opõe Zeus a seus dois irmãos-inimigos, Hades e Poseidon. Sedutores, são inimigos de Zeus; punitivos, são seus irmãos, seus semelhantes.

Hades, divindade do tormento infernal, governa, como vimos, a nervosidade e seu castigo; todos seus atributos o confirmam: habitante da região subterrânea, símbolo do subconsciente, ele usa um capacete sobre a cabeça que o torna invisível, símbolo do recalcamento. Poseidon, ao contrário, governa a tentação da banalização e seu correspondente castigo. Leva consigo o tridente, que encontramos também no mito cristão enquanto atributo do "Príncipe do Mal", e rege tanto a perversão nervosa (possessão demoníaca) quanto a perversidade banal (a morte da alma). (Nas mãos de Satã, o tridente é o instrumento do castigo: serve para lançar os culpados seduzidos ao fogo, símbolo do tormento.) Mas o tridente é também o símbolo da culpa: seus três dentes representam as três pulsões (sexualidade, nutrição, espiritualidade), quadro de todos os desejos facilmente exaltáveis. Ele representa o perigo da perversão, a fragilidade essencial que deixa o homem à mercê do sedutor-punidor. A morada de Poseidon é a região submarina repleta de monstros. Os heróis que navegam sobre o mar (viajantes através da vida) são perseguidos por Poseidon e socorridos pelas divindades do Olimpo (portanto expostos ao conflito perversão-sublimação). Poseidon desencadeia as tempestades, símbolo das paixões da alma: representação das perturbações decorrentes da abundância dos desejos banalizados, que, não encontrando satisfação senão às custas de outrem, assolam o mundo através da ação culposa. Esta perturbação banal do ambiente é com freqüência representada simbolicamente pela imagem de monstros marinhos enviados por

Poseidon. Imagens da banalização e de suas conseqüências, estes monstros marinhos possuem, portanto, uma significação absolutamente diferente daquela encarnada pelo monstro-demônio que o nervoso carrega simbolicamente consigo (ainda que esse perigo interior se encontre exteriorizado por uma imagem mítica). Os monstros da nervosidade não ameaçam senão o próprio culpado; já os monstros marinhos, símbolo da intriga banal, atacam preferencialmente os inocentes, vítimas dessa intriga. (Uma ilustração desta importante diferença é o destino de Laocoonte. Querendo impedir os Troianos de cometer a imprudência que será a causa de sua infelicidade, Laocoonte e seus filhos são enlaçados e estrangulados por serpentes que surgem do mar, símbolo da intriga hostil e mortal que insurge contra Laocoonte, que por sua clarividência tenta conter a euforia dos Troianos que se imaginavam livres de todos os perigos.)

O princípio da banalização assim definido permite que o campo esteja livre para procedermos à tradução detalhada dos mitos que tratam das aventuras desse grupo de heróis. Para começar, eis aqui um mito que pode ser considerado como intermediário entre os dois grupos: a história de Édipo.

O herói, ainda que caracterizado como nervoso, encontra-se em luta com o perigo banal. Podemos até mesmo dizer que essa situação é bastante típica, pelo fato de que, na realidade, as duas deformações se entretecem: o homem atingido é um *nervoso banalizado* ou um *banalizado nervoso*. A fabulação mítica prefere habitualmente expor seu tema subjacente em dois grupos distintos, pois o mito é, segundo sua significação oculta, uma forma de explicação, e toda forma de explicação deve proceder por oposição e contraste. A complexa simbolização do mito em questão não pode ser traduzida antes da exposição dos traços distintivos dos mitos do segundo grupo. Esse mito intermediário, talvez exatamente em função desta condição, passou a ter uma importância capital para a psicologia moderna. O interesse em relação aos mitos e sua linguagem simbólica impôs-se à psicologia profunda depois da tentativa de utilizar o mito de Édipo como sustentação da teoria do complexo edipiano. Este primeiro reencontro da psicologia com o mito peca — é o mínimo que podemos dizer — pela ausência de qualquer tentativa de tradução metódica. Com efeito, as peripécias dramáticas da fábula, a série de acontecimentos que fazem o herói progredir precisamente em direção ao desenlace que ele teme, os esforços para escapar ao conhecimento de sua falta, são tão surpreendentes na história de Édipo, o mais comovente dos heróis do ponto de vista humano, que poderíamos ser tentados a esquecer seu sentido simbolicamente profundo.

ÉDIPO

O oráculo prediz a Édipo que ele matará seu pai e desposará sua mãe. A primeira parte dessa profecia é um tema já encontrado no mito de Perseu, e tudo que foi dito a respeito permanece, portanto, válido. Porém, levando em conta a natureza equívoca do oráculo, Édipo matará, na verdade, seu pai corporal, e toda fabulação dramática está baseada neste fato. Mas Édipo matará também seu pai mítico, e é sobre este simbolismo que se encontra fundado todo o sentido oculto do mito.

Entretanto, existe uma diferença capital entre Édipo e Perseu. A mãe de Édipo não é fecundada por Zeus. Édipo não é o descendente, o "enviado" do espírito. O oráculo não prediz, portanto, que Édipo será um vencedor mítico: a predição permanece equívoca no sentido de que é impossível deduzir numa primeira instância se Édipo matará seu pai mítico sob sua significação positiva ou negativa.

Ora, o pai de Édipo, Laio, advertido pelo oráculo, teme que seu filho, depois de adulto, venha a destituí-lo e matá-lo. Ele ordena que o abandonem nas montanhas para que morra. O abandono que distancia a criança de seus pais reais é um primeiro indício da importância que os pais míticos, o pai-espírito e a mãe-terra, terão para o sentido oculto do mito. Outra diferença marcante entre o mito de Perseu e o mito de Édipo é que Laio, antes de abandonar a criança, faz com que lhe sejam cortados os tendões dos pés.

Este tema já foi encontrado e explicado anteriormente. Tifeu corta os tendões dos pés de Zeus. Símbolo típico, o pé representa a alma, seu estado e seu destino. O mito compara, assim, o caminhar do homem, seu desenvolvimento, com sua conduta psíquica. Os atributos: ferido, descalço, banhado (como no mito cristão), adicionam ao símbolo "pé" uma qualidade particular que orienta com precisão a tradução (ver também o pé vulnerável de Aquiles, simbolizando a vulnerabilidade de sua alma, sua tendência à cólera, causa de sua perdição).

Os tendões cortados de Édipo-criança simbolizam uma diminuição das possibilidades da alma, uma deformação psíquica que caracterizará o herói durante toda sua vida. Ao contrário de Zeus, Édipo permanecerá mutilado. Sua alma poderá curar-se somente com a ajuda do espírito-Zeus, ajuda essa que só lhe será concedida na medida de seu próprio esforço de espiritualização. A importância predominante do "pé ferido" para toda a história do herói encontra-se assinalada por seu nome: Édipo significa "o coxo" (a tradução literal é "pé inchado", o que indica a alma inflada pela vaidade). Ele não atravessará a vida com passo firme e alerta. Ora, o homem psiquicamente coxo é o nervoso. Édipo, como veremos, é o símbolo do homem vacilante entre nervosidade e banalização. Ele compensa sua inferioridade (a alma ferida) pela procura ativa de uma superioridade dominadora. Ambiciona o poder sobre os demais, quer reinar sobre o país, sobre o mundo; torna-se *rei reinante*. Mas seu sucesso exterior se transformará na causa de sua derrota interior, predita pela ambigüidade simbólica do oráculo.

Desde que caracterizado como coxo, Édipo tem sua situação essencial perfeitamente determinada. O oráculo lhe diz respeito na medida em que é símbolo do nervoso, pois a predição ambígua permanece válida para qualquer homem nervoso. A ambigüidade do oráculo (entendido como símbolo) reside no fato de que todo nervoso se encontra diante do dilema essencial da vida: matar seu pai mítico sob sua forma positiva (o espírito) e "desposar" a mãe mítica sob sua forma negativa (exaltação dos desejos terrestres); ou então "matar" o pai mítico sob sua forma negativa (o espírito perverso) e "desposar" a mãe mítica sob sua forma positiva (sublimação dos desejos terrestres).

O símbolo dos tendões cortados permite então precisar a ambigüidade da situação espiritual do herói estabelecida pelo oráculo.

Mas esse símbolo revela igualmente a real situação de Édipo em relação ao seu pai real, Laio.

Uma das causas típicas da nervosidade é o comportamento dos pais. Incapazes de satisfazer as necessidades psíquicas da criança, engendram a enfermidade de sua alma. A história mítica sublinha suficientemente a insensibilidade de Laio. A dureza dos pais e, em conseqüência, o sentimento de abandono que nasce na criança são justamente os indícios mais importantes da educação deficiente que corrompe as possibilidades da alma (corta os tendões). Em cada nervoso, as causas da deficiência mostram-se co-determinadas pela história da primeira infância.

Édipo não é criado na casa dos pais. O verdadeiro educador é o pastor que encontra e adota a criança abandonada. Seu pai real, em função de sua tentativa de fazer a criança perecer, permanece, no entanto, responsável, colocando-se na origem da enfermidade psíquica de Édipo. O mito, indicando claramente a marca indelével deixada por Laio em seu filho e considerando que a situação do nervoso (sob suas formas essenciais e acidentais) está suficientemente indicada pelos símbolos, não faz do pastor senão o substituto de Laio. Seu papel de educador não é senão um fato sem importância para a simbolização e que a fabulação não releva.

Édipo-adolescente, instruído pelo oráculo do destino que o espera, persuadido de que o pastor é seu pai, afasta-se dele temendo ser obrigado pela fatalidade a matá-lo. Caminha em direção a Tebas, a cidade governada por Laio.

Ora, a região sofria a ameaça de um terrível monstro, a Esfinge, que propunha, a quem dela se aproximasse, um enigma a ser resolvido sob pena de ser devorado. Como todo monstro ou flagelo que ameaça um país, a Esfinge simboliza as conseqüências destruidoras do reinado de um rei perverso. Laio, ignorando que a solução do enigma o denunciará como culpado, torna pública a promessa de uma considerável recompensa a quem quer que resolva o enigma do flagelo e, assim fazendo, liberte o país, obrigando a Esfinge a atirar-se no abismo. Tomando a estrada para Tebas, Édipo decide enfrentar a Esfinge. Entretanto, as circunstâncias que o induzem a esta decisão não lhe conferem a envergadura do herói-libertador. Ele não é, miticamente, "o enviado da divindade". Deseja ardentemente a recompensa prometida por Laio e não está de posse da arma suprema simbolicamente cedida pelas divindades, a força de espiritualização-sublimação. A arma na qual ele deposita toda confiança é a sutileza de seu intelecto, com o que espera resolver o enigma.

Mas Édipo, antes de chegar a Tebas, ao fugir de seu destino, dá o primeiro passo para realizá-lo.

Ao atravessar um desfiladeiro, depara-se com uma carruagem que lhe impede a passagem. O viajante lhe ordena que se afaste do caminho. Revoltado por não poder prosseguir, Édipo, sentindo-se insultado, num acesso de raiva, golpeia com seu bordão o velho homem sentado em seu carro. O acontecido está longe de ser considerado um ato heróico. Édipo ignora que o homem que acaba de matar é o rei de Tebas, e segue seu caminho à procura da Esfinge.

É importante analisar detalhadamente a significação do encontro com Laio.

Mesmo se considerarmos o relato da fábula sem a profundidade simbólica própria a toda narrativa mítica, vemos que a vaidade de Édipo se revela logo de início. A ordem para que saia do caminho coloca-o a tal ponto furioso que ele perde todo o domínio de si. É importante assinalar que o rei viaja sem as insígnias de sua realeza. De outro modo, Laio estaria acompanhado de uma guarda, e o gesto criminoso teria sido reprimido ou vingado.

No desfiladeiro em que se encontrava, o rei parece a Édipo "qualquer um". O fato de qualquer um ordenar-lhe que se submeta, torna explicável a excessiva indignação de Édipo. Acreditar-se obrigado a ceder lugar a "qualquer um" (a todo mundo) deve ter sido, ao longo de sua juventude, o tormento profundo da criança adotada, mais ou menos tolerada. Se substituímos o símbolo "pé mutilado" por sua significação psíquica, aparece com toda clareza a situação geral do nervoso revoltado: a ira latente é imputável à alma mutilada. O impedimento de mover-se livremente pela vida, a enfermidade, só é suportável pela consolação falsa e imaginativa própria à vaidade. Mas a alma ferida permanece dolorosamente vulnerável à menor afronta. Nada fere tanto a alma doente do nervoso quanto ver-se tratado por um outro, por qualquer um, sem consideração, e mesmo com desdém, como se fosse um incômodo obstáculo. Ora, Édipo não se deixará tratar com desprezo e responderá a uma tal ofensa com o ódio mais agressivo, e isto por um motivo suplementar, a dissimulação de sua hipersensibilidade nervosa: sua vaidade supercompensadora lhe confere, segundo a própria fábula, uma atitude que podemos chamar "paliativa". De fato, tendo decidido ir ao encontro da Esfinge, Édipo se compraz em representar em sua imaginação o papel do herói, persuadido de estar destinado a alcançar o mais alto grau de realização espiritual: acredita-se chamado a libertar o país, símbolo do mundo. Este é um traço que sobressai, senão o traço mais característico, do nervoso adolescente: sofrendo pela vida que tem em razão de sua própria deficiência, projeta sua enfermidade psíquica sobre o ambiente, exagerando assim, pelo uso da acusação, o mal-estar sempre presente da vida humana. Transformando sua insuficiência em suficiência, sua impotência em prepotência, acredita-se destinado a "melhorar" o mundo. Como pensar que Édipo se deixaria afastar do caminho e ser tratado com desprezo, ele que secretamente alimenta o projeto de fazer aquilo que ninguém ousa empreender: enfrentar a Esfinge, libertar o país, o mundo inteiro, do flagelo que o subjuga.

Como toda depressão (antro do dragão, inferno, etc.), o desfiladeiro é símbolo do subconsciente. O fato da luta ter lugar num desfiladeiro (um caminho tortuoso, desprovido de direção) é significativo para o conflito que se passa no subconsciente de Édipo. O encontro com Laio representa o conflito "assassino" que dilacera a alma do coxo, a ambivalência entre vaidade humilhada e a vaidade triunfante. O triunfo obtido sobre Laio não é senão a caricatura de um combate heróico.

A arma do combate é, neste caso e sempre, simbolicamente característica para o herói. Coxo, Édipo tem necessidade do bordão para manter-se em pé. O bordão serve de muleta a Édipo. (Veremos mais adiante, no combate com a Esfinge, toda a importância deste tema central do mito: "manter-se em pé".) A muleta corrige de maneira insuficiente a enfermidade do pé mutilado: a vaidade, muleta psíquica, é o corretivo desastrado da alma mutilada do nervoso. Édipo só se mantém psiquicamente em pé apoiando-se sobre a muleta de sua vaidade, e é ela que o torna agressivo: ele usa o bordão-muleta para atacar as pessoas. Usado para golpear, o bordão adquire a significação da clava, cujo caráter simbólico, a destruição pela banalidade (ou, usada pelo herói, a destruição da banalidade), foi anteriormente mencionado. O rei abatido é o tirano banal. Os flagelos de seu reino simbolizados pela Esfinge que devasta o país são as intrigas e a devassidão.

Mas a clava-bordão não é, certamente, a arma capaz de combater vitoriosamente os flagelos da banalização, a menos que seja manejada por um herói-vencedor.

Tendo "vencido" o rei, Édipo avança em direção à aventura decisiva. o combate" contra a Esfinge.

Após a morte de Laio, um novo elemento da profecia, cuja realização é preparada pelo desaparecimento do rei, domina o mito: Édipo desposará sua mãe.

A notícia da morte do rei se espalha pelo país, que agora se encontra sem senhor. O trono e a mão de Jocasta, viúva do rei, são prometidos àquele que libertar o país do monstro, àquele que puder empreender vitoriosamente a tarefa de combater a desordem, o flagelo do país.

Ao matar Laio, Édipo já venceu a Esfinge, uma vez que esta é tão somente a imagem refletida da perversidade do rei, representada em toda sua monstruosidade.

A Esfinge, metade mulher, metade leão, simboliza desse modo devassidão e dominação perversa. Em certas representações, a cauda do monstro termina em cabeça de serpente. A Esfinge representa, portanto, tal como a Quimera, a deformação das três pulsões, com a diferença que a Quimera representa a exaltação imaginativa dos desejos que assolam a psique (perversão), enquanto a Esfinge simboliza essa mesma exaltação sob sua forma ativa, banalmente agitada, tornando-se o perigo que assola o mundo. Todos os atributos da Esfinge são índices da banalização: ela só pode ser vencida pelo intelecto, pela sagacidade, contrapartida da bestialização banal. Ela está sentada sobre o rochedo, símbolo da terra, como que cravada nele, símbolo da absoluta ausência de elevação.

Paradoxalmente, a Esfinge, que é de origem egípcia, na Grécia é representada com asas. Mas, contrariamente às asas de Pégaso, símbolo da perversão sublimada, as asas da Esfinge não a elevam. Desde que vencida pelo intelecto, uma vez resolvido seu enigma, a bestialidade e o embrutecimento banal deixam de possuir uma base: a Esfinge é obrigada a atirar-se do alto de seu rochedo e arrebenta-se sobre a terra; ela é, como o mito reporta, engolida pelo abismo (outro símbolo da banalização).

O bem conhecido enigma da Esfinge é: "*Qual é o animal que pela manhã caminha com quatro patas, ao meio-dia com duas patas, e à noite com três patas?*" O enigma da perversidade só pode comportar uma única resposta: o homem, a única criatura suscetível de perversão.

É significativo que, no enigma da Esfinge, o homem é considerado um animal. A banalização reduz o homem aos seus mais vis instintos; não vê o homem senão como animal. A bestialização banal conduz o homem ao estado animal, torna-o uma besta. É muito significativo que o enigma dirigido a Édipo aluda novamente ao pé, símbolo da alma, tema central do mito. O próprio enigma da banalização, do espírito que morre, indica que o homem deveria manter-se em pé, deveria elevar-se para além da animalidade. Ora, Édipo, em razão de sua enfermidade física, signo de sua deficiência psíquica, teve durante muito tempo, enquanto criança, de arrastar-se como que em quatro patas. Mesmo na idade madura ele não caminha sobre dois pés, não pode manter-se em pé. Criança-velho ao invés de homem-herói, estado típico de todo nervoso, ele enfrenta a Esfinge e seu enigma da vida apoiado sobre seu terceiro pé, o bordão. O enigma da Esfinge dirige-se a cada ser humano e, no entanto, parece ser especialmente adequado a Édipo: o enigma da banalização contém a alusão à enfermidade de Édipo, indício de sua nervosidade. As duas deformações psíquicas são complementares, e cada uma delas só se torna compreensível em relação a seu complemento. Seria por essa razão que Édipo se mostra capaz de resolver, ao menos sob sua forma literal, o enigma proposto pela Esfinge, obrigando-a assim a precipitar-se do alto de seu rochedo?

A verdade é que todo nervoso é capaz de entrever o perigo da banalização. Mas só sente isso ao nível afetivo, por excesso de aversão, dirigida sobretudo contra a banalização convencional. Entretanto, esse conhecimento afetivo é observado em todo nervoso mais ou menos intelectualizado e forma freqüentemente a própria base de toda sua concepção de vida. Nada exaspera mais o nervoso que o comportamento do homem convencionalmente banal, e nada deleita e aumenta seu potencial de vaidade que essa incessante comparação de si próprio com sua contra-imagem perversa, em si mesma pouco agradável e sobretudo desvalorizada. O nervoso condena a priori o banalizado, ataca-o e "mata-o" incessantemente através do excesso de desvalorização. No entanto, esse conhecimento íntimo do enigma da banalização, derivado da clarividência parcial da aversão excessiva, conduz somente a um entendimento puramente verbal e intelectual, desprovido de toda verdadeira força de libertação. O nervoso sabe no máximo preservar-se da banalização convencional (simbolizada por Laio e por sua culpa banal, a Esfinge). O excesso de aversão é tão somente o signo de uma secreta atração ambivalente que exerce, sobre o nervoso dolorosamente inibido, o exemplo secretamente invejado da desinibição banal. Esta permanece sendo o contra-ideal recalcado, conscientemente detestado e subconscientemente admirado, se bem que esta sedução da admiração só se manifeste em relação ao desencadeamento banal desenfreado, à turbulência dionisíaca, entrecruzamento entre nervosidade e banalização.

Édipo, o nervoso, não percebe que o enigma da Esfinge contém a alusão à sua própria enfermidade: não se dá conta de que é ele mesmo esse homem que deve manter-se em pé, sob pena de não atingir a verdadeira solução. Para compreender perfeitamente não apenas o enigma da banalização mas também a mais enigmática verdade da vida nele contida, seria preciso que ele tivesse uma visão muito mais penetrante que a proveniente de sua afetividade intelectualizada: o espelho do espírito, arma simbolicamente cedida pela divindade, a força de espiritualização-sublimação. Somente a clarividência do espírito poderia revelar a Édipo que o enigma da Esfinge é a imagem de sua própria fraqueza, de sua falta vital, da qual permanecerá vítima a despeito de sua vitória aparente sobre a banalização convencional e suas representações: o rei culpado e sua imagem monstruosa, a Esfinge.

A morte de Laio deixa o trono vago. Pela vitória aparente sobre a Esfinge, Édipo adquire o direito de suceder ao rei no poder: parece ser o libertador, o enviado, aquele que poderá extirpar a miséria do país, deter a desordem.

Édipo sobe ao trono e desposa Jocasta, sua própria mãe.

A segunda parte do oráculo se realiza. Se Laio, por redução simbólica, é o pai mítico sob sua forma negativa, o espírito pervertido, Jocasta só pode ser a mãe mítica, a terra, mas também sob sua forma simbolicamente negativa. "Desposar a mãe" torna-se sinônimo do apego excessivo à terra. Édipo liga-se à terra-mãe, símbolo dos desejos; liga-se a ela de modo perverso: exalta seus desejos. Ele "desposa" a banalização. Tornando-se rei, Édipo teria a oportunidade de realizar o sonho de sua adolescência, sonho que o fez acreditar que estaria destinado a ser o libertador sublime do país, símbolo do mundo. Porém, seduzido pelo poder, só saberá realizar seu sonho perverso, conseguindo tão somente liberar perversamente seus próprios desejos. Ele é jogado precisamente no interior de uma perversão que, mesmo enriquecida por traços dionisíacos e titânicos, é somente uma forma dessa mesma banalização que o impulso de sua juventude quis combater. Ao desposar a terra-mãe, Édipo continuará a matar o pai mítico, o espírito. Esta é a significação legal do oráculo e o caminho para sua completa realização. Entretanto, ainda que Édipo não resista à sedução do poder, ainda que abrace, em sua mãe, os prazeres terrestres, ele não o fará à maneira de Laio, o homem banal. Ele o fará enquanto homem inibido por sua culpabilidade recalcada. A desordem não cessará de reinar no país. Discórdia e inveja o devastarão, não mais semeadas pela intriga banal, mas pelo capricho, pela instabilidade, a falta de unidade e continuidade de direção, características do nervoso. O monstro vencido, a Esfinge, é substituído por um novo flagelo, a peste que devasta o país, símbolo das conseqüências funestas da perversão.

Os sacerdotes proclamam que a calamidade que se abate sobre o país é sinal de que alguém com uma grande culpa se encontra ali refugiado. A opinião dos sacerdotes é devida a uma concepção de natureza muito mais mágica que mítica; esta não atinge a significação oculta e psicológica em toda sua profundidade. A culpa de um único homem, por maior que seja, não pode causar a infelicidade de todo um país, a não ser que o culpado seja o soberano e seu governo a causa da desgraça. Édipo, cego por sua vaidade, não quer e não pode compreender uma verdade tão evidente quanto terrível. Para libertar o país, ordena que se procure o culpado.

Por este fato, a história de Laio se repete, refletindo-se na história do filho. O comportamento de Édipo é simplesmente uma variante daquele de Laio. É o próprio Laio quem promete a recompensa àquele que saiba resolver o enigma da Esfinge. Ora, esse enigma é comparável ao "espelho da verdade", no qual todo homem deveria reconhecer-se. A Esfinge, aparentada à Quimera, reporta-se igualmente à Medusa. A solução de seu enigma chama-se o homem, todos os homens, aí compreendidos Laio e Édipo. O enigma de cada uma das formas de perversão, simbolizadas pelos monstros míticos, visa sempre em primeiro lugar este homem específico, aquele que gostaria de vencer o monstro e que, seduzido e cego pela vaidade, será devorado. Para ser psicologicamente concreta e vitalmente eficaz, a solução clarividente não é o homem em geral, nem mesmo todos os homens. O enigma refere-se a cada ser humano pessoalmente. A solução é: *eu mesmo*. Cada homem em graus diferentes é vítima do espírito perverso (vaidade ofuscante). "Resolver o enigma" torna-se, assim, sinônimo da fórmula central do mito: "Conhece-te a ti mesmo". Esta é a significação do sorriso da Esfinge, ao mesmo tempo misterioso e irônico.

Tal como quando em presença do enigma da Esfinge, Édipo, diante do novo flagelo, a peste, desconhece a alusão pessoal que concerne a ele próprio antes de qualquer outro. Da mesma forma que Laio, Édipo delega a outros a missão de esclarecer o enigma. Entretanto, ao contrário do banalizado convencional, o nervoso, mesmo quando se banaliza, continua, no fundo de sua alma, a sofrer por sua culpa. Recalcada, essa culpa conserva uma certa tendência a retornar novamente ao consciente e a exigir sua dissolução. A história mítica do nervoso seria certamente incompleta se este negligenciasse o conflito mais significativo, o combate entre a tendência ao recalcamento e a tendência à sublimação. A psique do nervoso encontra-se, na realidade, incessantemente atormentada, em razão da indecisão desse conflito. O mito, segundo sua própria natureza, sendo uma imagem condensada da realidade, sintetiza essa luta no episódio do desfecho final.

As investigações não tardam a apontar em direção ao verdadeiro culpado. É nesse momento que tem início o processo edípico, processo psicológico de transformação da culpa secreta em verdade exteriorizada, que tende a colocar o herói frente à sua plena responsabilidade.

De todos os lados afluem os indícios que acusam Édipo. O tormento de sua culpabilidade é despertado gradualmente e começa a apresentar-se a ele sob sua forma monstruosa. A visão de seu desvio impõe-se a ele de modo demasiadamente súbito para que possa conseguir suportar a terrível verdade. Se era uma criança adotiva, como afirma o pastor que o acolheu, se o homem morto no desfiladeiro era seu pai, portanto, a rainha com quem se casara era sua mãe, e o oráculo se teria cumprido por uma circunstância ao acaso, devido à qual ele pode ao menos acreditar-se uma vítima inocente. Porém, aquilo que ele recusa admitir, na obscuridade de sua alma enferma e aterrorizada, em sua vaidade cegante, é sua culpabilidade essencial em relação à qual seu destino exterior não é senão o símbolo. Segundo este sentido profundo, seu destino não aparece mais como um jogo do acaso, mas como conseqüência de sua própria falta. A verdadeira causa do horror e do desespero, pelos quais se sente invadido, reside no fato de que tudo o que lhe é revelado, se afastamos o véu simbólico, demonstra que o que lhe acontece é fruto de seu querer: matou o espírito para poder desposar os prazeres terrestres. Terminou por trair aquilo que acreditou ser o motor de sua vida, as nobres aspirações de sua juventude.

O adivinho Tirésias, representante da verdade (o enviado do espírito), acusa publicamente Édipo, ordenando-lhe que reconheça suas faltas, a fim de que o país seja purificado e libertado do flagelo. Édipo o expulsa. Sua mãe-esposa, Jocasta, diante da insuportável revelação, mata-se de horror. No plano simbólico, a morte da mãe-esposa, representação dos desejos exaltados, significa que a sedução dos prazeres o abandona; ele não pode mais abraçá-los, o horror o inibe. Édipo, entretanto, continua a debater-se, recusando não mais a realidade de sua falta, mas sua confissão. Obstina-se a fechar os olhos do espírito. O espelho da verdade levanta-se contra ele, mas, ao invés de reconhecer sua culpa, ele arranca os próprios olhos. Este gesto, expressão do desespero levado ao paroxismo, é o símbolo da recusa definitiva de *ver*. O olhar interior torna-se cego. A culpa é recalcada ao invés de ser sublimada. O remorso fóbico não pode transformar-se em arrependimento são. O ofuscamento vaidoso está completo, a luz interior se apaga, o espírito morre.

Édipo mata seu pai mítico, não somente sob sua forma negativa e de uma maneira simbólica, como o matou em Laio. Fazendo morrer em si mesmo a visão da verdade, Édipo mata o espírito positivo, e o mata realmente. Mata "o pai de todo homem", assim chamado pelo mito porque é o espírito que dá sentido e direção evolutiva à vida humana.

Somente nesse momento é que, segundo seu sentido profundo, o oráculo encontra-se verdadeiramente cumprido.

Entretanto, a profundidade da verdade psicológica do oráculo não está esgotada. O desfecho trágico não diz respeito senão a uma das duas soluções possíveis da situação conflitiva do nervoso. A história mítica do nervoso estaria incompleta se descrevesse somente o quadro dos estados sucessivos da perversão, negligenciando a possibilidade de remediá-lo.

Édipo realizou exteriormente o destino predito, mas é o nervoso que continua a viver e sofrer. É precisamente a amplitude de seu desespero em relação aos erros cometidos que se mostra propícia a despertar o impulso sublime, a única via capaz de prover o remédio.

A condição da cura é a retransformação do remorso estéril em arrependimento salutar, reversão do recalcamento em lucidez introspectiva. Como vimos muitas vezes, o simbolismo condensa duas versões em um único mito. A tradução, para evitar o arbítrio, deve observar regras extremamente precisas: não somente a imagem mítica deve suscitar, a partir dela mesma, uma iniciação à dupla significação, como, além disso, as duas significações devem ser diametralmente opostas, completando-se por analogia de contraste. E, sobretudo, a introdução da significação complementar deve seguir a exigência inquestionável de um índice fornecido pelo relato fabuloso.

Todas essas condições encontram-se perfeitamente realizadas pelo simbolismo dos olhos arrancados, o que implica a necessidade de uma inversão de sua primeira tradução. Representando o remorso estéril e o ofuscamento repressor, o símbolo dos olhos arrancados é adequado para exprimir igualmente a significação oposta, um despertar do arrependimento salutar e da lucidez introspectiva. Nesta acepção, Édipo arranca seus olhos em função do arrependimento sublime de ter abandonado a si mesmo, de ter morto o espírito e desposado a terra, da qual seus olhos não perceberam senão seduções. Cega-se para proteger-se do mundo e de suas seduções, para conseguir entrar de uma maneira perfeita em si mesmo, para encontrar em seu interior a reconciliação com o espírito traído.

Esta segunda versão é, sem sombra de dúvida, exigida pela imagem final do mito. Cego, Édipo é conduzido por Antígone, sua filha, em direção a Colono, onde se encontra o santuário das Eumênides.

As Eumênides representam somente um aspecto de um simbolismo de dupla interpretação. Elas são as Erínias, mas sob o aspecto benéfico. As Erínias simbolizam a culpa recalcada que se tornou destrutiva, o tormento do remorso; as Eumênides representam essa mesma culpa mas confessada, tornada sublimemente produtiva: o arrependimento libertador. O simbolismo assinala, portanto, que o enfermo de alma, o nervoso, cego pelo recalcamento, atormentado pela culpa, só pode curar-se "cegando-se" para as seduções e elucidando sua culpa. Em termos simbólicos, o culpado escapa do tormento (das Erínias) refugiando-se com as Eumênides (cujo santuário tinha, na Grécia, o mesmo poder curativo que o templo de Apolo com sua inscrição "Conhece-te a ti mesmo").

A imagem final do mito de Édipo, mostrando-o em Colono, no santuário das Eumênides, divindades curativas, expressa que o herói, simbolicamente cego às seduções perversas do mundo, tornou-se realmente lúcido em relação a si mesmo.

Édipo termina por triunfar sublimemente sobre seu próprio perigo. Conduzido a Colono por sua filha Antígone (a virgem inocente, significativamente oposta à Górgona "vaidade"), Édipo "mata" em si mesmo o pai mítico perverso, o espírito negativo, e "desposa" escolhe a união com a mãe mítica sob sua forma inocente, livre de culpabilidade nervosa e de ambições banais.

Tendo superado a determinação das circunstâncias de sua infância, Édipo realiza, em toda sua amplitude, a ambigüidade do oráculo, que (compreendido enquanto símbolo mítico) tem uma dupla significação de alcance essencial: todo homem é filho mítico do pai-espírito e da mãe-terra e todo homem escolhe seu destino ao "desposar" e "matar" os pais míticos, seja sob sua significação positiva (espiritualização-sublimação), seja sob sua significação negativa (nervosidade-banalização).

Símbolo da alma humana e de seus conflitos, símbolo do nervoso capaz de perder-se e reerguer-se, Édipo, arrastado por sua fraqueza para a queda, mas retirando dessa própria queda sua força de elevação, termina por converter-se em herói-vencedor.

Como apêndice, não será supérfluo agregar à tradução propriamente dita da história de Édipo certas considerações sugeridas pela importância que a Psicanálise atribuiu exclusivamente a esse mito ao falar de um complexo de Édipo.

Convém confrontar a tradução do mito com a teoria do complexo, pois esta última é de capital importância para a história da psicologia do extraconsciente, fonte inicial da possibilidade de uma tradução dos mitos.

É de se admirar a clarividência que, graças à análise das neuroses, permitiu à psicologia freudiana descobrir dentre todos os mitos aquele que contém, expresso simbolicamente, a história e a constelação psíquica do nervoso e do neurótico.

É necessário, entretanto, não esquecer que a construção do complexo de Édipo repousa sobre uma falsa interpretação do mito. É insuficiente utilizar os episódios do mito somente com vistas a estabelecer sua relação com a enfermidade psíquica. Por mais penetrante que tenha sido a intuição de tal conexão entre a neurose e o mito de Édipo, somente a tradução integral do mito pode permitir julgar até que ponto essa conexão é procedente.

O complexo, ao utilizar do mito apenas a predição do parricídio e do incesto, negligenciando o fato de que se trata de representações com sentido oculto, estabelece entre esses episódios artificialmente isolados uma analogia que não existe nem mesmo na fachada do mito. Segundo o complexo, o filho quer matar o pai por ciúme para poder unir-se carnalmente à mãe, enquanto que a filha deseja a morte da mãe para unir-se ao pai. Ora, o fato é que Édipo de modo algum mata o pai por ciúme de origem sexual e desposa sua mãe. O assassinato e o incesto são, segundo o relato fabuloso, imputáveis ao acaso. A beleza trágica desta fatalidade seria imediatamente arruinada pela introdução de uma motivação. Reportando-se exclusivamente à fábula, torna-se impossível denunciar nela qualquer motivação e, em particular, uma motivação sexual.

Por outro lado, a tradução do mito demonstra que entre assassinato e incesto existe uma secreta ligação, não de ordem sexual mas espiritual, o que se desvela quando substituímos os pais reais pelo pais míticos, o espírito e a terra. Assim compreendidas, as faltas não são mais acidentais, fatais e individuais. A história de Édipo torna-se o símbolo do destino legal que paira acima de cada ser humano em virtude de uma motivação profunda e essencial que o torna responsável perante o sentido da vida.

O caráter trágico da fábula, ao invés de ser destruído, encontra-se singularmente amplificado: o destino-acaso torna-se destino-lei. (Esta transformação da fatalidade em legalidade, fundamento de toda representação mítica e sua significação psicologicamente profunda, encontra na mitologia grega sua mais alta expressão através do símbolo das Moiras. Até mesmo a vontade de Zeus, o distribuidor das recompensas e dos castigos, submete-se às Moiras. Segundo a fábula, as Moiras representam a fatalidade; segundo o sentido oculto, representam a legalidade psicológica, a justiça inerente à vida, o fato essencial, o destino-lei, do qual cada mito e também o mito de Édipo não é senão uma ilustração, lei que proclama que recompensa e castigo são, pela via secreta do funcionamento extraconsciente, a conseqüência do mérito ou da culpa, do grau de sublimação ou de perversão.)

Quanto à relação entre pais e filhos, tema central do mito de Édipo, esta não é, segundo o mito, determinada de forma alguma por motivos sexuais, mas pelo desejo essencial e evolutivo. Os pais reais abrangem, no inconsciente de cada homem, a significação típica assinalada pelo mito, tornam-se, no plano simbólico, os pais míticos, porque a vida lhes reserva a única missão que importa ao mito: preservar a criança da perversão e conduzi-la em direção à sublimação.

Esta definição, tanto mítica quanto psicológica, resume tanto o sentido da educação quanto o sentido da vida das gerações; pois essa tarefa vital em sua plenitude só é realizável na medida em que os pais sabem unir-se não somente pelo ato físico, mas ainda por uma ligação de alma, prelúdio de uma união durável que tem por condição a justa escolha (exigência tão freqüente dos mitos) condicionada pela harmonia dos desejos, pela justa medida, pela ausência de exaltação imaginativa.

Esta tarefa de criar uma criança em alma e espírito, indicada pelo mito, faz com que o ato fecundador e criador, longe de ser esgotado pela união física, prolongue-se no plano espiritual, adicionando à união sexual um sentido profundo e conferindo à vida familiar, célula de toda comunidade humana, um caráter de grande alcance cultural.

Sendo pela educação que se realiza a criação completa da criança, é importante considerar em detalhe este problema, o que dará ocasião de completarmos a tradução do mito e de explicar um fato que permaneceu até aqui somente como uma afirmação, fato que, ademais, está em relação direta com a presente confrontação do mito com o complexo de Édipo: a influência dos pais-educadores no desenvolvimento da enfermidade psíquica.

O enigma da vida que Édipo é chamado a resolver pretende expressar, ao comparar o bebê ao animal, que nesse estado as qualidades da alma e do espírito encontram-se ainda num estado de confusão. Tal como o animal, a criança exige a satisfação imediata de cada um de seus desejos. No curso de seu desenvolvimento, que deve fazer dele o homem ereto, deveria adquirir o domínio sobre os desejos corporais, controlando-os pelas exigências do espírito. No caso ideal, as interdições parentais concordam com as exigências vitais e evolutivas. Para mostrar-se dócil às interdições dos pais, a criança exige em compensação seu amor, verdadeiro alimento da alma, e reclamará, na medida em que cresce, a explicação das exigências que limitam sua liberdade. Não recebendo suficientemente e na justa medida esses equivalentes, sua fome de alma e de espírito, permanecendo insaciada, tenderá a exaltar-se ou inibir-se.

Ao evoluir e atingir a idade adulta, o homem procurará durante toda sua vida o amor e o espírito de uma maneira exaltada: exaltar-se-á sentimentalmente ou, na forma ambivalente, odiará a ternura e a procura da verdade: fingirá indiferença. Mas, seja sentimental ou odioso em relação ao espírito (nervoso ou banal), o homem lamentará durante toda sua vida a perda da liberdade primitiva que, em criança, foi forçado a renunciar. Se esforçará por reencontrá-la. O egoísmo sem limites, natural na criança, se deformará, transformando-se em egocentrismo doentio. A liberdade que tentará reencontrar não será senão libertinagem.

Ora, ser livre significa sentir-se libertado tanto das exigências exaltadas do espírito (pai mítico) quanto da opressão excessiva dos desejos múltiplos (mãe mítica). Portanto, simbolicamente definida, a liberdade é fruto da união equilibrada entre o pai mítico e a mãe mítica, a harmonia dos desejos. A libertinagem, por outro lado, encontra sua definição mítica na fórmula oracular: matar o pai (mítico) e desposar a mãe (mítica). Uma vez que toda deformação tem um caráter ambivalente, a exaltação pode dirigir-se igualmente em direção ao espírito, inibindo (matando) os desejos múltiplos (como no mito de Tântalo). Voltando ao complexo de Édipo da Psicanálise, fica claro que o nervoso não deseja, mesmo subconscientemente, a morte de um dos pais com o objetivo de desposar o outro. Ele procura libertar-se de todas as obrigações. Aspira por libertar-se, antes de tudo, ainda que pela morte, da ascendência parental sentida como intolerável. Tiranizada por seus pais, pelo excesso de severidade ou de amor, a criança torna-se por sua vez tirânica em relação a eles, que, mediante exigências caprichosas e injustas, tornam-se mutiladores de alma. O homem, assim mutilado desde a infância, tornar-se-á tirânico em relação ao mundo inteiro: sentirá um constrangimento insuportável em relação até mesmo às exigências inevitáveis da vida que se apresentam a todo ser humano, exigências não mais caprichosas, mas sensatas, expressando o sentido da vida, o espírito da vida, o pai mítico.

O pai mítico é o espírito proibitivo (freio da razão), a inibição exercida pelo desejo essencial sobre os desejos múltiplos com o único fim de harmonizá-los. O pai mítico representa as exigências da verdade em relação ao mundo (aos objetos desejados) e em relação a si mesmo (aos desejos voltados aos objetos, motor das ações). As exigências exaltadas do pai real, mutilador de alma, detêm um papel espetacular em cada história individual de deformação psíquica, mas isso unicamente por que desvirtuam o impulso do desejo essencial e evolutivo. A criança, um ser ainda absolutamente extraconsciente, faz de seu pai real um mito, vê-o como pai mítico e quer — não somente exteriormente e sob a ameaça de sanções, mas com toda sua alma ávida de amor, com todo seu impulso essencial — conformar-se às interdições mesmo injustas (exaltação), mas sem na verdade consegui-lo (inibição). O pai mítico (a exigência sublime), confundido desse modo pela criança com o pai-admoestador (a exigência exaltada e, por isso mesmo, injusta e perversa), termina por ser visto, ele também, como um incômodo insuportável contra o qual finalmente se erguerá a revolta vaidosa. Disso resulta a tendência de não mais querer ouvir o apelo supraconsciente, o que conduz ao recalcamento que é o funcionamento subconsciente. O recalcamento das exigências espirituais é, simbolicamente, uma tentativa de matar o pai mítico. Contudo, ele é imortal e reaparece sob sua forma punitiva, torna-se o acusador interior, a culpabilidade-remorso. O espírito recalcado, em lugar de calar-se, torna-se obsessivo: acaba por interditar até mesmo os desejos legítimos, justificáveis frente ao espírito positivo (mito de Tântalo). Entretanto, os desejos múltiplos (a mãe mítica), excessivamente inibidos, não cessam de revoltar-se de uma maneira cada vez mais exaltada. Quando a inibição obsessiva prevalece sobre a exaltação revoltada, e os desejos recalcados, impossibilitados de uma vazão real, não chegam senão a uma satisfação imaginativamente disfarçada, simbolicamente deformada, a energia do desejo, desviada de seu real objetivo, irrompe na forma de sintoma patológico, chegando até a alucinação delirante da inibição ou da exaltação, da interdição ou da satisfação (mito de Tântalo). Se, em compensação, a revolta da exaltação obsessiva transborda as defesas do recalcamento inibidor, a explosão produz-se sob a forma de tendência à liberação banal, que consiste em supervalorizar os desejos proibidos, amá-los excessivamente, desposá-los. Este é o tema do mito de Édipo.

O erro da psicanálise e de sua concepção pseudomítica de um complexo de Édipo advém da não distinção entre o plano essencial, domínio da simbolização mítica, e o plano convencional. O mito, ao contrário, distingue pertinentemente o pai real do pai simbólico, ainda que os condense em uma só figura, em conformidade com a natureza da imaginação simbolizante. A psicologia deve ter condições de elucidar o sentido oculto dessa condensação simbólica, o que só poderá ser feito se ela própria não for vítima da confusão denunciada. Deve compreender que a exigência da consciência essencial (o pai mítico) é algo absolutamente diferente das exigências passageiras da consciência histórica, atualizadas pela educação convencional (pai real).

O complexo dá preferência às excitações de ordem educativa e pretende explicar, a partir delas, a constituição do psiquismo humano, enquanto que o mito acentua o fundamento biológico e evolutivo da constituição psíquica, causa do destino-lei, previsto pelo oráculo, não atribuindo às interdições parentais senão um alcance secundário, no máximo co-determinante. O mito também não diferencia de modo algum, contrariamente ao complexo que tende a sexualizar todas as relações, as influências dos pais reais segundo seu sexo. Na fábula da criança abandonada, ambos os pais são responsáveis pela mutilação da criança, o que está em concordância com a realidade vivida, onde a atitude da mãe pode ser tão injusta quanto a do pai. Da mesma forma, o mito não ressalta a diferença entre menino e menina, colocando Édipo, símbolo do nervoso, como elemento representativo do destino de todo ser humano, homem ou mulher. O destino depende, em primeiríssimo lugar, da solução essencial que cada um encontra para o enigma da vida, para o conflito ancestral e constitucional entre espírito e materialidade. Por essa razão o mito reserva toda a força de discernimento para os símbolos dessa situação conflitiva: os pais simbólicos.

Segundo a psicanálise e sua concepção do complexo de Édipo, o pai real é vivido pelo subconsciente do nervoso como mutilador do sexo: segundo o mito de Édipo, ele é o mutilador da alma. Para a psicanálise, a causa da deformação psíquica é o "superego muito rígido", resíduo final do complexo de Édipo e de seus pretensos desejos parricidas e incestuosos. Para o mito de Édipo (e para todo mito) os motivos da formação psíquica e as conseqüências legais (previsíveis) da deformação são controlados por uma função que poderíamos chamar de "supraconsciente". Sua representação figurada é o "pai-guia", símbolo do impulso que tende a ultrapassar toda convenção. A significação psicológica dessa figura mítica é o desejo essencial e evolutivo que anima, em graus variáveis, todo homem na medida em que não tenha "morto" o guia simbólico, na medida em que sua "alma" não esteja morta. Da suprema idealização do pai mítico (e não só do pai real), de sua projeção ao infinito (projeção sugerida pela legalidade, independente do tempo e de seu princípio, a mudança), resulta a imagem simbólica de um Deus-Pai, criador do homem e juiz supremo. A imagem de um pai-guia e sua divinização simbólica são aptas a representar a instância supraconsciente, pois o impulso evolutivo ultrapassa o consciente individual que está fundado na necessidade vital da espécie humana. O meio mais seguro de adaptação não é a satisfação imediata dos desejos, mas sua espiritualização-sublimação com vistas a uma satisfação clarividente que ligue a experiência passada às esperanças realizáveis no futuro. Isto significa que a função *supraconsciente,* forma evoluída da necessidade elementar de adaptação, já não é um simples resíduo da história individual (tal como o superego do complexo de Édipo), possuindo, ao contrário, a força autônoma de uma pulsão biologicamente evolutiva. Não é o resíduo dos desejos sexuais suprimidos por um pai castrador, é a obra e o agente desse desejo essencial, guia da espécie (pai mítico), que anima cada ser humano e que exige não a exaltação, mas a harmonização dos desejos múltiplos (mãe mítica), única possibilidade de alcançar a satisfação vital.

O mito de Édipo mostra que o nervoso sequer chega a matar completamente o pai mítico, nem a encontrar uma satisfação definitiva desposando a mãe mítica. Esta é a razão que faz com que, para o nervoso, a saída em direção à confissão salutar da culpa permaneça, em princípio, sempre aberta.

O banalizado, por outro lado, quando não se detém a meio caminho entre o desvario dos desejos e sua conseqüente inibição, acaba por destruir o freio do desejo essencial, chega a "matar o pai mítico e desposar a mãe mítica". .

Falta ainda demonstrar de que maneira a pré-ciência mítica exprime, até nos menores detalhes legais, a sorte dos heróis (a situação psicológica do homem) cujo perigo é a banalização em seus diferentes graus.

4. O Combate contra a Banalização

JASÃO

A maior parte dos heróis ameaçados de banalização encontra-se reunida na aventura dos Argonautas. Além de seu líder, Jasão, os mais importantes são Orfeu, Hércules e Teseu. Nenhum dos Argonautas apresenta a louca vaidade dos heróis sentimentais. Suas fontes de perigo são a tentação à dominação perversa e a devassidão (a incapacidade da justa escolha e de uma ligação amorosa durável). É precisamente este perigo, que ameaça cada um em particular, que os reúne em uma aventura comum de libertação. Este traço geral da expedição, confirmado por todos os detalhes da história fabulosa, encontra-se já expresso pela significação do nome dos heróis reunidos: Argonautas. São todos navegantes que embarcaram na Argo, que significa nau branca. Visto que o branco é símbolo da pureza, a Argo deveria conduzi-los em direção à purificação.

Este objetivo da expedição encontra-se designado ainda mais claramente pelo fato de saírem os heróis em busca do velocino de ouro. O ouro-cor representa a espiritualização, enquanto que o velocino, o carneiro, representando a inocência, é símbolo da sublimação. A conquista do velocino de ouro indica, portanto, que o objetivo da empresa é a conquista da força de espírito (verdade) e da pureza da alma. No mito cristão, a pureza elevada a seu mais alto grau, a bondade, o amor objetivado que se estende sobre todos os homens, é simbolizada pelo cordeiro, de mesma significação que o carneiro. Para os gregos, o ideal de bondade não ultrapassa a compreensão e a confiança mútua, a justa medida nas relações humanas, a fidelidade tanto nas relações sexuais quanto nas relações sociais, ideal contrário tanto à devassidão quanto à dominação perversa. O velocino de ouro está suspenso numa árvore, símbolo da vida; é guardado pelo Dragão: é preciso matar a perversão para poder apoderar-se do sublime tesouro. O Dragão é uma figura fabulosa semelhante à serpente, possuidor, ademais, de uma força brutal, habitualmente simbolizada pelo leão ou pelo touro. A esses indícios de vaidade e perversão dominadora, agrega-se o da perversão sexual: com freqüência o Dragão é guardião da virgem. Para adquirir a força de alma que determina a justa escolha, condição de uma ligação durável, o herói deve superar em si mesmo o perigo, a exaltação imaginativa dos desejos dispersos, perigo simbolicamente exteriorizado e representado pelo Dragão que impede o acesso à virgem. Freqüentemente, o Dragão é o guardião do tesouro. No símbolo "tesouro" reencontra-se a significação sublime da cor ouro, o que faz com que, no mito dos Argonautas, o ouro-tesouro seja substituído pelo velocino de ouro. O ouro-cor é um símbolo solar, mas o ouro-moeda é um símbolo de perversidade, de exaltação impura dos desejos. Ao matar o Dragão, o herói pode encontrar o tesouro sublime, mas pode acontecer também que ele se apodere do tesouro sob sua significação perversa.

Desse modo, encontra-se claramente delineado o tema secreto em torno do qual estão concentradas todas as imagens simbólicas da fábula. Ao confrontar o dragão, ao procurar o velocino de ouro, os Argonautas conseguirão superar o perigo simbolizado pelo Dragão ou, apesar da aparente vitória, sucumbirão à tentação que deveriam combater. Ao substituirmos o velocino de ouro, símbolo de pureza, pelo símbolo mais geral do tesouro em sua significação equívoca, aparece claramente o dilema: os Argonautas poderão fracassar no plano essencial de sentido oculto e, em lugar de conquistar o tesouro sob sua significação sublime, encontrá-lo unicamente sob sua significação perversa.

À frente da expedição dos Argonautas está Jasão. Seu objetivo inicial não é a procura do velocino de ouro. Esta é somente uma condição a ser preenchida a fim de ascender ao trono de seu pai. Isto permite estabelecer desde o princípio o dilema essencial contido no mito do velocino de ouro. Com que espírito irá o herói exercer o poder quando o tiver adquirido? Se encontrar o tesouro sob sua significação sublime (se souber purificar sua aspiração dominadora), seu reino será justo; se, ao contrário, Jasão encontrar o tesouro sob sua significação perversa (se sua aspiração for tão somente uma tentação perversa), seu reino será maculado pela injustiça. Do sucesso ou fracasso essencial do herói depende o destino do país que governará, e esse país, no plano simbólico, representa o mundo inteiro. Jasão, o pretendente ao trono, torna-se assim uma figura representativa, um símbolo, cuja significação concerne a uma situação de vital importância, o destino do mundo entregue ao governo dos homens, cuja pretensão pode ser justa ou injusta, mensurável de acordo com a exigência essencial da vida.

O reino injusto perante o espírito apresenta-se no plano simbólico como uma usurpação, e a tarefa heróica de Jasão pode portanto ser assim formulada: combater sublimemente o usurpador (encontrar o velocino de ouro), para não se tornar ele próprio um usurpador.

O pai de Jasão, o rei legítimo, Éson, foi destituído por Pélias. Quando criança, Jasão foi salvo da perseguição do usurpador. Seu educador é o Centauro Quíron, símbolo da banalidade. Já adulto, Jasão volta a seu país natal, decidido a opor-se ao rei usurpador. Desse modo, a situação do herói é análoga àquela de Édipo: Jasão quer governar o mundo a despeito de sua tendência à banalização, atribuída em parte à sua educação.

O oráculo havia advertido o tirano que desconfiasse do homem que calçasse uma só sandália. Descalço de um pé, Jasão apresenta-se a Pélias, o usurpador que deveria combater. A sandália que falta é símbolo da alma mal protegida. O pé descalço de Jasão é uma nova representação do homem "coxo", deformado pela educação. Assim caracterizado, Jasão só pode ascender ao poder legítimo (no sentido espiritual que é o único que importa para o mito) com a condição de superar sua fraqueza. Esta condição é imposta por Pélias, que se declara disposto a abdicar desde que Jasão possa mostrar-lhe o troféu, o velocino de ouro, símbolo da banalidade vencida. A condição exigida pelo rei significa que Jasão, para pretender o trono, deverá provar ser digno dele: deverá superar a desordem psíquica (pé descalço) e adquirir a insígnia da vitória espiritual e sublime.

Pélias, traiçoeiramente, exige o cumprimento dessa missão, esperando que Jasão pereça na aventura. Mas a empresa contém, ademais, um aspecto simbolicamente sublime. Esses dois aspectos da condição infligida correspondem à dupla significação do rei. Se o rei exigisse um trabalho qualquer, supostamente perigoso e irrealizável, seria apenas o tirano usurpador, o homem da intriga, Pélias. Mas o trabalho a ser realizado é o combate heróico, que, em todos os mitos, é imposto pelo rei simbólico, o espírito. O rei real que traiçoeiramente exige esta prova encontra-se, no plano simbólico, substituído pela exigência sublime que caracteriza a situação essencial.

Jasão não se sente com forças para empreender sozinho a aventura, o que é um fato excepcional e, por isso mesmo, muito significativo. A Argo, uma vez construída, conduz os heróis reunidos em direção a Cólquida, onde está o velocino de ouro. Navegam sobre as turbulências do mar, símbolo da vida cujos perigos devem enfrentar. Como já foi antes indicado, a expedição depara-se com perigos específicos, assinalados pelo mito por uma nova imagem: na rota para Cólquida, a Argo deve encontrar o perfeito equilíbrio para atravessar as Simplégades, dois rochedos que se lançam sem cessar um contra o outro, ameaçando esmagar a nau. O perigo lembra Caríbdis e Escila, sendo uma variante de sentido extremamente significativo: se a terra esmagadora, o rochedo, é símbolo da banalização, os dois rochedos são a representação da dupla ameaça que paira sobre toda a empresa: devassidão e tirania. A Argo por pouco escapa do perigo; porém, presságio funesto, uma parte do leme é destruída.

O rei da Cólquida, Eetes, novo representante do rei mítico, recebe Jasão amigavelmente, dispondo-se a ceder o velocino de ouro em caso de vitória sobre o Dragão. Mas a autorização para enfrentar o monstro acarreta novas condições, que caracterizam com mais precisão ainda a situação do herói e a natureza de sua empresa. O rei dá a Jasão os dentes de um Dragão morto anteriormente por um herói-vencedor, Cadmo. Ele deve atrelar a um carro touros que ninguém soube domar, cujo sopro é de fogo e cujos pés são de bronze. Depois de arar um campo com este carro, o herói deve semear os dentes do Dragão. Jasão deve mostrar-se capaz de dominar o perigo da colheita desta semeadura, que necessariamente terá um caráter funesto.

O conjunto desses trabalhos suplementares é uma simbolização mais específica do combate contra a tendência à dominação perversa, de que o herói, pretendente ao trono, deveria purificar-se. Não somente Jasão deve mostrar-se merecedor de conquistar o velocino de ouro e, assim, ascender ao poder, mas também (em caso de vitória por sua força sublime) seu futuro reinado deve provar que ele permanece sendo o digno possuidor do troféu. Sua atitude no cumprimento dos trabalhos simbólicos serve, portanto, para caracterizar não somente a fraqueza circunstancial do herói, mas ainda as intenções secretas que determinarão sua vida inteira, bem como seu futuro reinado.

"Trabalhar a terra" é tornar a terra fecunda, governar a terra, o país, de maneira fecunda. "Trabalhar a terra com a ajuda de touros domados" significa, portanto, mostrar-se possuidor da força sublime, da sabedoria que assegura o reinado fecundo por que sabe "domar" o perigo do abuso brutal inerente à pretensão ao poder. Característicos da força bruta, os touros são um símbolo típico da dominação perversa. Seu sopro é a chama devastadora. O atributo "bronze" agregado ao símbolo "pé" é uma imagem freqüente na mitologia grega para caracterizar o estado de alma: atribuídos aos touros, os pés de bronze simbolizam o traço marcante da tendência dominadora, a ferocidade e o endurecimento da alma.

Dotado de força heróica, Jasão consegue domar os touros e atrelá-los ao carro. No entanto, ele percorreu apenas a metade de seu caminho; assim, a fim de prefigurar perfeitamente as intenções e atitudes de Jasão, o mito repete a exigência sublime, exprimindo-a, contudo, por meio de uma nova imagem. O reinado futuro de Jasão só será fecundo se puder assegurar a paz e a justiça. A força sublime do herói deverá vencer não somente a força brutal dos touros, mas ainda a força dos "homens de ferro" que brotarão da terra semeada com os dentes do Dragão.

Os dentes simbolizam a força da mastigação, a agressividade própria aos apetites dos desejos materiais. Os dentes do Dragão representam a agressividade da perversão dominadora, a mastigação devoradora. Da semeadura dos dentes do Dragão nascem os "homens de ferro", homens de alma endurecida que, acreditando-se predestinados ao poder, não cessam de combater-se mutuamente, visando à satisfação de suas ambições.

Todo reinado, desde que estabelecido e mesmo exercido de uma maneira justa, torna-se inevitavelmente objeto de inveja, semeia "o ódio invejoso, os dentes (a arma mordente) do Dragão". Dessa semeadura nasce a colheita monstruosa, os "homens de ferro" que se levantam contra o pacificador, ávidos por restabelecer a dominação perversa. Esta tendência se revelará tanto mais ameaçadora quanto mais o reinado seja marcado pela sabedoria. A justa medida, e a moderação que ela implica, arrisca-se a ser interpretada como fraqueza, suscetível de encorajar os adversários.

Ao semear os dentes do Dragão, anteriormente vencido de modo heróico por Cadmo, e opondo-se aos "homens de ferro", Jasão deve provar que ele também é capaz de tornar-se rei-vencedor, que tem estatura para reprimir com vigor e justiça todo germe de desordem e sedição. Mas, presságio nefasto, o herói mostra-se fraco nesta segunda parte da prova. Não triunfa sobre a violência ameaçadora por sua força sublime; em lugar da justiça, ele usa a intriga. Faz aquilo que em todos os tempos os tiranos souberam fazer para vencer seus adversários: divide para reinar. O mito narra que Jasão atira pedras na multidão de "homens de ferro" que não tardam a massacrar-se uns aos outros, cada qual se acreditando atacado pelo outro.

Esse simbolismo é a representação da realidade mais banal. As pedras, os seixos, são símbolos típicos da multiplicidade dos desejos banais. Jogadas por Jasão, as pedras simbolizam a intriga pela qual ele dominará os "homens de ferro" (homens sem escrúpulos, ávidos de poder). Ele atira pedras ora em um, ora em outro: usa, para dominá-los, o estratagema corrente de prometer a cada um a satisfação de suas ambições. Essas falsas promessas, "jogadas" com astúcia, exaltam os desejos e semeiam a inveja e a desconfiança, a tal ponto que cada um passa a ver no outro um adversário perigoso, hostil às suas próprias ambições. A intriga assim desencadeada degenera numa forma de massacre, onde cada um se sente ameaçado pelo desejo dos outros, esperando, ao mesmo tempo, tirar proveito da querela generalizada. Tais intrigas entre os poderosos (homens de ferro) constituem a regra do jogo em todos os países e avançam sobre os países vizinhos (sob a forma de alianças, promissoras para uns, ameaçadoras para outros). Não é raro que adversários temíveis, tomados de ódio ciumento e invejoso, lancem-se uns contra os outros e terminem por destruir-se mutuamente.

A vitória do intrigante, de Jasão que "joga as pedras" (ou que, segundo a significação profunda, prenuncia que irá "lançá-las" assim que chegar ao trono) é apenas, no plano essencial, uma derrota, uma traição à tarefa essencial dos Argonautas, restabelecer a justiça. A intriga não vence a injustiça ao contrário, propaga-a. Ela não é senão um aspecto da confusão perversa que reina sobre o mundo e que sem cessar culmina nas explosões de violência.

Na imagem dos trabalhos preliminares, Jasão percorre muito rapidamente o caminho que, a despeito da intenção sublime, pode conduzir a uma futura realização banal. Jasão ainda não é rei, não pode, portanto, ocupar-se senão de intenções imaginativas que o acometem insidiosamente, na perspectiva de seu futuro reinado, ou ao menos de intenções ligadas à intriga que ele começa a realizar no círculo restrito da corte do rei da Cólquida, onde foi admitido. O perigo de fracasso essencial que desde o início paira sobre o empreendimento dos Argonautas e que ameaça mais especialmente Jasão não se tornou, entretanto, insuperável. Os trabalhos preliminares são apenas um pressságio em relação à atitude futura e não a determinam definitivamente. Tudo dependerá da maneira como Jasão enfrentará o último combate, a prova mais decisiva e mais essencial, a conquista do velocino de ouro. Em caso de vitória sobre o Dragão, o monstro-guardião que repele qualquer aproximação da sublimidade, sua fraqueza secreta, a tentação dominadora, também será vencida. O Dragão é o símbolo supremo de sua própria perversidade. Em contrapartida, este mesmo Dragão, morto por um ato heróico, tornar-se-á um símbolo real de libertação.

Mas Jasão se contentará, mais uma vez, em combater o Dragão com as armas da astúcia. O mito não indica a presença de nenhuma arma cedida pelas divindades: enquanto herói banal, Jasão encontra-se desprovido do impulso sublimador. Mesmo a ajuda de seus companheiros, entre os quais se encontram heróis autênticos, não poderá prestar-lhe socorro eficaz.

Pouco confiante em suas próprias forças, Jasão liga-se à filha do rei de Cólquida, Medéia, a feiticeira. Não se trata de uma verdadeira união de alma, uma vez que a escolha é perversamente determinada por um cálculo intelectualmente utilitário. A feiticeira reina sobre as forças terrestres com a ajuda do poder demoníaco. É precisamente essa forma de dominação que Jasão deveria, antes de tudo, evitar. Ao sucumbir aos encantos da feiticeira e à tentação de aproveitar-se de sua ajuda, Jasão prepara-se para assegurar o reinado e a dominação com o auxílio das forças "demoníacas" do subconsciente, e não pela purificação do combate. A partir dessa resolução, o final do empreendimento mostra-se fatal.

Herói enfraquecido, Jasão não mata em combate heróico o Dragão (símbolo de sua própria perversão que deveria ter vencido); ele o adormece com uma poção preparada por Medéia, conseguindo assim apoderar-se do velocino de ouro.

O poder mágico, possuído por Medéia e utilizado por Jasão, simboliza a insolência em relação ao espírito e suas exigências, a pretensão de chegar à realização da mais exaltada das intenções (nestas circunstâncias, a perversão dominadora), graças ao desencadeamento inescrupuloso dos desejos. Diametralmente oposta à vitória heróica, essa realização perversa implica, simbolicamente, o "pacto" com os demônios, aos quais é preciso vender a alma.

O sentido da missão é ridicularizado, uma vez que o troféu que confere o direito ao poder, o velocino de ouro, é roubado ao invés de ser heroicamente conquistado.

Aparentemente, e em seu sentido literal, Jasão cumpriu os trabalhos que lhe foram exigidos; segundo a significação simbólica, esquivou-se do trabalho interior e heróico, a purificação. O desfecho do mito deverá reportar-se necessariamente a esta situação interior e culpada do herói decaído. As imagens finais mostram o castigo.

Eetes, ao impor os trabalhos-prova, simboliza o rei mítico, o espírito. Como tal, ele nega a Jasão o direito de levar consigo o troféu da sublimidade.

Para escapar às conseqüências do veredicto, Jasão foge com Medéia, levando consigo o velocino de ouro. Eetes os persegue. O rei, em perseguição aos ladrões do tesouro espiritual, simboliza o espírito-vingador. Fuga e perseguição simbólicas, segundo a verdade profunda, não acontecem no plano exterior. A perseguição do culpado pelo espírito-vingador se dá interiormente, define o sentimento de culpabilidade. Segundo o sentido psicológico, a tentativa de escapar a Eetes simboliza o recalcamento da culpa, a tentativa de escapar ao espírito-acusador. Esta mesma significação aparece no furto do velocino de ouro: "recalcar a falta" é sinônimo de "vangloriar-se vaidosamente da sublimidade imerecida, furtada". Todos os detalhes da imagem simbólica da fuga devem contribuir para precisar este sentido oculto, a culpa e seu recalcamento.

Para ajudar o falso herói a escapar, Medéia utiliza-se de uma astúcia monstruosa: mata seu próprio irmão, Apsirto, e, cortando-o em pedaços, atira-os ao mar. Eetes é desse modo retardado, pois recolhe um a um os pedaços de seu filho.

Pelo fato de Eetes representar, no simbolismo da fuga, o espírito-acusador, seu filho Apsirto torna-se simbolicamente o "filho do espírito". Ora, o filho do espírito é a verdade. Na imagem da fuga a verdade em questão concerne ao estado de alma de Jasão, a culpa e inclinação para recalcá-la. O assassinato de Apsirto é uma variante do símbolo típico do "filho sacrificado". O sacrifício expiatório do "filho do espírito" é um simbolismo de extrema complexidade.

Sua mais perfeita expressão é encontrada no mito cristão, no qual o mundo inteiro sacrifica o "filho do espírito", o homem inocente (espelho da verdade), cuja vida exemplar é sentida como uma reprovação insuportável a todo o mundo. O mito de Jasão, por mais distante que possa estar do mito cristão, também trata da iniqüidade banal que reina entre os homens. Mas enquanto que o herói cristão, cujo reino não é deste mundo, sacrifica-se ao espírito, ao invés de participar da iniqüidade do mundo que vive sob o reino de Satã, Jasão, ao contrário, não se rende ao espírito de verdade. Não se dá conta de sua falta, não se sacrifica sublimemente ao espírito. Deposita sua fé na feiticeira, inspiradora das tentações "demoníacas" do subconsciente. Projeta sua culpa sobre o inocente que, em seu lugar, deve expiar (o bode expiatório). Jasão, como todo herói mítico, é representante do mundo, mas representante perverso que em vão espera escapar às conseqüências de suas faltas através de desculpas mentirosas. Para conseguir isso, Medéia corta o "filho" morto, a verdade sacrificada, em pequenos pedaços: fragmenta a verdade da culpa de Jasão e oferece ao espírito-acusador um sem número de pequenas desculpas mentirosas (imagens do recalcamento), acreditando conseguir retardar a perseguição, esperando calar a culpa de Jasão através de seus conselhos e seus encorajamentos. A feiticeira incita Jasão a usar um excesso monstruoso de procedimentos perversos de evasão: a projeção da culpa e seu recalcamento. Dessa maneira, Medéia destrói em Jasão o espírito sob forma de arrependimento, a única coisa que poderia salvá-lo, condenando-o definitivamente à perdição.

Assim como o simbolismo dos trabalhos escamoteados serviu para representar a atitude perversa de Jasão, que caracterizará seu futuro reinado, o episódio da fuga, passageira no relato da fábula, simboliza, segundo a verdade profunda, as conseqüências do desvio essencial do empreendimento de purificação, conseqüências estas que se estenderão a toda vida futura do herói enfraquecido.

Jasão leva o velocino de ouro a Pélias e assume o trono. Sua deficiência no cumprimento das condições impostas deixa entrever a natureza perversamente dominadora de seu reinado, o que não impede que, no plano da vida utilitária, ele possa mostrar-se um hábil organizador. A história em seu conjunto demonstra, por inumeráveis exemplos, o sentido secreto do mito do qual Jasão é o herói representativo. Sua maldade torna-se, no plano essencial, o flagelo que devasta o país, o mundo; a astúcia da qual soube fazer uso volta-se contra ele. Vítima de intrigas, ele finalmente será expulso do país. Mas todo seu reinado será caracterizado pela influência nefasta e crescente da feiticeira, símbolo da perversão banal. Os erros acumulam-se, sendo suficiente lembrar o mais conhecido e que melhor exemplifica a história do herói decaído. Com o objetivo de escapar ao feitiço desastroso, Jasão quer abandonar Medéia. A feiticeira, equivalente simbólico da Erínia, mata com suas próprias mãos os filhos nascidos de sua união. Uma vez que todos os personagens do mito possuem, como pano de fundo, um alcance simbólico, podemos ver neste assassinato, segundo o simbolismo "criança-fruto da atividade" (sublime ou perversa), a imagem da desolação e do aniquilamento, únicas coisas que restam após a passagem do dominador pervertido. Representando as forças destruidoras do subconsciente, a feiticeira, de quem Jasão quis servir-se para alcançar a vida sublime, é o instrumento fatal de sua punição e de seu sofrimento.

Sobre a morte de Jasão existem múltiplas versões. Segundo uma delas, ele teria cometido suicídio por desgosto, depois de arrastar pelo mundo o desespero de seus fracassos. A versão mais significativa é aquela em que Jasão, querendo repousar à sombra da Argo, é morto pelo mastro que cai do barco que deveria tê-lo conduzido para uma vida heróica.

A Argo é o símbolo das promessas juvenis de sua vida, das proezas aparentemente heróicas que lhe valeram a glória. Ele quis repousar à sombra de sua glória, acreditando que ela seria suficiente para justificar sua vida inteira. Caindo em ruínas, a Argo, símbolo da esperança heróica de sua juventude, torna-se o símbolo da ruína final de sua vida. O mastro torna-se uma nova representação da clava: o esmagamento sob o peso morto, a punição da banalização.

TESEU

No mito de Teseu reencontramos o sentido secreto da empresa de Jasão amplificado e expresso por outras imagens.

Egeu, rei de Atenas, em viagem, longe de seu país, goza dos favores de Actia, mãe de Teseu. No plano mítico, entretanto, Teseu é filho de Poseidon, o que faz prever o destino do herói, sua queda final.

Porém, Teseu não seria um herói se sucumbisse sem luta, se o espírito não fosse forte nele, se o espírito sob sua forma positiva não fosse seu pai mítico. Segundo o procedimento simbólico muitas vezes encontrado, Egeu, o pai corporal, representa também o rei mítico, o espírito. Lega a seu filho as insígnias de sublimidade e espiritualidade. Obrigado a voltar a Atenas, Egeu esconde sob um rochedo uma espada (a arma do herói, guerreiro do espírito) e sandálias (que devem "armar", proteger os pés, símbolo da alma na marcha através da vida).

Ao atingir a adolescência, Teseu mostra-se capaz de seguir o chamado do espírito. O entusiasmo da juventude assegura-lhe uma força suficiente para remover o rochedo, símbolo do peso esmagador da terra (desejo terrestre). Arma-se com a espada, calça as sandálias e põe-se a caminho para encontrar Egeu, seu pai corporal e, ao mesmo tempo, seu pai mítico. O herói parte à procura do espírito.

Teseu, na rota de Atenas, na rota do espírito, realiza proezas notáveis. Vence os bandidos Procrustes e Sinis. Teseu não é um "coxo" como Édipo e Jasão; seu espírito está bem armado e sua alma bem protegida. Antes de passar pelos perigos decisivos da vida, ele consegue superar, graças à inocência de sua juventude, todos os perigos que ameaçam barrar seu caminho. As tendências monstruosas devidas à sua descendência do deus dos abismos submarinos não foram ainda despertadas. Ele liberta os países que atravessa dos bandidos que encontra em seu caminho. Mata Escíron, símbolo da banalização, como Procrustes, mas caracterizado por outras imagens. Este gigante monstruoso obriga os viajantes (da vida) que caem em suas mãos a lavar-lhe os pés, o que quer dizer que ele os obriga à servidão humilhante na qual a banalização aprisiona os vencidos. O homem, escravo da banalização, encontra-se reduzido a servir o corpo; mas a exigência de Escíron simboliza essa servidão sob seu aspecto mais humilhante. "Lavar os pés" é um símbolo de purificação. Mas purificar a alma morta do monstro banal (banalização, isto é, morte da alma) em lugar de purificar a si mesmo é um trabalho absolutamente insensato, infligido de modo irônico, como pretexto para fazer perecer sua vítima. Escíron (a banalização), sentado no topo de um rochedo, precipita o infeliz entregue a sua tarefa humilhante no abismo, no mar profundo, onde uma gigantesca tartaruga espera para devorá-lo. O rochedo e os abismos submarinos são símbolos suficientemente explicados. Quanto à tartaruga, seu traço mais característico é a lentidão dos movimentos. Imaginada como monstruosa e devoradora, ela representa aqui o traço inseparável da agitação banalmente ambiciosa, a paralisia de qualquer aspiração. Teseu faz com que Escíron sofra o destino que o bandido monstruoso reserva a suas vítimas.

A aventura mais decisiva do herói no caminho para Atenas é seu encontro com um outro bandido, Perípetes. A arma desse gigante é uma clava de couro; a clava feita da pele de um animal indica animalidade. A clava de Perípetes é, portanto, um novo símbolo da banalização. Ora, esta arma simbólica está destinada a ter um papel determinante na história de Teseu. É importante lembrar que o esmagamento sob o peso terrestre, do qual a clava é uma forma de expressão, pode indicar tanto a perdição, conseqüência da perversidade, como seu castigo legal. A clava nas mãos de um bandido é o símbolo da perversidade esmagadora; no entanto, manejada pelo herói, a clava torna-se símbolo do esmagamento da perversidade. Teseu, depois de ter triunfado sobre o gigante, apodera-se da clava. Em todos os seus futuros combates, ele empregará muito mais essa arma nefasta que a espada que lhe foi legada. A clava de Perípetes, entretanto, jamais poderá substituir legitimamente a arma "cedida pela divindade". Mesmo nas mãos do herói, a clava de couro, símbolo da animalidade, permanece sendo a arma do bandido. A mudança de armas é o primeiro indício de uma mudança secreta que se processará na atitude do herói. A vitória sobre Perípetes contém a advertência, ainda oculta, de que a influência da ligação filial com Poseidon não tardará a manifestar-se. Perípetes também é um filho de Poseidon. Assim, Teseu vence e mata seu irmão mítico e simbólico, triunfa sobre seu próprio perigo; mas seu êxito ainda não é completo. Ao apoderar-se da arma do bandido, ele se prepara para encarnar o papel do vencido. A vitória sobre Perípetes, como o nome o indica, constitui uma peripécia na vida de Teseu, marcando o início da queda.

Apesar de atingido em sua potência heróica por um primeiro grau de enfraquecimento, Teseu não tardará a provar, chegando em Atenas, que a força que nele subsiste demonstra ainda um vigor pouco banal. No entanto, a proeza que marca sua chegada já se encontra manchada por uma suspeita de perversidade. Esta é, antes de tudo, uma bravata supérflua, expressão da excitabilidade vaidosa do herói (comparável à reação que leva Édipo a matar seu pai). Os atenienses zombam do recém-chegado por sua vestimenta bárbara. Teseu toma um carro atrelado com bois e avança sobre o templo. Esta proeza vaidosa nada tem de um combate heróico.

Levado à presença de Egeu, Teseu, reconhecido como filho do rei graças à espada e às sandálias que porta, será festejado por seu retorno. Nessa época Egeu estava unido a Medéia, a ex-esposa de Jasão. Com ciúmes de Teseu, ela tenta envenená-lo. Egeu expulsa-a do país e consegue assim, graças a Teseu, ver-se livre do controle da feiticeira. O início do retorno do herói, de posse de sua plena força, apesar do indício secreto de seu enfraquecimento, é marcado por um outro acontecimento significativo. Mata o touro de Maratona, símbolo da dominação perversa, provando que é digno de governar. Teseu é convidado a partilhar o trono com Egeu, seu pai corporal, símbolo do espírito.

Nesta época, os atenienses eram obrigados a enviar todo ano um tributo ao rei de Creta, Minos. Este tributo de caráter simbólico é monstruoso e terrível.

Minos, entretanto, em toda a antigüidade, era conhecido por sua sabedoria. A fábula relata que o rei de Creta venceu os atenienses com a ajuda de Zeus, o que revela a justiça de sua causa. Porém, depois de sua vitória, Minos, traindo sua habitual sabedoria, impõe condições tirânicas aos atenienses. Estes deveriam enviar como tributo anual sete rapazes e sete moças para serem jogados como alimento a um monstro, meio-homem, meio-touro, que se nutria de carne humana. Este monstro, o Minotauro, habitava um Labirinto subterrâneo construído por Dédalo, pai de Ícaro. O Minotauro é filho de Poseidon e de Pasífae, rainha de Creta, esposa de Minos.

Raramente o alcance psicológico do sentido secreto de um mito aparece tão claramente através da aparência imediata de uma fábula.

Mino-tauro significa o touro de Minos. Ao introduzir no nome a significação do símbolo "Touro", obtemos, para Mino-tauro, a dominação perversa de Minos. Temos assim, por simples substituição, a chave para a tradução do episódio; pois, se o Minotauro é a dominação perversa de Minos, quer dizer, um estado psíquico do rei, todos os outros detalhes, segundo seu sentido oculto, devem derivar desta significação e contribuir para colocá-la em evidência. Ora, essa dominação monstruosa (o Minotauro) é o filho de Pasífae e de Poseidon (legitimidade da perversão). O Minotauro é, portanto, o "filho" da perversidade de Pasífae. A dominação perversa de Minos é produzida pela perversidade de Pasífae, o que significa, no plano psicológico, que Minos é levado por Pasífae a esquecer sua sabedoria habitual. Pasífae só pode influenciar o rei através de seus conselhos, donde resulta como significado, tão inesperado quanto evidente, um dado psicológico bastante banal, mas que revela, no que concerne às razões do Estado, uma causa secreta que será procurada em vão nos tratados de história: é em função das insistências e conselhos de sua mulher que o rei impõe aos atenienses condições de paz cuja injustiça tirânica é simbolizada pelos jovens a serem devorados. Poderíamos dizer, justificadamente, que a dominação perversa se alimenta de carne humana. Em outros termos, Poseidon sob a forma de um touro, portanto a perversão sob a forma da dominação tirânica, inspira a Pasífae os conselhos perversos que fizeram nascer o Minotauro, a injustiça despótica de Minos. Mas o rei tem vergonha do monstro nascido de sua esposa, ele o esconde dos olhos dos homens. Minos e Pasífae recalcam a verdade monstruosa, a dominação perversa do rei, escondem a verdade monstruosa no subconsciente, encerram o Minotauro no Labirinto. O construtor do Labirinto é Dédalo, o homem engenhosamente pérfido, o construtor da intriga que obscureceu a sabedoria de Minos. Ele soube apoiar os conselhos de Pasífae por um falso raciocínio, para vencer a resistência do rei e ajudá-lo a recalcar suas hesitações. Este raciocínio mentiroso, mas aparentemente consistente, é uma construção complicada, labiríntica. No Labirinto do subconsciente, a dominação perversa de Minos, o touro de Minos, continua a viver. Mas o rei vê-se constantemente obrigado a reforçar o recalcamento de sua sabedoria, a "nutrir" sua atitude monstruosa através de falsos motivos, a "alimentar" seu remorso obsessivo, seu arrependimento inconfessado, por um raciocínio falsamente justificador, o que o torna incapaz de reconhecer seu erro e renunciar às condições infligidas aos atenienses. As condições tirânicas impostas são substituídas, portanto, pelo tributo simbólico destinado a alimentar o monstro, o sacrifício anual dos jovens inocentes que os atenienses são obrigados a sacrificar. (Deve-se notar que, segundo o sentido oculto, o sacrifício monstruoso é perfeitamente idêntico ao assassinato de Apsirto, ao sacrifício da criança inocente no mito da Jasão.) A falta de lógica da fábula e os simbolismos "Minotauro" e "Labirinto" encontramse assim reduzidos à verdade psicológica, à realidade, freqüente e banal, de uma intriga palaciana. Esta tradução dos símbolos "Minotauro" e "Labirinto" deve verificar-se por sua fecundidade na questão do deciframento do episódio central do mito, o combate do herói contra o monstro. Com efeito, o sentido oculto da luta de Teseu contra o Minotauro é a continuação do tema psicológico até aqui resgatado.

Teseu decide combater o Minotauro, quer dizer, ele alimenta o projeto de opor-se à dominação exercida por Minos sobre os atenienses, espera abolir a imposição tirânica.

Pelo fato do Labirinto, o lugar habitado pelo monstro simbólico, ser o subconsciente de Minos, este adquire uma significação simbólica: representa o homem em geral, mais ou menos secretamente habitado pela tendência perversa à dominação; mesmo Minos, mesmo o homem provido de sabedoria (justa medida), pode sucumbir à tentação dominadora. Esta generalização representativa estende-se ao herói chamado a combater o monstro.

Teseu não se curvará à opressão de outrem, mas mesmo combatendo-a, ainda que vitoriosamente, pode acontecer que permaneça submetido a essa fraqueza banal da natureza humana, a vaidade de acreditar que ultrapassar a justa medida nas relações humanas é uma prova de força, e assim justificar a tentação de escravizar os outros através de medidas injustas. É altamente significativo que este monstro que vive no Labirinto do subconsciente seja, por sua descendência de Poseidon, um irmão mítico de Teseu e, por essa razão, assinalado como o perigo essencial do herói.

Como qualquer herói que combate um monstro, Teseu, ao enfrentar o Minotauro, deve lutar contra sua própria falta essencial, a tentação perversa que secretamente o habita.

Quando é chegado o tempo em que o tributo é esperado em Creta, Teseu embarca junto com as vítimas. Segundo a tradição, as velas do barco são negras em sinal de luto. Teseu promete a Egeu, em caso de vitória, anunciá-la à distância substituindo as velas negras por velas brancas.

Os atenienses poderiam ter tentado vencer a dominação de Minos pela guerra. Mas isso constituiria unicamente um fato histórico e não num fato mítico. A guerra só serviria para substituir a dominação pela dominação, a perversidade pela perversidade. Longe de ser um evento miticamente heróico, não representaria senão a solução mais banal.

Teseu segue para Creta não como um exército, mas como herói mítico cujo combate terá uma significação psicológica. Ele chega como vítima. É a própria imagem da situação psíquica do herói, filho de Poseidon, ameaçado de tornar-se vítima da perversão.

Dois perigos, conseqüências desta situação psíquica, esperam o herói: ele deve combater o monstro (a dominação de Minos, que constitui seu próprio perigo) e deve, em caso de vitória, encontrar o caminho que leva para fora do Labirinto, símbolo, num sentido amplo, do perigo de desvio subconsciente de todo homem, e de Teseu em particular. Para triunfar ao mesmo tempo sobre seu adversário e sobre seu próprio perigo subconsciente, Teseu não deve combater a dominação de Minos através de sua própria tentação dominadora (astúcia e mentira), mas pela força heróica, sinceridade e pureza. Sendo o Minotauro o símbolo da ação perversa de Minos e das razões subconscientes que cegam sua sabedoria, o combate para vencer o touro de Minos só pode ser a ação sublime do herói, o contrário do raciocínio recalcador de Minos, a força vitoriosa de um raciocínio verídico capaz de despertar a sabedoria do rei. Nestas forças positivas, a sabedoria de Minos parcialmente persistente e a franqueza das puras intenções de Teseu, reside a única chance de sucesso.

Rei de Atenas, Teseu é o melhor intérprete para interceder em favor de seu país com o objetivo de obter a abolição da injustiça. Entretanto, sua causa teria pouca esperança não fosse uma ajuda eficaz no próprio campo do opressor. É Ariadne, filha de Minos, que vem em seu socorro. Trata-se aqui de uma variação do tema tão freqüentemente encontrado do casal "homem-mulher" (herói guerreiro e virgem a ser conquistada). Mas o tema encontra-se aqui invertido. É a virgem que deve salvar o herói ameaçado de impureza. Teseu não superará o perigo essencial a menos que a virgem venha em seu socorro, só vencerá o touro de Minos e encontrará a saída do Labirinto com a ajuda de Ariadne que dele se enamorou. A purificação pelo amor, a solicitude de Ariadne ao guiar o herói no combate, encontra-se simbolizada pelo novelo de linha que ela lhe empresta e que evitará que ela se perca nos meandros labirínticos da mentira e da intriga. Segundo o sentido oculto de todos os símbolos até aqui encontrados, o combate contra o Minotauro é o combate espiritual contra o recalcamento; Teseu, para vencer o Minotauro, deve convencer Minos, deve persuadir o rei de que a perversidade dominadora não é conveniente à sua sabedoria. No quadro dessa significação oculta de uma luta entre as almas, a ajuda de Ariadne não pode ser senão um apoio moral. Para inserir-se no sentido secreto dos símbolos "Minotauro" e "Labirinto" (a subconsciente tentação dominadora de Minos), o símbolo do novelo-guia (a ajuda de Ariadne) deve ser a representação de uma ajuda de natureza psíquica e de ordem espiritual. Nascido dos conselhos perversos de Pasífae e Dédalo, o "touro de Minos" somente poderá ser vencido graças aos conselhos ditados a Ariadne pela pureza de seus sentimentos por Teseu. Estes conselhos são o fio-condutor que guiará Teseu: os argumentos essencialmente válidos que, através do dédalo das motivações subconscientes do rei, o reconduzirão à sua verdadeira natureza, à sabedoria. Ademais, não é difícil compreender toda a eficácia da ajuda de Ariadne. Ao reportar a situação fabulosa à sua significação psicológica, fica claro que Ariadne não cessará de atormentar o rei com seus lamentos, na tentativa de preparar o êxito de Teseu. Poderia Minos, dividido entre eqüidade e despotismo, manter-se surdo às súplicas de sua filha? Seu endurecimento teve lugar unicamente em relação aos atenienses, e ainda assim, mais ou menos contra sua vontade, forçado a abrigar o Minotauro, a justificação monstruosa de sua injustiça. O apoio de Ariadne permite a Teseu atacar os dois perigos de seu empreendimento: torna-o capaz de combater a dominação perversa do rei, o Minotauro, o rebento de Pasífae e Poseidon, e, graças ao "fio de Ariadne", encontrar o caminho que o conduzirá para fora do dédalo do subconsciente, para fora do edifício da falsa motivação do rei. Teseu parece pronto a obter a vitória mítica: vence o "touro", a dominação, graças à força do amor e, para que seu êxito fosse completo, seria suficiente que ele cumprisse sua promessa de amor desposando Ariadne, motivo presumivelmente importante para a persuasão do rei. Dessa maneira, estaria ligando os dois povos com laços de amizade e venceria a perversidade pela ação sublime.

Mas a vitória só pode ser definitiva para o herói depois de superar seu próprio perigo, depois de aniquilar o monstro em si mesmo.

Frente a esta tarefa essencial, Teseu fracassa. Não consegue triunfar senão sobre a perversidade de Minos. Não consegue atacar o monstro em si mesmo, somente em seu adversário. Um detalhe do combate heróico, até aqui negligenciado e aparentemente de pouca importância, é de tal natureza que pode esclarecer toda a situação psicológica e resumir todas as suas conseqüências: Teseu mata o Minotauro com a clava de couro, a arma do bandido. Este traço simbólico permite entrever que Teseu, ao aceitar a ajuda de Ariadne, usa uma arma pérfida. Seu amor não é senão pretexto e cálculo. Ele mesmo comporta-se como um bandido. A arma da vitória, a clava de couro, faz prever que seu êxito não terá valor nem trará benefício. Ele pôde triunfar sobre Minos graças ao poder do amor, mas não se beneficiará da vitória obtida através desse poder que não lhe pertence. Longe de ser heróica, sua vitória sobre Minos, sobre o Minotauro, é uma proeza perversa, uma traição. Ele explora o amor de Ariadne para alcançar seus fins e acaba treinando-a. Ora, o fio de Ariadne deveria conduzi-lo não somente para fora do dédalo subconsciente de Minos, mas para fora do Labirinto de seu próprio subconsciente.

Teseu se perde no Labirinto, e isso será decisivo para toda sua história futura. Ele enamora-se da irmã de Ariadne, Fedra. Sua fraqueza de alma sacrifica o amor seguro pela sedução perversa e o arrasta inexoravelmente em direção ao seu destino. Fedra representa a escolha perversa e impura. Ela não é, como Medéia, a mulher demoníaca, a feiticeira que envolve e devora o homem: Fedra representa um outro tipo de sedução perversa e impura, a mulher nervosa, histérica, incapaz de um sentimento justo e comedido, cujo amor-ódio ora se exalta ora se inibe, usa a força da alma para servir a natureza caprichosa e discordante de suas exigências. O mito representa este tipo de mulher freqüentemente sob a imagem da amazona que combate o homem, que mata sua alma.

Teseu não deixa Creta na condição de herói, ele foge como um bandido. Rapta Ariadne e Fedra, as filhas de Minos (inflige a Minos o sofrimento que ele próprio infligia aos atenienses). No caminho de Atenas, Teseu abandona Ariadne. Sua empresa, a despeito da vitória sobre o touro de Minos, converte-se em derrota essencial. Na sua traição encontram-se reunidos tanto os traços da perversidade dominadora quanto os da perversão sexual.

A vela negra, sinal de luto, sob a qual Teseu partiu, converte-se no símbolo da perversidade, a insígnia das forças tenebrosas. Doravante o herói navegará sob seu domínio. Não voltará como vencedor e, detalhe importante e de uma significação miticamente profunda, Teseu esquecerá de içar a vela branca, como deveria fazer para anunciar seu êxito.

Egeu, ao avistar a vela negra, lança-se ao mar. O rei, pai corporal, mata-se por desespero, persuadido de que seu filho havia perecido corporalmente. O rei, pai mítico, ao jogar-se nas profundezas do mar, simboliza o traço essencial do herói doravante definitivamente abandonado pelo espírito, que é recalcado nas profundezas marinhas, símbolo do subconsciente. Será então o outro pai mítico, Poseidon, que se tornará o único regente do destino do herói.

A partir de seu retorno, o fracasso de Teseu é consumado. O restante do mito nada é além da ilustração do castigo. Aqui, como em qualquer parte, o castigo não é acrescido ao fracasso (à culpa) de um modo exterior, aparecendo ao contrário como seu conseqüente desdobramento (a justiça inerente). Dado que o fracasso é o início da banalização do herói, o castigo será portanto seu desdobramento natural.

Antes de entrar na tradução desta segunda parte do mito, impõem-se algumas observações.

Vimos que o fracasso culpado do herói é caracterizado pelos dois aspectos típicos da perversão banal: a intriga (dominação perversa) e a eleição amorosa falsa e enganosa (sexualidade pervertida). Estes dois aspectos determinam igualmente o destino do casal Minos-Pasífae. Em suma, Teseu padece o mesmo destino de Minos, e por isso sua vitória sobre o Minotauro tem tão somente um caráter efêmero. Da mesma forma que a sabedoria do rei Minos é obscurecida pela influência de Pasífae, o impulso heróico de Teseu será definitivamente destruído pela ascendência de Fedra. O mito omite os detalhes das tramas de Fedra, referindo-se somente ao seu amor pelo filho de Teseu, Hipólito, episódio que a caracteriza perfeitamente.

É altamente significativo que o declínio do herói se reflita no destino de Ariadne. Enquanto herói-guerreiro, Teseu deveria proteger a heroína do "assalto do monstro"; já na condição de herói decaído, ele conduz Ariadne à perversão. Abandonada em Naxos e desesperada, Ariadne sucumbe ao desencadeamento perverso dos desejos e entrega-se à vida orgíaca. Isto é expresso simbolicamente pelo mito ao relatar que Ariadne se torna esposa de Dionísio (símbolo do desencadeamento frenético dos desejos). O mito atribui uma tal importância às conseqüências nefastas da falsidade na eleição do companheiro que, nos Mistérios de Elêusis, Ariadne e Dionísio se convertem em símbolo do "par infernal" (o contrário do par herói-virgem), e assim veremos que Teseu, em seu retorno, é finalmente arrastado para o Tártaro, o inferno, para nele sucumbir. Através desse paralelo entre o destino fatal de Ariadne e de Teseu, o herói que cometeu perjúrio é responsabilizado pelo destino da heroína que deveria libertar. O mito leva assim ao seu extremo o tema da eleição justa ou falsa do companheiro, atribuindo-lhe, no plano simbólico, um tipo de predestinação.

Considerando a importância do tema, nos é permitido recordar um exemplo pertencente a um outro ciclo mítico: o herói nórdico, Siegfried, não sabe utilizar de modo sublime o tesouro arrancado do Dragão-guardião e das forças tenebrosas, os Nibelungos, que ele havia vencido em sua juventude (Nibelungo significa habitante do país das brumas). O herói torna-se vassalo de Gunther, rei da Borgonha, cuja corte, plena de intrigas, é um símbolo da banalização. Submetido à banalização, Siegfried trai a mulher de seu destino, Brunilda, cujo nome significa mulher protetora. Dentre todos os homens, ele havia sido o único que soubera conquistar a virgem. Seduzido pelas vantagens que o esperam na corte, o herói comete a vileza de seduzir Brunilda para submetê-la à cobiça de seu soberano. Em recompensa, desposa a irmã do rei, Cremilda, cujo nome significa mulher destruidora. Essa eleição amorosa falsa e enganosa desencadeia a intriga da qual será vítima não somente o herói, mas ainda o rei e toda sua corte.

A história nórdica é apenas uma lenda entremeada de elementos simbólicos. O mito de Teseu desenvolve o tema da falsidade de tal eleição e suas conseqüências finais de uma maneira bem mais condensada.

O mito do castigo tem início com o retorno do herói. Após a morte de Egeu, Teseu reina sozinho sobre Atenas. As conseqüências da influência de Fedra, da eleição falsa (anteriormente ilustradas pelo domínio de Pasífae sobre Minos), só aparecerão depois de algum tempo de incubação. A força heróica de Teseu mostra-se ainda suficiente para que ele se comporte com alguma sabedoria. Ele cria instituições públicas, porém, estes trabalhos do intelecto não poderão realizar o combate espiritual já abandonado. A despeito da organização da vida exterior, a corrupção interior do rei não tardará a tornar-se o flagelo do país. No entanto, a história de Teseu não desenvolve suas conseqüências exteriores, tema central do mito de Édipo. A fábula contenta-se em ilustrar o destino individual do herói.

Pirítoo, aventureiro, fanfarrão e audaz, filho de Ixíon, invade as fronteiras e põe-se a pilhar a região. Trata-se, em suma, de um bandido, parecido àquele que o herói em sua juventude havia combatido e vencido. Teseu arma-se para enfrentá-lo. Mas, ao invés de combater Pirítoo, Teseu é tomado de admiração e torna-se amigo íntimo do bandido e adversário, indício de que a queda está próxima e será definitiva. De início, a influência de Teseu é ainda bastante forte para que juntos consigam vencer os Centauros. Não é a banalidade vulgar, traço característico da multidão (Centauros), que se apresentará como o perigo insuperável do homem-herói, Teseu, e sim o desencadeamento insaciável dos desejos. Desse modo, Teseu e Pirítoo não expulsam os Centauros para sobre eles triunfar sublimemente, mas com o único fim de disputar seu lugar no "festim" e de apoderar-se das pilhagens acumuladas. Logo, Teseu, admirado diante da coragem sem limites de seu companheiro, não é mais que um rival daquele que escolhe como àliado. Juntos raptam Helena, irmã de Castor e de Pólux. Tratam-na como butim e a disputam num jogo de dados. Teseu comporta-se como um verdadeiro bandido, não somente pela astúcia de suas intenções secretas, como no episódio de Minos, mas pelo cinismo escancarado de suas ações. Já não há retorno possível. O declínio abrupto aponta para o abismo. Teseu cairá no mais profundo dos abismos, o Tártaro, símbolo da legalidade do subconsciente que liga a culpa a seu castigo correspondente.

Psicologicamente, a legalidade que governa a insaciabilidade dionisíaca, da qual Teseu e Ariadne são vítimas, traduz-se pelo fato de que esse desencadeamento ostentatório e desenfreado dos desejos implica uma decadência sem limites. O homem, atormentado por essa decadência culposa, temendo que a vergonha de suas ações passadas venha à tona, é obrigado a se justificar incansavelmente por uma espécie de fidelidade ao passado vergonhoso, por um ultrapassamento constante do grau de ignomínia, por uma valentia cínica e absurda, simbolizada por Pirítoo arrastando Teseu ao Abismo Infernal. A culpabilidade recalcada transforma-se em um tipo de vaidade ante a decadência cujo lema é "tudo ousar". O decaído é levado a não reconhecer qualquer limitação ou interdição que emane do espírito traído, é compelido a desafiar toda inibição espiritual.

O mito expressa essa situação cínica por uma imagem bastante efetiva: os dados jogados na disputa por Helena caem em favor de Teseu que, para compensar Pirítoo, declara-se disposto a participar de qualquer aventura que este proponha, por mais absurda que seja. Atendendo seu cúmplice, Teseu aceita segui-lo até o Tártaro para ajudá-lo a raptar Perséfone, a esposa de Hades.

O projeto de raptar Perséfone estabelece uma ligação entre o mito de Teseu e os Mistérios de Elêusis. Estes Mistérios, centro cultural da Grécia antiga, sintetizam simbolicamente o tema fundamental comum a todas as mitologias, as aventuras do desejo terrestre, sua perversão e sua sublimação. A imagem central dos Mistérios narra o rapto de Perséfone (o desejo terrestre) por Hades (o recalcamento) e o retorno de Perséfone ao Olimpo (sublimação).

Com o intuito de compreender a parte final do mito de Teseu, que exprime o castigo do herói decaído, é importante observar que o projeto de Teseu de raptar Perséfone e entregá-la a Pirítoo opõe-se ao retorno de Perséfone ao Olimpo (à sublimação do desejo).

Os Mistérios de Elêusis têm originariamente uma significação agrária. Perséfone é a filha de Deméter, deusa que oferece os frutos da terra aos homens; o alimento terrestre , sobretudo o trigo. Deméter ensina aos homens (representados por Triptólemo) a agricultura. Ora, a "filha do trigo", o grão, para tornar-se espiga, deve ser "enterrada". Daí a antiga significação agrária do "rapto" de Perséfone pela divindade subterrânea, Hades.

Todavia, é perfeitamente claro que a alegoria agrária não contém nenhum elemento misterioso. Não é preciso ser um iniciado para saber que da semeadura do grão resulta a colheira do trigo. Porém, para que os Mistérios de Elêusis tenham um sentido profundo, cuja compreensão exija uma iniciação, é preciso que a alegoria inicial sofra uma transformação e se converta em simbolismo mítico, carregado de uma secreta significação psicológica.

A região subterrânea é, em linguagem mítica, o símbolo constante do subconsciente do qual Hades é o soberano (a lei soberana segundo a qual todo recalcamento do desejo exaltado e culpado sofre seu castigo). Esta significação psicológica da relação "Perséfone-Hades" é atestada pelo próprio mito da maneira mais evidente: "as filhas do casal infernal" Perséfone-Hades são as Erínias, símbolo que não detém mais nenhuma significação agrária, mas que faz emergir todo o alcance profundo do sentido psicológico: a culpabilidade que assedia o nervoso é a conseqüência (a filha) do desejo recalcado (Perséfone) que caiu sob o domínio da legalidade subconsciente (Hades).

Uma vez estabelecida a significação subjacente aos Mistérios, é importante pensar o "destino de Perséfone" em toda sua plenitude para que se possa compreender perfeitamente a significação do projeto absurdo de Teseu.

O desejo recalcado permanece suscetível de ser liberado da perseguição das Erínias: graças à intervenção do espírito elucidante, ele pode ser liberado e sublimado. O mito que se encontra na base dos Mistérios de Elêusis simboliza esta solução (esta ab-solvição) de alcance essencial: por ordem de Zeus, Perséfone deixa durante uma parte do ano a região subterrânea (o grão torna-se espiga). A filha de Deméter junta-se à sua mãe e vive com ela entre as divindades do Olimpo. De onde vem o simbolismo "pão, alimento do espírito": a sublimação-espiritualização do desejo terrestre (sua libertação em relação a qualquer exaltação) é o sentido verídico da vida, a verdade da vida, o alimento do espírito.

O empreendimento proposto por Pirítoo está longe de simbolizar a libertação sublime. Teseu apressa-se a libertar Perséfone da região subconsciente, para tratá-la, tal como a Helena, como um despojo do qual se pode abusar sem pudor. Ora, abusar sem inibição dos desejos terrestres não é, em absoluto, o contrário sublime do recalcamento, é o seu complemento perverso, a banalização. O tratamento banal dispensado a Perséfone, símbolo supremo do recalcamento, simboliza, portanto, o desejo banal de desinibição perversa em excesso.

A descida ao subconsciente com vistas à libertação do desejo recalcado (com o objetivo de procurar a verdade em relação a si mesmo) pode ser a mais sublime das realizações. (O herói do mito cristão desce ao inferno para libertar as "almas perdidas". Psicologicamente, a realização é exemplar, pois o recalcamento dos desejos, seu aprisionamento no subconsciente, é uma causa essencial da deformação psíquica, da "perdição das almas".)

Banalmente motivada, a empresa de Teseu é o contrário da descida sublime. O filho de Poseidon quer tirar Perséfone, o desejo terrestre, de Hades, o princípio do recalcamento, para entregá-la à devassidão de Pirítoo, à banalização consumada.

O projeto de raptar Perséfone significa, então, que Teseu busca a falsa liberação. Está decidido a liberar-se de qualquer inibição, tanto da inibição espiritual, quanto da inibição perversa do recalcamento. A exemplo de Pirítoo (a banalização personificada, travestida de ideal admirado), Teseu queria satisfazer sem escrúpulo todos os desejos, mesmo aqueles habitualmente carregados de vergonha. Este contra-ideal, a liberação sem medida (oposto à justa medida, à harmonia apolínea), é encontrado em todo homem que sofre secretamente pela limitação imposta pela vida a seus desejos. (As duas deformações psíquicas, a exaltação imaginativa ou ativa, nervosidade e banalização, são o indício desta revolta secreta). A verdade essencial a todos os mitos estipula que o único meio de transcender o sofrimento exaltado consiste em limitar os desejos por si mesmo, harmonizá-los; não exaltá-los, para não ser obrigado a recalcá-los ou liberá-los de modo banal. Unicamente a auto limitação, fundada na justa valorização dos desejos e de suas promessas de satisfação, possui um poder libertador. O libertador, o justo valorizador, é o espírito que se opõe à supervalorização banal e à subvalorização nervosa dos desejos materiais e sexuais. Esse é o reino do espírito (simbolicamente representado pelo reino da Divindade-Espiríto); é a responsabilidade do homem diante da verdade imutável (simbolicamente chamada "verdade eterna"), é a justiça imanente e seu insondável mistério (simbolicamente representados pelo julgamento das Divindades).

O projeto de raptar Perséfone apenas para ultrajá-la está destinado ao fracasso.

O Tártaro, o subconsciente, o lugar em que habitam os desejos perversos (e, por uma amplificação simbólica, as almas mortas), é guardado por Cérbero, o monstro de duas cabeças e cauda de serpente. Trata-se do símbolo da perversão das três pulsões, já encontrado no símbolo "Quimera". Cérbero representa a exaltação imaginativa. Pelo fato de ser um monstro-guardião (o que o aproxima do Dragão), as cabeças, que na Quimera representam a perversão das pulsões corporais (bode e leão), são substituídas por duas de cachorro. O monstro-guardião do Tártaro não se opõe à entrada (ao recalcamento) dos desejos pervertidos (numa significação ampliada, ele permite a entrada das almas mortas), mas opõe-se a qualquer tentativa de saída: ele despedaça os que tentam forçar a saída. Psicologicamente, a exaltação imaginativa favorece o recalcamento, mas mantém prisioneiros no subconsciente os desejos irrealizáveis, angustiados por causa da exaltação. Cérbero torna-se assim o símbolo da culpabilidade inibidora e dilacerante. (No caso da nervosidade, os desejos recalcados só conseguem burlar essa vigilância tornando-se irreconhecíveis, disfarçando-se em sintomas psicopatológicos.) A banalização (Pirítoo) tem como projeto desencadear os desejos recalcados (Perséfone) guardados por Cérbero. Tal como a nervosidade, ela não recua diante das mordidas do remorso, não teme esse monstro-guardião, e o ataca frontalmente a fim de liberar os desejos perversos sem contrições nem disfarces. Mas essa proeza termina em fracasso. A alma banalizada é estraçalhada não mais pelo tormento interior, que é o destino do nervoso, mas pela incontinência dos desejos contraditórios. O mito simboliza esse despedaçamento banal devido à exaltação imaginativa desenfreada: Pirítoo, forçando desesperadamente a saída do Tártaro, é despedaçado por Cérbero. Segundo uma outra versão, que enfatiza não mais a impetuosidade do excesso banal mas o esgotamento final, cujo símbolo é precisamente "a morte da alma", Pirítoo permanece, assim como Teseu, prisioneiro no Tártaro.

Teseu aspira inutilmente à desinibição banal, falsamente libertadora, que, nervosamente exaltada, permanece inibida, irrealizável. Abandonado por Pirítoo, ele não ousa mais atacar Cérbero e, não podendo forçar a saída, perde-se no dédalo do Tártaro onde erra até o exaurimento de suas forças. (A situação contrasta com a primeira descida ao labirinto do subconsciente, no qual o herói, agora combativo, encontrou a saída graças à força sublime do amor.) Na consumação dessa força, o herói desencaminhado torna-se presa da inibição completa, da indolência banal, da preguiça (em outro momento representada pela "tartaruga gigante", perigo do qual escapou Teseu, em sua juventude, derrotando Escíron). O mito expressa esse castigo da banalização pelo simbolismo mais constante e significativo: esgotado, Teseu senta-se num rochedo e não consegue mais se levantar, fica grudado à terra, destino ridículo e vergonhoso para um herói que, em sua juventude, foi de encontro ao combate sublime de libertação, para logo cair no pasmo de seu contra-ideal, o desencadeamento banal do desejo.

Porém, como em sua primeira descida ao Labirinto, Teseu mais uma vez encontrará ajuda.

Será Hércules, o vencedor da banalização, que, em sua descida (sublime) ao Tártaro (o recalcamento dos desejos subconscientes), domará Cérbero (a sublimação da energia pervertida) e virá em socorro de Teseu (símbolo das "almas perdidas"). Hércules arranca Teseu da pedra condenatória e traz a "alma morta" de volta ao mundo dos vivos. A imagem indica que, sob a influência inversa à de Pirítoo, Teseu esboça um esforço em direção à libertação sublime.

Porém, essa libertação é passageira. Nem mesmo Hércules, amigo sublime de Teseu, consegue salvar a alma destruída do herói. Teseu desperta somente para sucumbir definitivamente. A decadência banal, desta vez, expressa-se simbolicamente em toda sua deformidade pela intriga e pela depravação. A causa desse desfecho já não é uma figura simbólica (Pirítoo), mas a situação real em que se encontra o herói.

Assim como Medéia foi a instigadora do castigo de Jasão, é a falsa eleição amorosa de Teseu, Fedra, o instrumento de sua punição. Apaixonada pelo filho de Teseu e tendo seus desejos insatisfeitos, Fedra insinua caluniosamente que Hipólito teria intenção de matar seu pai para ascender ao trono. Teseu o persegue e, no curso de sua fuga, Hipólito é devorado por um monstro enviado por Poseidon, que, como já vimos, representa a perversidade banal, a intriga, que faz perecer o inocente. O simbolismo deixa entrever que Teseu, ofuscado pela calúnia e pela angústia da perda do trono, termina por causar a morte de seu próprio filho. Trata-se do mesmo sacrifício monstruoso imposto por Minos aos atenienses. O herói que deveria tê-lo abolido acaba por cometê-lo. É a derrota irremediável.

No plano mítico, esse desfecho lamentável e banal expressa-se de modo simbólico: depois da morte definitiva (de sua alma), depois da consumação de sua banalidade, Teseu "recai" no Tártaro, onde permanecerá "grudado ao rochedo para sempre".

HÉRCULES

Do grupo de heróis ameaçados de banalização o único vencedor é Hércules, cujo nome significa "a glória de Hera" (*Héracles*)

É descendente de Perseu tanto do lado paterno quanto materno. Anfitríon, seu pai, é filho de Perseu, tal como Electríon, que é pai de Alcmene, mãe de Hércules. Além disso, no plano simbólico, Hércules, como Perseu, é descendente de Zeus. Segundo a fábula, Zeus une-se a Alcmene, assumindo a forma de Anfitríon.

No mito de Perseu, o simbolismo de sua descendência de Zeus é completado pelo oráculo, que exporá a situação essencial do herói e seu destino. Na história de Hércules, o oráculo é substituído por um traço simbólico não menos significativo para o destino do herói. Hera, ciumenta dos favores concedidos por Zeus à mãe de Hércules, será hostil à criança nascida dessa união. Essa animosidade contra Hércules é o ponto central que determina todos os detalhes da fábula e que, em função disso, contém a chave da tradução.

É importante observar a significação do ciúme de Hera e do conflito entre Zeus e sua esposa na ocasião do nascimento de Hércules.

Uma vez que as divindades correspondem às idealizações das qualidades humanas, suas atitudes, particularmente a infidelidade de Zeus e o ciúme de Hera, devem ser reportadas às qualidades da alma humana. Zeus, o pai mítico, simboliza a existência espiritual. Seu amor por uma mulher terrestre o faz "pai" de um herói vencedor. Para os gregos, a imagem da união da divindade-espírito com a mulher mortal reveste-se de um aspecto de infidelidade, pois a narração representa essa união sob sua forma carnal. (O sentido profundo do simbolismo da filiação aparece claramente a partir do mito cristão, onde o herói-vencedor, no plano mítico, é filho da divindade-espírito e da mãe-virgem, o que elimina qualquer alusão à fecundação carnal.)

Assim como a infidelidade de Zeus, o ciúme de Hera refere-se, segundo o sentido oculto, às qualidades da alma humana. Zeus representa a qualidade suprema; o espírito do homem e seu poder fecundador, Hera rege o amor sublime, e, no entanto, sua imagem inclui um traço negativo, a exigência da afeição feminina, ciumenta da fecundidade espiritual, sentida como uma traição. Um tema mítico resume esse traço ao narrar a punição infligida a Hera por causa de seu ciúme: Zeus a mantém suspensa por uma corrente de ouro entre Céu e Terra. A deusa permanece assim amarrada pela corrente de ouro (símbolo da sublimidade) à esfera espiritual, ao mesmo tempo em que se encontra dela excluída. Com efeito, podemos dizer que o amor afetivo se encontra suspenso entre Céu e Terra, entre o sublime e o terrestre, e é somente purificando-se de toda forma de ciúme que o amor encontra sua forma perfeitamente sublime. O mito conta que Hera é novamente admitida no céu do espírito.

Esta oposição entre Zeus e Hera, entre a força do espírito e o dom do amor, reflete-se no mito de Hércules e determinará o destino do herói.

Filho mítico de Zeus, Hércules está predestinado a ser vencedor no plano essencial. Ele é herdeiro da força do espírito, e, em relação a isso, o mito o representa dotado de uma força muito superior à dos outros mortais. Sua excepcional força física é símbolo da excepcional intensidade de seu impulso espiritual. Mas Hércules não é o filho de Hera: privado do dom da deusa, permanecerá toda sua vida rebelde à união da alma, única coisa capaz de sublimar a impetuosidade do desejo sexual. O conflito no plano simbólico entre Zeus e Hera em relação a Hércules é, portanto, representativo de um conflito real que atua na alma do herói durante toda sua vida, o conflito entre a potência extraordinária de seu impulso espiritual e sua tendência à depravação sexual.

O fato da única fonte de fraqueza de Hércules ser o desregramento sexual, simbolizado pela inimizade de Hera, encontra-se assinalado por diversos episódios simbólicos que se estendem sobre a infância e a adolescência do herói e que, completando a exposição da sua situação essencial, mostram-no como vencedor da vaidade e da tendência dominadora.

Ainda criança, Hércules estrangula duas serpentes que se aproximam de seu berço. A força que permite ao filho dileto do espírito-Zeus resistir à vaidade, à deformação do espírito, é inata. A criança é amamentada por Atená. Bebe tão avidamente que o leite jorra à altura dos céus, dando origem à Via Láctea. As estrelas são símbolos da vida sublime. Todo um mundo de sublimidade surgirá do impulso inato do herói, nutrido desde a infância pela combatividade espiritual cujo símbolo é Atená. Segundo outra versão, não menos significativa, Hera, por engano, dá o seio à criança, que não chega a sorver senão algumas gotas, antes que a deusa o reconheça e o repudie. Ainda assim, ele tomou do dom de Hera, do alimento da alma, ele superará sua fraqueza inicial.

O combate contra sua depravação sexual inicial é de tal importância que o mito assinala cuidadosamente, na natureza de Hércules, a inexistência da tendência dominadora característica de todo o grupo de heróis banalizados que anseiam tornar-se monarcas e governar o mundo.

Zeus decide dar ao mundo um soberano justo e forte, ordenador da vida. O deus supremo jura que esse papel será atribuído àquele que nascerá no momento preciso que ele, rei do destino, fixará por antecipação. Acontece que o momento preciso fixado por Zeus é a hora prevista para o nascimento de seu filho Hércules. Este aparece, assim, predestinado a estabelecer o reino da justiça sobre a terra. Todavia, o soberano justo só poderia ser o mais excepcional dentre todos os homens se reunisse em si os dons de Zeus e de Hera, a força do espírito e o equilíbrio de alma. A animosidade de Hera opõe-se à vontade de Zeus, e, para frustrar seu projeto, a deusa retarda o nascimento do herói. Na hora prevista nasce Euristeu, homem sem história heróica, representação do reino convencional. Zeus está comprometido por seu veredicto, Euristeu recebe o reino, e Hércules será tão somente seu servidor. Enquanto não for realizada a exigência de Hera, enquanto a alma permanecer submetida ao desregramento afetivo, o mundo continuará a viver sob o jugo da banalidade. Hércules, o herói predestinado pelo espírito-Zeus a ordenar a vida, mas exposto pela ameaça de Hera à banalização, permanecerá submetido ao reino exterior da convenção banal representado por Euristeu. Será chamado a realizar individual e anonimamente seu combate de libertação. (O tema do "enviado do espírito" lembra uma simbolização análoga no mito cristão. O herói-vencedor que realizará a tarefa não reinará realmente sobre o mundo. Seu reino não será deste mundo. Não será soberano senão no plano essencial e, enquanto ordenador espiritual da vida, será chamado "a luz do mundo".)

Quando se torna adolescente, Hércules é advertido pelo oráculo de Apolo, divindade da sabedoria, para que não destrone Euristeu. Ora, a fábula assinala que Hércules está limitado por esta interdição em razão de seu crime contra Mégara, crime que, como veremos, é o sinal indubitável de sua falta de domínio de si. O oráculo de Apolo, a voz da sabedoria, o instrui a dominar não o mundo, mas sua própria fraqueza. Ainda que Euristeu seja soberano contra a vontade do espírito, Hércules, aconselhado pelo deus que preside à harmonia dos desejos, não se deve deixar arrastar por combates exteriores que o farão desviar-se da luta heróica contra o inimigo essencial, sua própria insuficiência. Ao combater Euristeu e não sua própria imperfeição, que o privou do reinado, ele mesmo será apenas um usurpador. Hércules não cumprirá seu destino dominando o mundo, mas seus próprios desejos.

Num primeiro momento, Hércules não se deixa submeter a este presságio. Uma estátua o representa tentando arrancar o trípode de Apolo (símbolo das pulsões, fundamento da harmonia). O herói não pode colocar-se em conflito com o deus délfico e despojá-lo da insígnia de sua sabedoria somente por sua contrariedade com o oráculo. A imagem deixa entrever que não será sem combate contra a voz da sabedoria (que, no entanto, fala nele mesmo) que Hércules aceitará o conselho apolíneo. A história do herói mostra que ele soube renunciar à tentação de dominação, e é na condição de servidor de Euristeu que o herói realizará seus trabalhos, símbolo de sua purificação. Para expressar que a tendência dominadora não constitui mais perigo, Hércules, o guerreiro do espírito, será representado vestido com a pele do leão vencido. Enquanto o touro simboliza a força brutal da tendência dominadora, o leão representa a ferocidade mas também a nobreza majestosa. A pele do leão morto torna-se o signo da vitória sobre a tentação da dominação perversa. Esta mesma significação expressa-se pelos atributos de Hércules-purificador. Sua arma é o arco apolíneo que lança flechas, símbolo dos raios solares. O ferimento causado por essas flechas é incurável, pois foram embebidas no sangue da hidra, monstro morto por Hércules e que simboliza, como veremos, um aspecto da banalização. Mas o atributo predominante em Hércules é a clava, a arma que, manejada pelo herói-purificador, torna-se a insígnia do esmagamento da tendência dominadora e dos monstros que a representam.

É importante distinguir dois aspectos do símbolo "Hércules": o herói, filho de Zeus, guerreiro do espírito, e o homem marcado pela desgraça de Hera, ameaçado de banalização sob a forma de depravação.

O traço mais característico do herói, vencedor da serpente desde a infância, é a não exaltação vaidosa de seu impulso de combatividade espiritual, não o transformando tampouco em agressividade. É precisamente por essa razão que ele estará apto a combater sua própria fraqueza inicial e a superá-la. Sujeito às condições impostas pelo meio ambiente (Euristeu), Hércules deverá realizar sua libertação essencial e interior. O que importa, segundo a sabedoria do oráculo, não é a revolta contra Euristeu, mas a reconciliação com Hera. A situação intrapsíquica assim colocada em relevo é das mais típicas.

Este conflito típico entre espírito e desregramento sexual se dá geralmente no plano secreto da exaltação imaginativa e, na maior parte do tempo, encontra unicamente pseudosoluções banais e convencionais. O mito de Hércules isola o conflito com o objetivo de assinalar sua amplitude. Mas liga-o, em todas suas ramificações, à constelação psíquica em sua totalidade determinada pelo conjunto das pulsões, o que permite resgatar a solução essencial. Segundo a intenção profunda do mito, Hércules não é somente um símbolo da libertação individual, torna-se também o herói purificador por excelência. Graças à sua força excepcional e exemplar, ao realizar os trabalhos impostos, representação da dificuldade de seu combate libertador, ele extermina sozinho mais flagelos e monstros (símbolos dos vícios) que qualquer outro herói.

A narração mescla os dois aspectos do símbolo Hércules: o herói purificador e o homem enfraquecido, vítima de sua falta. A fim de evitar a confusão, é indispensável separar esses dois temas e examiná-los. Somente assim será possível compreender sua fusão final no simbolismo da vitória.

As proezas de Hércules, ilustrações de seu impulso espiritual, indicam de uma maneira simbólica sua luta incansável contra as perversidades das pulsões corporais, tirania e devassidão. Em todos estes combates simbólicos, Hércules sairá vencedor. Seus fracassos, por outro lado, só são narrados à margem da simbolização, têm um caráter meramente episódico, circunstancial e passageiro, formando no mito apenas um pano de fundo destinado a ilustrar mais especialmente a fraqueza a ser vencida.

As vitórias simbólicas de Hércules encontram-se condensadas nos doze trabalhos, que possuem todos uma significação purificadora.

Hércules estrangula o *Leão* de Neméia, e doma o *Touro* de Creta, símbolos já suficientemente explicados. Captura vivo o *Javali* de Erimanto, símbolo claro da devassidão desenfreada (porco selvagem), o que indica que mesmo antes de seu triunfo final sobre sua imperfeição mais característica, o herói já é suficientemente capaz, senão de "matá-la", ao menos de dominá-la. Hércules enfrenta vitoriosamente as *Amazonas*. Ora, as Amazonas são simbolicamente caracterizadas como "mulheres assassinas de homens", querem substituir o homem, rivalizar com ele, combatendo-o em lugar de completá-lo. Dado que todo simbolismo reporta-se à vida da alma, a Amazona, assassina da alma, só pode caracterizar a mulher que rivaliza de uma maneira doentia (histérica) com a única qualidade essencial que interessa ao mito, o impulso espiritual. Esta rivalidade esgota a força essencial própria à mulher, a qualidade de amante e de mãe, o calor da alma. No entanto, existem mulheres cuja força espiritual ultrapassa naturalmente a da maioria dos homens. A exclusividade da eleição amorosa não tem importância senão para o homem ou a mulher dotados de qualidades que ultrapassam a norma e cujo desenvolvimento exige complementaridade. O que o mito estigmatiza através do símbolo *Amazona* (o que faz a mulher nervosa) é a ausência da qualidade especificamente feminina e a predominância de uma rivalidade exaltada, puramente imaginativa, em relação à qualidade masculina. O símbolo "Hércules, vencedor da rainha das Amazonas" exclui da história do herói atraído pela banalização o atrativo sedutor de um tipo feminino que é freqüentemente a encarnação do perigo que ameaça os heróis sentimentais.

A maior parte dos trabalhos de Hércules simboliza de uma maneira mais geral a luta contra a banalização.

Hércules limpa as *cavalariças de Augias*, símbolo do subconsciente. O lodo indica a deformação banal. O herói faz com que o rio Alfeo, símbolo de purificação, passe através das cavalariças imundas e liberta os bois luzentes, símbolo de sublimação. O rio é símbolo da fluência da vida, e seus acidentes sinuosos representam os acontecimentos da vida diária. O símbolo *rio* faz parte do simbolismo da água, cujos dois outros aspectos são a imensidão do mar e o pântano estagnado. O lodo excrementoso é aqui uma variante do pântano. Lavar a cavalariça com o rio significa purificar a alma (subconsciente) da estagnação banal pela atividade vivificante e sensata, com o fim de libertar os bois luzentes e assim alcançar a vida sublime.

Hércules mata a *Hidra de Lerna*, serpente com múltiplas cabeças que renascem à medida que são decepadas. As cabeças do monstro com corpo de serpente representam os múltiplos vícios (tanto na forma de aspiração imaginativamente exaltada quanto na forma de ambição banalmente ativa), vícios nos quais se "prolonga" o "corpo" da perversidade, a vaidade. Habitando o pântano, a Hidra é mais especialmente caracterizada como símbolo dos vícios banais. Enquanto o monstro viver, enquanto a vaidade não for dominada, as cabeças, símbolo dos vícios, tornarão a nascer, mesmo que, numa vitória passageira, se consiga decepar uma ou outra. Para vencer o monstro, Hércules deve associar à sua espada, símbolo da combatividade espiritual, a tocha flamejante que serve para cauterizar os ferimentos, para que, quando cortadas, as cabeças não voltem a nascer. A chama é, como a água, símbolo de purificação sublime.

Em seguida, o herói combate *Gérion*, gigante de três corpos, símbolo das três formas de perversidade: vaidade banal, devassidão e dominação. Esta mesma significação expressa-se de uma maneira mais explícita no combate contra *Anteo*, o Anti-Deus, o adversário do espírito, símbolo claro da banalização. Suas forças renascem cada vez que, vencido e cambaleante, ele toca a terra. A imagem representa os desejos banais que, a cada novo contato com a "terra" (representação dos gozos terrestres), exaltam-se imaginativamente, recuperando assim um novo vigor de paixão e de atividade banal. O herói vencerá Anteo esmagando-o em seus braços, erguendo-o do solo (imagem de sublimação).

Hércules mata Diomedes, que joga como pasto a seus cavalos os homens que caem em seu poder. Sendo os cavalos símbolo da impetuosidade, os cavalos comedores de homens representam a perversidade que devora o homem, a banalização, causa da morte da alma.

Com suas flechas, símbolo de espiritualização, o herói caça os *pássaros do Lago Estínfalo*, cujo vôo obscurece o sol. Como o pântano, o lago é símbolo de estagnação. Os pássaros que alçam vôo são uma representação da exaltação imaginativa dos desejos perversos e múltiplos. Saídos do subconsciente, onde se encontram estagnados, entrando em estado de exaltação imaginativa, os desejos múltiplos põem-se a voltear, e sua afetividade perversa termina por obscurecer o espírito.

Depois de perseguir por um ano o *Cervo com pés de bronze*, Hércules captura-o vivo. Esta proeza, que parece a mais fácil, custa-lhe o maior esforço e tempo. O cervo, tal como o cordeiro, simboliza a qualidade da alma oposta à agressividade dominadora. Os pés de bronze, quando atribuídos à sublimidade, representam a força da alma. A imagem representa a paciência e a dificuldade do esforço a ser realizado para atingir a sutileza e a sensibilidade sublime; ela indica igualmente que essa sensibilidade sublime (o cervo), mesmo que oposta à violência, é plena de um vigor isento de qualquer fraqueza sentimental (os pés de bronze). Esta mesma significação de dificuldade de sublimação está contida no simbolismo das *Maçãs de ouro das Hespérides*. Para encontrá-las, o herói deve ir até o outro lado do mundo. A maçã é símbolo da terra, dos desejos terrestres, e o ouro é o símbolo da sublimação dos desejos.

Em sua última tarefa, Hércules doma Cérbero, o cão-guardião do Tártaro, símbolo já explicado na tradução do mito de Teseu.

O relato fabuloso das vitórias de Hércules é completado e matizado por diversos episódios que contêm a história de suas fraquezas.

Porém, o caráter da fraqueza do herói encontra-se mais bem expresso por uma imagem que, por si mesma, condensa o conjunto desses desvios de comportamento: Eros rouba as armas de Hércules quando este está dormindo. Eros-ladrão é símbolo da perversão sexual que priva o impulso de sua força de combatividade.

Uma outra condensação simbólica representa Hércules seduzido por Dionísio. O herói se deixa embebedar com o vinho oferecido pelo deus-sedutor. O vinho é símbolo da força da alma, mas o vinho do sedutor Dionísio torna-se símbolo de embriaguez. Hércules desafia Dionísio numa aposta insensata, para saber qual dos dois resistirá mais tempo à bebedeira. Vencido, Hércules é obrigado a seguir durante um certo tempo o cortejo de Dionísio, expressão de sua queda periódica na devassidão. (Os Sátiros, também símbolo da devassidão, integram a Tíade de Dionísio.) Hércules bebedor, e mesmo bêbado às vezes, ou ainda ultrajando mulheres, são temas freqüentes na representação artística.

Os diversos aspectos da vida de Hércules como devasso são representados por sua atitude em relação a três mulheres: o crime contra Mégara, a devassidão em sua aventura com Ônfale e a infidelidade em relação a Dejanira.

Adolescente, Hércules casa-se com Mégara. A tentativa de unir-se a uma única mulher o conduz à catástrofe. O mito o exprime por uma imagem esclarecedora: pela ação de Hera, Hércules sofre um ataque de loucura furiosa. A loucura "enviada" pela deusa que preside à união da alma, indica que é a incapacidade de relacionar-se que o deixa furioso com Mégara. A ausência do dom de Hera faz com que Hércules sinta qualquer vínculo como uma obrigação insuportável. Sua imaginação indecente arrasta-o para uma aventura comprometedora. O "castigo de Hera" expressa-se psicologicamente pela exasperação crescente do herói. O ódio pela impotência em relação à sua própria fraqueza desencadeia-se contra Mégara. A culpabilidade de suas tentativas de falsa libertação o leva ao extremo do furor. O mito mostra Hércules destroçando a mobília e incendiando a casa. No auge de sua fraqueza, o herói não recua ante o crime abjeto de matar seus próprios filhos antes de abandonar Mégara. A natureza da imperfeição do herói, simbolizada pela inimizade de Hera, não poderia de modo algum encontrar ilustração mais aclaradora. Toda a vida futura de Hércules será unicamente a expiação desse crime.

Entretanto, já adulto, na força da maturidade, após o cumprimento de muitos trabalhos purificadores, já vestido com a pele de leão, insígnia de sua combatividade vitoriosa, Hércules sucumbe novamente à tentação que, desta vez, sem ser de natureza dionisíaca e criminosa, conduz o herói à banalização sob sua forma mais medíocre, até o ridículo. Hércules torna-se escravo de Ônfale. O mito mostra como o herói, subjugado pelo encanto de sua amante, cai na mais odiosa baixeza. A ascendência que a mulher banal consegue sobre o espírito de Hércules avilta-o de tal maneira que ele chega a aceitar com submissão as mais degradantes provas vexatórias. Enquanto Ônfale, para travestir-se e poder rir de seu apaixonado amante, veste a pele simbólica do leão e apodera-se da arma heróica, a clava, Hércules, sentado a seus pés e portando um vestido oriental (o que lembra o capuz frígio de Midas) tenta fiar a lã, ao mesmo tempo que suporta com humildade os caprichos e o desprezo de sua amante que se diverte surrando-o com sua sandália. Se a aventura não tivesse um estilo tão realista, nos veríamos tentados a introduzir o simbolismo "pé-alma". A sandália que veste o pé (a alma) simbolizaria aqui a banalidade da alma de Ônfale, e os tapas expressariam o destino geralmente infligido pela alma da mulher banal à alma do homem por ela subjugado. De qualquer modo, a imagem em seu conjunto representa o fracasso completo do "amaldiçoado de Hera" que se aniquila na devassidão esmagadora e aviltante.

Hércules sofre o domínio de muitas outras mulheres. Mas todas suas aventuras, sua vida inteira, sua fraqueza e sua força, estarão reunidas no episódio final, o amor do herói por Dejanira.

O episódio final é, sob certo aspecto, a contra partida da aventura de sua adolescência. Nos dois casos, Hércules casa-se com a mulher de sua escolha. O crime contra Mégara é a ilustração perfeita do início de sua depravação sexual. Sua paixão ilusória por Dejanira preparará o último impulso de libertação, já esboçado pelos trabalhos expiatórios. Assim, este episódio final adquire, na totalidade do mito, a importância de uma prova decisiva que determinará finalmente se a força combativa do herói conseguirá superar a maldição que paira sobre seu destino e que, apesar do impulso que o anima, poderá torná-lo escravo de Ônfale.

O alcance miticamente profundo dessa última união, prova que resume toda a vida do herói, é assinalado por um traço simbólico: para conquistar Dejanira (a virgem), o herói deve disputá-la com Aquelôo. Ora, Aquelôo é a personificação de um rio, representando, portanto, a vida corrente, cotidiana, fluente, símbolo da vida passada do herói. Um fato significativo é que Aquelôo, durante o combate, transforma-se em serpente e em touro. Vencedor da vaidade e da tendência à dominação ao longo de sua vida, Hércules está suficientemente armado para triunfar sobre a adversidade que se opõe à sua união com Dejanira. Porém, saberá ele permanecer fiel a si mesmo e à sua vitória, quer dizer, à sua própria escolha amorosa? Talvez seja um mau augúrio o fato de Hércules não vencer Aquelôo senão sob a forma de serpente ou de touro.

Com efeito, o tema do rio-obstáculo repete-se de uma outra maneira, revelando claramente o perigo que desde sempre ameaça o herói, perigo não vencido na luta com Aquelôo, quer dizer, no decorrer dos combates que marcam sua vida, e que não tardará por ameaçar a nova união.

Levando consigo Dejanira, Hércules é obrigado a atravessar um rio. Alcançar a outra margem do rio-obstáculo é símbolo de mudança da posição essencial perante a vida, de transformação da atitude perversa em atitude sublime. Para atravessar o rio, Hércules é ajudado pelo Centauro Nessus, que carrega Dejanira sobre suas costas.

Toda a situação é determinada por esse símbolo: o Centauro que oferece ajuda na travessia do rio-vida representa o perigo de banalização que acompanha o herói através de toda sua vida.

Desgastadas, as forças da alma não são suficientes para levar sua eleita até a margem da sublimidade. Mas a imagem mostra, além de tudo, que Dejanira não tem condições de atravessar a prova simbólica com suas próprias forças, tampouco de realizar a tarefa sublime, sentido da união, de sustentar a alma enfraquecida do herói pela força de seu amor. Carregada pela banalidade (Nessus), Dejanira pode ser facilmente caracterizada como mulher banal. A eleição definitiva do herói é falsa. Hércules soube vencer a Amazona, mas sucumbe à sedução de Dejanira que se revelará igualmente "assassina de almas", mas à sua maneira e num outro sentido. A mulher banal "rebaixa as almas".

O perigo que cerca o casal é determinado pelo desenvolvimento da situação caracterizada pela ajuda do Centauro: Nessus tenta violar Dejanira. Trata-se ainda da banalidade sob a forma de devassidão que ameaça corromper a união. Hércules, tendo chegado à outra margem do rio (símbolo da realização sublime), defende-se da traição do Centauro (o persistente perigo de banalização) com a ajuda de suas flechas, as armas da sublimidade. Mas esta vitória tardia sobre o monstro, em quem o herói imprudentemente confiou em lugar de combater, já não poderá eliminar definitivamente o perigo. Nessus prepara sua vingança: molha uma túnica com seu sangue (impregna-a com a própria essência da banalidade) e a oferece a Dejanira, prometendo que, caso viesse a perder o amor de seu marido, ela poderia reconquistá-lo fazendo-o vestir essa túnica.

Pouco confiante em sua própria força de atração sublime e, conseqüentemente, na fidelidade de Hércules, enganada pela promessa da banalidade, Dejanira aceita o presente.

A situação conflitiva dessa aventura final encontra-se assim claramente exposta: o herói superou em parte sua fraqueza inicial e conseguiu chegar à eleição amorosa exclusiva, prova de seu desejo de libertar-se da insaciabilidade dos desejos múltiplos através da limitação libertadora. Porém, a simbolização destaca através de todos os detalhes da história do Centauro os tão numerosos traços negativos que convivem com esse desejo de libertação, a despeito de toda sua amplitude. À fraqueza parcialmente persistente do herói corresponde a de Dejanira, que, mal escapando do ultraje banal, não hesita em aceitar o presente funesto, carregando-o como um talismã. Hércules e Dejanira (o herói guerreiro e a virgem a ser conquistada) completam-se muito mais pelos indícios de suas fraquezas que de suas forças. Eles não saberão realizar o sentido supremo dessa união, a mútua complementação da alma capaz de revigorá-los. Desprovida de seu sentido, a união não poderá durar.

O mito chega a seu desfecho. Hércules enamora-se de uma outra mulher, Iole, e Dejanira envia-lhe a túnica. Logo que Hércules a veste, o veneno começa a agir: penetra em seu corpo, e sua carne queima. Ele quer arrancá-la, mas a túnica está grudada à sua pele. A carne queimada pelo veneno simboliza os desejos carnais, inflamados, convertidos em paixão (exaltação imaginativa). O sangue venenoso do Centauro, caracterizado por sua tentativa de violação, é o veneno da devassidão. A paixão "ardente" de que Hércules é vítima depois de ter vestido a túnica é, portanto, a inflamação imaginativa de sua perversão sexual, a exaltação de seu ardor por Iole. Quanto mais forte a insuficiência da união (simbolizada pela túnica guardada por Dejanira) mais destrutivo o seu efeito. Dejanira, certamente, envia-lhe a túnica como lembrança, com o objetivo de reanimar a paixão desvanecente, esperando que desperte imaginações de remorso e reconciliação; mas o símbolo da insuficiência de sua esposa não pode senão agudizar as lembranças de aversão e inflamar ainda mais a imaginação viciosa do herói. A confiança errônea que Dejanira projetou no presente de

Nessus é sinal da estreiteza banal de sua alma e de seu espírito. Mais do que nunca penetrado pelo vício, presa da paixão que queima sua carne, da corrupção que se cola à sua pele , Hércules não abandonará Iole para voltar para sua esposa Dejanira. O efeito é o inverso da pérfida promessa do Centauro e da crédula esperança de Dejanira.

Entretanto, o efeito é também contrário ao desejo de vingança do Centauro. O monstro banal, vencido pelo herói, não conseguirá tornar-se vencedor. A imagem que mostra Hércules tentando arrancar a túnica envenenada representa o excesso de desordem que dominou seu conflito interior. Levada ao extremo, a situação inicial, o conflito dilacerante entre o impulso do espírito (o dom de Zeus) e a insaciabilidade do vício (a desgraça de Hera) e, em conseqüência, o arrebatamento dionisíaco, exige uma solução, e será o impulso do espírito que lhe dará a vitória. A ameaça do fracasso mais lamentável provoca a reação vitoriosa, preparada por toda uma vida de combates. Para o herói é repugnante a idéia de permanecer envolvido pela banalização. Em vez de ser sedutora, a imaginação viciosa que se inflama pela lembrança é imediatamente transformada em impulso invencível, em apelo insuportável do espírito, em culpabilidade avassaladora e queimante. A túnica da banalidade colada em sua pele consegue destruir somente sua "carne", sede de sua fraqueza. A alma indomável do herói desola-se por sua decadência, e é a intensidade sem limites de seu tormento que fará surgir a única esperança de libertação: a desolação torna-o clarividente em relação à sua falta inicial, ergue diante de seus olhos "o espelho da verdade". Nada mais subsiste nele senão o remorso consciente de sua imperfeição, remorso que invade todo seu ser. Só consegue sentir horror em relação à sua contra-natureza perversa e banal. A atração pela devassidão está inteiramente destruída, dissolvida pelo arrependimento sublime. A devassidão, simbolicamente colada à sua carne, a partir desse momento é tão somente tormento, queimadura insuportável. Nada pode extinguir esse tormento, senão a aspiração que se inflama até consumir inteiramente a fraqueza da carne, a impureza da alma. Somente o ferimento ardente da perversidade, quando se torna insuportável, pode desencadear o impulso que o conduz a não mais recuar ante o fogo da purificação e a realizar o sublime sacrifício de si.

Compreendendo que não poderá libertar-se da maldição de Hera, da imperfeição de sua alma, através de vitórias passageiras, mas unicamente pelo total sacrifício de sua contra-natureza perversa, Hércules está pronto a oferecer a si mesmo em holocausto.

Para representar a libertação da alma pelo sacrifício do corpo, o mito serve-se de uma imagem que mostra Hércules construindo uma fogueira na qual se lançará. A chama que sobe ao céu é um símbolo oposto ao fogo da paixão que devora a alma (o fogo devorador foi antes representado pelo sangue venenoso do Centauro, o monstro banal; assim, da mesma forma que "sangue", de acordo com o simbolismo, representa a "alma", sangue venenoso representa "alma perversa"). O próprio Zeus lança seu raio para acender o fogo purificador. Diferentemente do raio punitivo, este é o relâmpago iluminador. O sacrifício sublime é realizado com a ajuda de Zeus, sendo obra do espírito.

Uma vez que a banalização é, no plano simbólico, representada pela "morte da alma", a suprema purificação, por sua vez, expressa-se simbolicamente pela "imortalidade da alma". Segundo essa imagem, o herói perece nas chamas; segundo a significação profunda, ele encontra a salvação.

O holocausto de Hércules encontra-se, na mitologia grega, prefigurado por uma outra simbolização de idêntica significação, a Fênix que renasce de suas cinzas. Símbolo que, de certa forma, é idêntico à imagem do renascimento da alma pela purificação através de água lustral.

O herói continua a viver, mas, no sentido psicológico, em estado de elevação. Herói-vencedor, ele conseguiu superar sua imperfeição, a maldição de Hera, a tentação dionisíaca. O mito expressa esse estado de elevação psíquica pela imagem de ascensão e de entrada na "vida eterna", simbolismo formado por oposição à "morte da alma". (Uma vez que o estado de elevação real pode ser considerado imutável a partir da purificação até o momento da morte real, a ascensão simbólica e a entrada na "vida eterna" podem referir-se tanto à purificação durante a vida quanto ao fim da vida purificada).

Segundo a imagem mítica, Zeus recebe seu filho preferido. Sua alma purificada pelo sacrifício sublime, seu espírito de guerreiro indomado, eleva-se simbolicamente às regiões do Olimpo: Hércules torna-se uma divindade. Doravante será o representante idealizado da força guerreira, o símbolo da vitória (e da dificuldade da vitória) da alma humana sobre suas fraquezas. Dessa maneira, também o símbolo "Hércules" é purificado de toda imperfeição que caracteriza sua história. Em razão da imperecível significação de seu feito, a imagem de Hércules-vencedor permanece preservada de qualquer alteração e de qualquer envelhecimento: uma vez divinizado, o herói casa-se com Hebe, a deusa que serve o néctar e a ambrosia às divindades do Olimpo, símbolo das qualidades espirituais e sublimes. Hebe guarda o alimento que conserva a força e juventude das qualidades da alma e do espírito. Unindo-se para sempre à distribuidora da força incorruptível, Hércules enfim realiza a justa eleição. Hebe é filha de Hera. Portanto, o simbolismo indica, igualmente, a reconciliação com Hera,a quem o herói glorificou pela profundidade de seus tormentos e por sua vitória final.

ASCLÉPIO

Na mitologia grega são encontradas muitas figuras simbólicas cuja significação guarda estreita relação com a medicina. As mais importantes são: Apolo, Quíron, e Asclépio. A significação do símbolo "Asclépio" só poderá ser encontrada se estabelecermos precisamente sua posição nesta tríade, na qual Apolo, suprema divindade da saúde, simboliza o princípio de toda cura. Ora, Apolo preside à harmonia da alma. Aparece, assim, desde o início, com perfeita clareza, a posição do mito em relação à saúde em geral ressaltando em especial a saúde psíquica. Nesta constatação inicial poderia estar a chave da tradução do mito da medicina, do mito de Asclépio.

Quanto à relação entre harmonia psíquica e a saúde, é importante sublinhar que qualquer símbolo mítico,sejam divindades ou monstros,possui uma significação em relação à arte médica. A simbolização em seu conjunto serve para representar a constelação sadia ou doentia da psique. A tradução do mito de Asclépio permitirá o desenvolver essa questão fundamental em toda sua extensão e determinar a visão mítica em relação à cura, não somente da psique como também do corpo.

O alcance da antiga visão, que vê na harmonia apolínea o princípio supremo de toda cura, pode ser ilustrado, à parte da simbolização mítica, por um fato histórico muito interessante: a Grécia antiga fazia uso de uma talismã infalível contra todos os tipos de doenças, o Gorgoneion, uma medalha que mostra a cabeça cortada de Medusa. A inspiração mítica considerou, portanto, como uma suprema proteção contra as doenças, não somente da alma mas também do corpo, a condição de *harmonia interior*: a vitória sobre a vaidade culposa. Obviamente, esse ponto de vista não se encontra explícito na crença popular. Porém, está presente de uma maneira subjacente, o que não é menos estranho.

Mesmo sendo filho de Apolo, Asclépio preside menos ao equilíbrio da alma que à saúde do corpo. Seria este interesse predominante pelo corpo, característico do símbolo "Asclépio", a causa do castigo final que o herói da medicina sofre segundo o relato mítico? Uma comparação com o destino de Hércules permitirá um melhor julgamento.

Hércules sacrifica seu corpo, a carnalidade, e Zeus lança seu relâmpago para iluminar a alma do herói. O espírito ajuda o herói na realização do sacrifício, símbolo de sublimação. O sacrifício do corpo (a renúncia ao apego exaltado aos desejos carnais) é aceito pelo espírito e torna-se a condição essencial da divinização simbólica. Asclépio, ao contrário, por sua qualidade de curador dos males físicos, apega-se às necessidades corporais. Contra ele, Zeus não lança o relâmpago iluminador, mas o raio punitivo. O simbolismo parece querer manifestar que a ciência médica, da qual Asclépio é o representante mítico, mesmo que implique, como toda ciência, um esforço de ordem espiritual (simbolicamente divinizado), muitas vezes pode apegar-se exclusivamente às necessidades do corpo.

Uma tal concepção contém o perigo de abrir um profundo abismo entre a sabedoria mítica e a mais marcada das tendências da medicina moderna. A aparência de uma contradição no símbolo "Asclépio" (divinizado-fulminado) e a tentativa de destituí-lo, desde o princípio, de sua significação, chave da tradução, conduzem a um dilema: ou o mito, em razão de sua predileção pela vida da alma, exagerou a importância de seu princípio de cura, a harmonização dos desejos (e isto poderia parecer bastante verossímil, já que na época da criação dos mitos existia tão somente um conhecimento rudimentar do funcionamento orgânico e que, talvez, o aprofundamento desses conhecimentos pudesse permitir à medicina ultrapassar a visão primitiva dos mitos); ou então a predileção da medicina moderna pelo estudo do funcionamento orgânico a teria levado a negligenciar a importância do funcionamento psíquico.

Este dilema exige uma solução, antes mesmo de entrar nos detalhes da tradução. Não se trata de forma alguma de discutir as bases da arte médica, mas unicamente de evidenciar o fundamento da visão mítica concentrado no símbolo "Asclépio" e de assim preparar a compreensão dessa figura cuja significação ultrapassa o quadro mítico no qual é tratado, visto que a formação e a deformação da alma, portanto, a cura dos distúrbios psíquicos, são tema comum a todos os mitos. O problema consiste precisamente em saber se alma e corpo, funcionamento psíquico e funcionamento somático, na realidade complementares, podem ser radicalmente separados do ponto de vista da terapia. Convém enfrentar antes de tudo esse problema fundamental, ainda que necessite de um preâmbulo teórico um pouco longo e complicado.

A tradução de um número bastante grande de mitos demonstrou que sua significação oculta constitui uma verdadeira psicopatologia, uma pré-ciência psicológica, expressa por imagens, mas capaz de explicitar a motivação subconsciente, produtora de ações ilógicas e sintomáticas, alcançando até os delírios e as alucinações, cujo conjunto constitui as doenças mentais. Esta pré-ciência mítica parece merecer a censura de considerar com demasiada exclusividade o encadeamento psíquico das causas e dos efeitos, dos motivos e das ações. Seria sem dúvida errôneo pretender que a doença do espírito se deva unicamente a causas de ordem psíquica. A verdade é que a cada causa psíquica corresponde um distúrbio orgânico (lesão da substância nervosa ou desregramento da função endócrina). O ideal seria conhecer tanto o encadeamento das causas fisiológicas quanto dos motivos psíquicos. A desordem da psiquiatria moderna poderia muito bem advir da incapacidade de estabelecer um paralelo entre essas duas vias explicativas, bem como das tendências que buscam preencher as lacunas da explicação fisiológica através de explicações psíquicas, e as lacunas da explicação psíquica por explicações de ordem fisiológica. Nesse sentido, a sabedoria mítica teria muita razão em limitar-se à explicação figurativa dos motivos e de seu encadeamento. Esta limitação seria um princípio econômico que não poderia de modo algum suscitar a censura de negar a unidade corpo-psique, ou de se opor a priori a qualquer preocupação no tocante às causas orgânicas e aos cuidados somáticos. Ao contrário, teríamos o direito de dizer que a sabedoria mítica, apesar de explicar-se somente através de imagens simbólicas, mostra-se mais avançada na exploração de seu domínio próprio que a psiquiatria na procura das causas orgânicas, e que, por essa razão, teria até mesmo ajudado na pesquisa das causas orgânicas ao designar e reservar-lhe seu terreno próprio. Evidentemente, essa ajuda só pode tornar-se eficaz com a condição de que seja compreendido o enigma da representação simbólica, e que a psiquiatria se mostre tão ampla em relação às pesquisas sobre os distúrbios psíquicos quanto a psicologia deve ser em relação ao estudo do desregramento somático. Não seria isso uma falta de modéstia em relação à complexidade do fenômeno vital, que impõe o estudo não somente do corpo mas também da psique, que caracterizou, desde suas origens mais obscuras, este ramo da pesquisa médica que se especializa no estudo das afecções orgânicas? (Veremos que é essa falta de modéstia em relação à verdade complexa – no plano mítico, a vaidade culpada em relação ao "espírito que governa a vida" – que constitui a significação oculta da aparente contradição no símbolo "Asclépio".) Até nossos dias, o espírito que anima a ciência psiquiátrica tem-se mostrado muito mais restritivo do que jamais foi o da sabedoria mítica. Não que a psiquiatria negue a unidade "corpo-psique", ao contrário, ela assinala tanto quanto se pode fazê-lo, mas unicamente na esperança de compreender os distúrbios da alma pelo estudo exclusivo do desregramento somático. A psicanálise moderna, abrindo caminho em direção à compreensão do simbolismo mítico, pode ser considerada como uma reação a essa limitação excessiva do problema psicopatológico.

Entretanto, para o mito, a unidade "corpo-psique" é de um alcance ainda muito mais vasto. Segundo a intenção da visão mítica, esta unidade abrange todos os problemas da arte médica; não somente as doenças da alma e do espírito (e sua cura) estariam submetidas ao domínio desse princípio de unidade, mas dele dependeriam igualmente a compreensão e a cura das doenças somáticas. A alma governa o corpo, e a saúde psíquica é, segundo o mito, uma condição indispensável para a saúde do corpo. Assim, o simbolismo "Apolo, divindade suprema da saúde", poderia ser suspeito de querer estender perigosamente a competência da sabedoria mítica ao domínio orgânico onde, ao que parece, já não tem o mesmo rigor. Em caso de um só símbolo mostrar-se errôneo, toda a veracidade do procedimento mítico estaria colocada em questão, e com ela todo o esforço de uma tradução metódica.

Trata-se, portanto, de um problema crucial cujo alcance está além do tema imediato do mito em questão, mesmo em sua ampla formulação: a posição da visão mítica em relação à ciência médica em seu conjunto. O que está colocado em questão é a própria sabedoria mítica, e o que a tradução deve defender, ao abordar o problema médico, são as próprias bases de seu método, a veracidade da simbolização mítica; em outros termos, a possibilidade de existência de uma pré-ciência mítica cuja visão supraconsciente se estende sobre o sentido de toda a vida.

Antes de tudo, poderíamos mencionar que as pesquisas mais recentes, sob a designação de medicina psicossomática, parecem esboçar o retorno a uma concepção que pode aproximar-se da antiga visão mítica que vê na harmonia da alma, "Apolo", o princípio supremo de qualquer cura. Prosseguindo suas pesquisas exclusivas sobre o corpo, a medicina moderna descobre, ou melhor, redescobre a importância primordial de um fenômeno que liga as funções do corpo às da psique, a secreção interna. Nesse sentido, é interessante constatar que a medicina grega, preocupada em distinguir-se de uma prática supersticiosa, devido à degenerescência da visão mítica, falava de "humores", cujas modificações seriam a causa de todas as doenças. Os humores de Hipócrates são uma expressão, vagamente pressentida, para caracterizar as secreções internas. Mas "humor" significa ao mesmo tempo flutuação da vida sentimental. A saúde do corpo depende da harmonia da função hormonal. Esta afirmação, comum a Hipócrates e à medicina moderna, é apenas uma inversão da sabedoria mítica que, expressada em termos não simbólicos, pode ser formulada do seguinte modo:

a harmonia das correlações neuro-hormonais depende da vida psíquica e de sua harmonia, portanto, da força de espiritualização-sublimação (cujo símbolo é Apolo).

A fim de precisar ainda mais a relação desses dados míticos, psicológicos e médicos, será necessário compreender de que maneira o psiquismo tem condições de influenciar — de harmonizar ou de desregular — a função endócrina.

Ora, a psicologia íntima revela que a causa primária de qualquer distúrbio afetivo é a exaltação da imaginação. É ela que atrapalha a harmonia psíquica, a justa medida, o princípio apolíneo de cura e saúde. A psicologia íntima está de acordo com a verdade mítica que designa a imaginação exaltada, o monstro a combater, o espírito maligno, o espírito doentio, o demônio, como estados que "possuem" a alma e o corpo do doente. O problema reside, portanto, em saber de que maneira a imaginação exaltada chega a "possuir" não somente a alma mas ainda o corpo, a desregular, através do funcionamento do sistema nervoso e glandular, a própria função dos órgãos.

O sentido psicológico da simbolização mítica deixa-se resumir por esta constatação de que a imaginação, quando monstruosamente exaltada, compõe-se de desejos contraditórios (não-harmonizáveis) que não querem renunciar a qualquer satisfação, mesmo que persigam fins diametralmente opostos, sublimes e perversos. Os desejos contraditórios convulsionam-se e inibem-se mutuamente. A atividade libertadora e sensata é substituída pela efervescência insensata da afetividade convulsiva dolorosamente vivida. Uma única descarga ativa permanece então possível: a explosão dos desejos insensatos e contraditórios. Esta manifesta-se sob duas formas: uma é a alternância nervosa entre elevações e quedas, freqüentemente acompanhada do transbordamento de desejos, não apenas insensatos mas ilógicos, o sintoma psicopático; a outra forma de explosão dos desejos exaltados é a queda constante, determinando o estado de banalização. Pode ser suficiente indicar que nos estados de queda, de perversidade ativa, o indivíduo é levado a abusar do corpo, a procurar prazeres que ultrapassam a necessidade natural e as forças disponíveis e que preparam assim o desgaste do organismo e a eclosão das doenças. Entretanto, esta possibilidade banal de desgaste doentio do corpo, atribuída à exaltação imaginativa, pode ser deixada de lado frente a outro efeito da imaginação doentia. A análise deste efeito, infinitamente mais perigoso, ainda que oculto, conduz à verdadeira solução do problema. Um bom número de desejos insensatos permanecem para sempre impedidos de qualquer possibilidade de realização, ou são momentaneamente obrigados a conter sua descarga, a despeito de sua tensão excessiva. Este estado faz surgir uma nova forma de exaltação imaginativa, a impaciência. Ora, o que é próprio do desejo exaltado, impedido de se realizar ou tornado impaciente, é perder gradualmente a esperança de realização e transformar-se em sua forma negativa, a angústia. Esta manifesta-se sob formas passivas (culpabilidade, rancor, preocupação etc.) e sob formas ativas (ódio, cólera etc).

A fisiologia médica constata que toda emoção, sobretudo a angústia sob quaisquer de suas formas, influi sobre a secreção interna, ligada de maneira antagônica ao sistema vegetativo, do qual depende o funcionamento dos órgãos corporais que escapam ao controle da vontade. A angústia não se manifesta somente pela perda da presença de espírito, mas também provoca um choque orgânico cuja repercussão atinge as vísceras.

Do conjunto dessas constatações de ordem psicológica e fisiológica resulta um fenômeno da mais alta importância: através da imaginação exaltada, produtora de angústia, e da emotividade constantemente superexcitada, convulsionada, o sistema vegetativo e, em conseqüência, a secreção interna são submetidos a choques de angústia mais ou menos ininterruptos. Cada elemento da imaginação exaltada, cada desejo exaltado e cada angústia exaltada, deixa ali sua marca convulsiva. A convulsão psíquica torna-se, por intermédio da secreção interna, convulsão orgânica. Os órgãos do corpo terminam por ser desregulados em seu funcionamento. Sofrem espasmos sob a influência da constante irritação e passam a funcionar somente através da inibição ou da exaltação: seu funcionamento torna-se parético ou agitado. A resistência do organismo é perigosamente diminuída e a doença orgânica torna-se finalmente manifesta, freqüentemente desencadeada por causas extrínsecas e ocasionais. Até mesmo a causa da infecção, talvez a mais importante das doenças orgânicas, não provém necessariamente ou exclusivamente da contaminação acidental. O fato do organismo ser portador de germes e o enfraquecimento da resistência devido à desordem psíquica são com freqüência uma causa suficiente de invasão patogênica.

Dessa forma, a espiritualização-sublimação (princípio apolíneo), o contrário da exaltação, revela-se apta a absorver e fazer desaparecer a superexcitação imaginativa. A espiritualização-sublimação tranqüiliza a psique e restabelece a harmonia da alma. Por esta razão, o desejo espiritualizado (o pensamento lúcido) e o desejo sublimado (o sentimento acalmado) têm condições de regularizar não somente os movimentos exteriores do corpo, o comportamento; sua influência vital estende-se de maneira insidiosa e insuspeita sobre o conjunto das funções psicossomáticas. A espiritualização-sublimação atenua ou faz desaparecer as convulsões da angústia e, com elas, o desregramento da secreção endócrina, causa das convulsões orgânicas. As funções espiritualizantes e sublimadoras estabelecem e conservam a saúde tanto da alma como do corpo.

Graças a essas constatações, destinadas a estabelecer a significação do simbolismo "Apolo, divindade suprema da medicina", torna-se possível compreender a posição do mito em relação à ciência médica simbolizada por Asclépio e seu destino. No entanto, é ainda necessário compreender o sentido de "Quíron", a terceira figura da tríade. Veremos que o simbolismo da tríade "Apolo, Quíron, Asclépio" serve ao mito para desenvolver a história evolutiva da medicina. A este respeito, é importante sublinhar que na época da criação dos mitos não havia ainda uma ciência médica propriamente dita, baseada na observação e experimentação das funções orgânicas. Entretanto, a profundidade da sabedoria mítica teve o dom de prever a eclosão de um princípio de investigação que deveria completar o princípio apolíneo, mas que, em função da excessiva intelectualização, corria o risco de opor-se a ele de modo radical.

Nas origens do animismo, a doença era considerada uma possessão do corpo por um mau espírito que o feiticeiro teria de expulsar através de ritos indutivos. Na era mítica, a fórmula animista e a conjuração mágica são substituídas, ao menos segundo a intenção profunda da simbolização, pelo esforço individual de purificação, pelo combate heróico contra o espírito doentio, o demônio, o monstro, que todo homem traz em si.

A evolução da arte médica na Grécia caracteriza-se pelo fato de que desse fundamento mágico e mítico emana, pouco a pouco, a medicina profana. Profana no sentido de que, dissociada do símbolo "Apolo-divindade", passa a ocupar-se unicamente dos sintomas orgânicos objetivamente constatáveis, procurando a cura exclusivamente através de remédios exteriores. Essa medicina profana pode ser considerada, segundo suas intenções, o primeiro passo em direção a uma real ciência médica; no entanto, seu início, marcado por uma pobreza de observações e de experiências, estava repleto de erros e preconceitos. Esquecida, por um lado, da interdependência do corpo e da psique e, por outro, insuficientemente preparada para sua nova via, a medicina, profana em sua origem, nada produz de imediato que possa substituir com eficácia o poder de sugestão das antigas práticas. Estas, é certo, não se encontravam sempre em condições de curar a doença e acalmar a dor física, mas conseguiam diminuir muito o sofrimento psíquico, a apreensão angustiada do doente, impedindo-o de minar a resistência natural do corpo. Segundo a visão mítica, os adeptos dessa nova medicina, caracterizada pela omissão do princípio apolíneo, são considerados banais, pois o indício da banalidade é precisamente o esquecimento das necessidades da alma em favor tão somente das necessidades do corpo, simbolizadas por Quíron.

No símbolo "Quíron" tornamos a encontrar esta mesma contradição que caracteriza o símbolo "Asclépio". Quíron é um Centauro e como tal é um símbolo da banalidade. No entanto, Quíron não é, como os outros Centauros, filho de Ixíon e da imagem enganosa de Hera, mas sim do Titã-deus Crono. Por isso, mesmo sendo um Centauro, Quíron é uma figura imortal.

A contradição presente no símbolo "Quíron" é assinalada por índices complementares: o Centauro chamado "o sábio" é iniciado nas artes médicas por Apolo. A visão mítica da medicina (Apolo) e a pesquisa primitiva das causas orgânicas (Quíron) são reunidas com a intenção de libertar-se das práticas supersticiosas da magia. Neste sentido, a medicina representada por Quíron deve ser considerada um progresso. Mas esse progresso é ainda insuficiente. Filho de Crono (o tempo devorador), Quíron é imortal: através dos séculos e sempre renovada, a medicina "quirônica" se oporá, como Crono, ao espírito (Zeus, pai de Apolo). Médico hábil, Quíron se obstinará a curar unicamente o corpo. Símbolo da prática médica através dos séculos, Quíron tem um ferimento incurável no pé, provocado por uma flecha (arma de Apolo, o arqueiro, símbolo solar). O pé ferido simboliza, como já vimos, o ferimento incurável da alma, a falta da justa medida que rege a interdependência da alma e do corpo. Curador do corpo, o próprio Quíron é atingido por um mal incurável. Nenhuma outra imagem poderia exprimir melhor a posição da visão mítica em relação a uma medicina que negligencia o ensinamento de seu verdadeiro inspirador, o iniciador Apolo.

Entretanto, o advento de uma medicina especializada na pesquisa minuciosa capaz de completar o princípio apolíneo permanece uma necessidade evolutiva.

É em função disto que o mito simboliza esta necessidade de uma terceira divindade da medicina: Asclépio.

A pesquisa orgânica se justificará na medida em que, ultrapassando os erros e preconceitos, seja capaz de formular a verdade do funcionamento do corpo, tanto quanto o mito o fez a respeito da vida da alma e do espírito. Corpo, alma, espírito formam somente uma unidade: o ser humano. Sua harmonia intrínseca, o ideal apolíneo, é biologicamente fundada no fato de que todo ser vivo, incluindo o homem, é um organismo *psicossomático*. Somente o homem, ser pensante, pode tender ao erro pseudocientífico de acreditar que ele é unicamente *soma*, unicamente matéria, e que, portanto, não existem senão doenças somáticas. Quer a ciência médica aceite ou não, a indiscutível existência das "doenças do espírito" a obrigará a retornar, cedo ou tarde, à visão apolínea da saúde. Nesta acepção, Asclépio é, como diz o mito, filho de Apolo, símbolo da ciência médica.

Porém, ainda segundo o mito, Asclépio é iniciado na arte médica por Quíron.

Em Asclépio, as duas tendências da arte médica, espiritualização e profanação, as duas figuras míticas, Apolo e Quíron, encontram-se reunidas.

Assim compreendido, o mito da medicina concentra e coroa o tema comum a todos os mitos. O médico, ele próprio um homem que sofre, está exposto como todos os homens às duas tendências que se confrontam na alma humana, a espiritualização e a perversão. Na vida individual do homem-médico, este conflito pode tender à perversão ou à profanação; na vida da ciência, cujo esforço evolutivo se estende às gerações, o conflito não pode ser solucionado senão na medida que conduza em direção ao triunfo da espiritualização, o triunfo da verdade, que exige o estudo tanto da psique quanto do soma.

Assim, é importante distinguir na história de Asclépio o destino do homem-médico que, instruído por Quíron, é fulminado e o destino do herói que, filho de Apolo, símbolo da ciência médica, é divinizado.

Esta distinção, porém, certamente não se encontra em conformidade com as crenças populares dos antigos, e a divinização de Asclépio possui igualmente um aspecto profano cujas raízes psicológicas são por demais importantes para que se permita negligenciá-las.

As doenças do corpo são mais evidentes que os sofrimentos da alma e freqüentemente são mortalmente perigosas. O doente exige do médico que se ocupe antes do corpo e dele espera a cura. Quanto mais os homens, esquecidos do espírito, estão apegados a seus corpos, mais os médicos adquirem uma significação mágica ante seus olhos. Torna-se o detentor do poder sobre o corpo, o mágico nas mãos do qual o doente se sente pequeno e temeroso como uma criança. O médico ganha aos olhos do paciente a significação que para ele tinha o pai, de quem dependia inteiramente quando ainda vivia no mundo mágico da infância. Mas, como o pai corporal possui uma significação subjacente à do pai mítico, o espírito, o médico também se torna para o doente, na medida em que a angústia diante da doença corporal é imaginativamente exaltada, o criador mítico do qual dependem a saúde e o destino. Quanto menos educados são a alma e a espírito (porque o pai corporal não soube preencher suas funções de educador, ou melhor, de curador profilático), mais essa transferência mágica se produzirá: o médico, tornado representante do pai mítico, será venerado, magicamente, subconscientemente, e esse terror mágico toma uma forma ambivalente de adoração e medo. O médico, ele próprio um homem essencialmente em estado de sofrimento, torna-se a personificação do destino, revestindo-se dos atributos da divindade: ele não é simbolicamente, mas magicamente divinizado. Em vão, o doente cuja alma está deformada tenta defender-se dessa divinização obsessiva, refugiando-se numa atitude de reserva ante o médico e a medicina: a adoração subconsciente, a adoração do corpo, projetada sobre aquele que cura o corpo, persiste de forma obsessiva. Não é de modo algum surpreendente que os antigos tenham feito do homem-médico, Asclépio, um ídolo, objeto de adoração.

No entanto, no plano mítico, a divinização de Asclépio está longe de adquirir a significação de idolatria. Enquanto herói mítico, Asclépio representa, antes de tudo, o homem destinado a purificar-se, a curar-se essencialmente e individualmente; simbolicamente, chamado a "divinizar-se". Mas o herói da medicina adquire uma significação mais ampla: Asclépio é aquele que cura o outro. Está claro que a ajuda oferecida a outrem deve conservar o sentido de purificação heróica, de cura essencial. Enquanto personificação do sentido ideal e evolutivo da medicina, Asclépio torna-se uma divindade, representação da esperança de libertação de todos os males, inclusive os corporais, pela via da espiritualização progressiva (pesquisa minuciosa dos meios de cura, aplicáveis enquanto unidade "corpo-psique", corpo vivo).

Os atributos de Asclépio-Divindade testemunham essa visão amplificada da medicina. Os mais importantes atributos são simbolizados pela serpente e a clava. A serpente domada simboliza, como sabemos, a vitória sobre a exaltação vaidosa, a nervosidade. A clava nas mãos do herói simboliza a vitória sobre a banalização. Estes atributos abrigam, portanto, a mesma significação que o símbolo "Asclépio, filho de Apolo", e permitem deduzir que o princípio mítico de toda cura é o combate contra a desarmonia, causa das deformações psíquicas; ressaltam o princípio apolíneo da cura, a força da alma que sobrepuja a fragilidade do corpo.

A insuficiência sempre atual dos meios de cura e a inevitável decadência final do corpo fazem com que a prática médica seja impensável sem que se invoque a força da alma, habitualmente muito pouco trabalhada. Nada coloca maiores impedimentos para a compreensão profunda dos estados patológicos e a pesquisa de suas causas secretas que o preconceito banal que vê no doente não o ser humano total, o ser que sofre porque está vivo, mas um corpo, um mecanismo a ser reparado. Contra qual perigo banal Asclépio-Divindade poderia se defender com a ajuda da clava senão do perigo inerente à arte médica representado pelo iniciador de Asclépio, o Centauro?

Neste sentido, é notável que o emblema mais freqüente de Asclépio-Divindade se apresente como uma combinação dos dois atributos: a serpente enrolada em torno da clava. Isto lembra o símbolo fundamental do mito judaico: a árvore da vida enlaçada pela serpente princípio do mal, simbolismo que representa a origem de todos os males. A árvore do conhecimento, portanto da espiritualização progressiva, enlaçada pela serpente-vaidade, o demônio-sedutor, representa o "pecado original", a fraqueza essencial da natureza humana: a revolta contra o chamado do espírito, a exaltação dos desejos, causa de toda banalização que, segundo o mito, é o próprio princípio da morte (da alma). É esta morte que a divindade da medicina deve combater. Viver para o corpo e morrer para a alma é, para o mito, contrário ao sentido da vida: tal vida não tem mais sentido. A missão de Asclépio-Divindade não é conservar o corpo, mas fortificar sua razão de ser, seu princípio vital.

Mesmo que a medicina moderna se tenha distanciado consideravelmente da visão mítica, os atributos de Asclépio permaneceram seu emblema, sendo representados pelo caduceu: a clava, a arma contra a banalidade, transformou-se em bastão-cetro, símbolo do reinado espiritual sobre a vida terrestre, símbolo do reinado do espírito sobre o corpo, e a serpente (a negação do espírito, a exaltação imaginativa, princípio essencial de qualquer distúrbio doentio) verte seu veneno na taça salutar. (Unicamente em razão desta alusão à vitória sobre a vaidade culpada, alusão inerente aos atributos de Asclépio-Divindade, torna-se compreensível a significação do Gorgoneion carregado como talismã.)

Dessa maneira, foram resgatadas pela análise as duas significações contraditórias do símbolo "Asclépio". A medicina não é somente um esforço evolutivo, um ideal a realizar, é também uma necessidade urgente e, como tal, permanece exposta à falha: Asclépio não é somente uma divindade, é também um homem, ele próprio doente e mortal. E este elemento nos conduz ao mito do castigo.

Como todo esforço evolutivo, a ciência médica compõe-se de dois aspectos: a doutrina e a prática. A doutrina, se verídica e completa, representa o ideal a ser alcançado, enquanto a prática está sempre defasada dada a fragilidade da natureza humana e a necessidade de levar em conta as contingências. Mas essa necessidade transforma-se, com freqüência, em meta ideal e última.

O sentido do mito da medicina resume-se na clara distinção, em definitivo, entre a necessidade imediata e o ideal longínquo, e na preservação contra a confusão corrente. Já na Grécia antiga, a prática dos sacerdotes de Asclépio esteve longe de realizar esse ideal. Essa prática consistia em solicitar ao doente que pernoitasse no templo de Apolo a fim de que, exposto à influência do meio sagrado, pudesse concentrar-se em seu sofrimento. Em seguida, através da explicação dos sonhos, os sacerdotes procuravam encontrar a forma específica da terapêutica. Comparada ao ideal apolíneo, representado por Asclépio-Divindade, essa prática era somente uma necessidade imposta pela insuficiência dos conhecimentos. A tentativa de ampliá-los estava em plena conformidade com o ideal de Asclépio. Em pouco tempo, os verdadeiros discípulos do "deus da medicina" já não eram mais os sacerdotes nem os adeptos de Quíron (os praticantes profanos e destituídos do impulso-guia do espírito), mas os homens ávidos por superar as insuficiências da prática através do aprofundamento dos conhecimentos. No entanto, esse despertar da pesquisa arriscava-se a abandonar não somente as antigas práticas, mas também a esquecer o antigo ideal. No início, a oposição não foi de maneira nenhuma radical, uma vez que o princípio-guia da nova pesquisa, "alma sã em um corpo são", era muito próximo ao ideal apolíneo. A doutrina continuava a admitir a predominância da alma, enquanto a prática começava a ocupar-se preferencialmente do corpo; mas a saúde do corpo não era, segundo o princípio citado, senão um meio destinado a assegurar a saúde da alma. Era, entretanto, inevitável que as necessidades da prática viessem a sobrepujar o ideal longínquo: o meio não tarda a converter-se em fim único.

Como poderia o mito, que tem como um dos temas fundamentais a estigmatização da tendência banal inerente à natureza humana, não prever que essa tendência se manifestaria necessariamente em relação a Asclépio, símbolo da ciência médica?

Uma vez perdida a visão do fim ideal, a ciência médica não é mais representada por Asclépio-Divindade, mas por Asclépio-Herói mítico que, permanecendo guerreiro do espírito, termina por revelar-se fraco. Assim, sofrerá o destino de todo herói decadente, perecer. Porém, aqui e como sempre, a derrota exterior do herói é tão somente a imagem de sua derrota essencial. Aplicado ao herói da medicina, o simbolismo permite entender que a prática médica, quando se distancia do fim ideal que se confunde com a exigência essencial de todos os mitos, será condenada pelo espírito.

Tal como a imortalização do herói divinizado, a morte do herói decadente é um símbolo. Seu significado é "a morte da alma", a banalização. A prática médica se banaliza, a alma da medicina morre, quando, esquecida de seu ideal e de seu princípio supremo (Apolo), apega-se exclusivamente à cura do corpo. Asclépio, enquanto personificação da prática médica, padece da "morte da alma", pois "vive unicamente para o corpo", termina por praticar sua arte com o propósito de "imortalizar o corpo". Asclépio, terapeuta blasfemo, é condenado pelo espírito, "fulminado por Zeus" por ter reanimado o corpo de um defunto. "Despertar um morto" é um símbolo de dupla interpretação. Pode significar prolongar a vida do corpo sem ocupar-se da vida da alma, mas seu sentido pode ser também sublimar os desejos corporais (símbolo de ressurreição). Somente o conjunto da situação pode determinar a significação que deve prevalecer. Ora, o sentido que prevalece é indicado sem equívoco pelo raio lançado por Zeus, símbolo do castigo da banalização. Portanto, o simbolismo da morte do herói da medicina significa que a arte médica (Asclépio) é condenada pelo espírito (é fulminada por Zeus), porque, querendo abolir a morte, seu esforço desgarrado dirige-se exclusivamente ao corpo, à matéria.

O castigo simbólico de Asclépio é a ilustração final do tema central do mito que faz da harmonização da alma, Apolo, o princípio supremo da medicina.

O mito da medicina conduz o tema comum a todos os mitos ao seu apogeu; resume-o e o amplia: a justa medida, a harmonização dos desejos, o equilíbrio da afetividade, a exigência de espiritualização-sublimação, presidem não somente à saúde da alma, mas co-determinam a saúde do corpo.

PROMETEU

Enquanto o mito de Asclépio tem por tema o princípio da cura, o mito de Prometeu está centrado no símbolo da criação.

No mito da medicina, a suprema exigência do espírito é representada por Apolo, filho de Zeus, enquanto Asclépio é o representante do esforço intelectual válido unicamente quando orientado em direção aos desígnios do espírito, isto é, quando não perde de vista o sentido evolutivo da vida.

A mesma oposição entre o intelecto e o espírito, característica do mito da cura, é reencontrada no mito da criação do Homem. Esta situação essencial constitui, em ambos os mitos, a chave da tradução. O criador Prometeu, símbolo do intelecto falível, opõe-se à representação do princípio supremo de toda criação, o espírito-Zeus.

Uma vez admitida a imagem de uma "Criação", esta pode desenvolver-se de duas maneiras distintas, segundo as duas tendências características da natureza humana, a espiritualização e a perversão. A espiritualização progressiva é o impulso evolutivo (o desejo essencial) que anima toda vida (que a "acende") e, neste sentido, o homem pode ser considerado incorporado ao conjunto de todas as formas de vida, cujo desdobramento sempre em direção a uma maior lucidez (iluminação) é "obra" do espírito. O espírito é, simbolicamente, o "Criador", porque, sob sua forma pré-consciente, constitui o princípio de organização do corpo animal, adaptado ao funcionamento elementar (nutrição e procriação). É o princípio anímico que "impulsiona" a vida através da via da adaptação progressiva em direção a formas cada vez mais conscientes.

Assim, o Homem é, no sentido mítico, criado pelo espírito, distinguindo-se, porém, de todas as outras formas de vida, pelo fato de ter-se tornado consciente, intelectualizado e individualizado. O mito assinala esse traço distintivo completando o princípio geral da criação (o espírito e seu reinado final exercido por Zeus) com o princípio específico do advento do ser consciente, o intelecto, simbolizado por Prometeu. Através da individualização, conseqüência da intelectualização, o Homem é tentado a multiplicar seus desejos e opor-se ao desejo essencial, ao sentido evolutivo da vida, ao espírito. O Homem é o único ser exposto à perversão, e a possibilidade da perversão é a conseqüência da intelectualização, a qual, pela variedade dos meios de satisfação, incita a exaltar a multiplicação individual dos desejos até torná-los completamente insensatos. Na medida em que o Homem é passível de perversão, ele não é mais, segundo a imagem do mito, a criação do espírito, mas a criatura do intelecto.

As imagens míticas concernentes à gênese do Homem estão enraizadas no fenômeno biológico do desenvolvimento adaptativo das instâncias psíquicas que ultrapassam o inconsciente animal (consciente, supraconsciente, subconsciente), e, como vimos anteriormente, a história que precede esta etapa da evolução é simbolizada, na Teogonia, pelos sucessivos reinados de Urano, Crono e Zeus. O mito de Prometeu é uma continuação e uma amplificação da Teogonia. Retoma o relato da luta entre as figuras simbólicas Divindades e Titãs a partir do estabelecimento do reinado de Zeus, que é precisamente o "momento" do advento do ser consciente). O mito de Prometeu conta a história específica do despertar da consciência.

O Criador-Prometeu não é uma divindade, é um Titã e, como tal, simboliza a revolta contra o espírito. Mas Prometeu não é um dos Titãs, filhos de Urano, que, como vimos, representam na Teogonia as forças selvagens da natureza, personificação dos elementos desencadeados (fogo, água, vento) que devastam a terra ainda inabitada e que a preparam para torná-la um lugar habitável onde nascerá a vida e onde se dará sua evolução. Prometeu é um descendente tardio dos Titãs; representa uma forma mais evoluída da oposição ao espírito, não mais a revolta da Terra-mãe, da matéria (discórdia inicial), mas a revolta do desejo terrestre da matéria animada, da terra habitada por seres viventes e animados por desejos. Ora, o desencadeamento dos desejos e a revolta contra o espírito (contra o sentido evolutivo da vida) somente podem produzir-se a partir do advento do ser consciente. O Criador-Prometeu representa o princípio da intelectualização, o que é expresso por seu nome. Prometeu significa o pensamento previdente.

Uma vez que a significação geral do símbolo Prometeu-Criador foi estabelecida e suficientemente diferenciada do Criador-Espírito, devemos agora traduzir em detalhe as imagens pelas quais o mito desenvolve a história essencial da espécie humana.

O mito do Titã-Criador compõe-se de três partes:

1) a história da criação do ser consciente sujeito à banalização: a história do rapto do fogo;

2) a história da sedução do homem e de sua queda na banalização: o mito de Pandora;

3) a história do castigo de Prometeu e sua reconciliação com o espírito (Zeus).

Na ocasião da tradução da Teogonia, foi frisado o paralelismo entre a simbolização grega e o mito judaico da Gênese. No mito judaico são encontrados, de maneira menos explícita, subjacente, os dois princípios criadores. Na Gênese, o Espírito-Criador é simbolizado pela voz que proíbe a Adão, símbolo da humanidade nascente, comer do fruto da árvore do conhecimento (símbolo da intelectualização). O intelecto revoltado é representado pelo espírito decaído, o demônio, que incita o ser tornado consciente, vivendo ainda no paraíso animal, a revoltar-se contra o chamado do espírito e a exaltar seus desejos (a comer a maçã). O demônio cria, assim, o homem enquanto ser falível. Os dois mitos relatam o castigo da queda e a reconciliação final. Com respeito ao mito judaico, a história da reconciliação encontra lugar somente no mito cristão. Através do simbolismo da reconciliação final de Prometeu, o paralelismo da significação oculta estende-se ao conjunto mítico do ciclo judaico-cristão.

Com o advento do reinado de Zeus surge, como vimos, o ser humano. Ao atingir o nível consciente, o homem é chamado a assumir uma posição em relação à discórdia inicial entre espírito e matéria. A escolha do ser tornado consciente pode ser justa ou falsa; ele está como que cindido entre essas duas possibilidades. Zeus cria o homem enquanto ser espiritual, capaz de realizar a justa escolha, animado pelo impulso evolutivo, pelo desejo essencial: o Titã cria o homem enquanto ser material, apegado à terra-mãe, à matéria, capaz de realizar uma falsa escolha.

Para modelar sua criatura, Prometeu serve-se da terra lodosa. A terra é símbolo dos desejos terrestres, e a lama simboliza a banalidade. Mas, quando se trata de dar vida à sua criatura, caracterizada como aquela que sempre estará exposta à banalização, o Titã não vê outra alternativa senão recorrer ao princípio espiritual que não se encontra à sua disposição. Para apoderar-se dele, deve buscá-lo na região do Olimpo, onde está guardado todo princípio de vida, até mesmo o fogo-intelecto, forma inferior do espírito-luz. O intelecto sob sua forma positiva, ainda que subordinado à força iluminadora do espírito, constitui, no entanto, a via evolutiva que conduz ao espírito. O Titã não conseguirá trazer a luz do Olimpo, nem mesmo se propõe a isso; somente o fogo, o espírito sob sua forma utilitária, está ao alcance do Titã-Intelecto; porém, mesmo este deve ainda ser roubado. Zeus não confiará a chama olímpica, o intelecto sob sua forma positiva, ao Titã revoltado.

A região olímpica representa o ideal evolutivo, o fim supremo, em direção ao qual tende o desejo essencial (princípio de vida) e seu impulso de espiritualização-sublimação. O intelecto utilitário, enquanto orientado em direção ao espírito, participa do impulso espiritualizante. Mas esse sentido positivo se conforma unicamente ao símbolo "Fogo do Olimpo" (ou chama, símbolo do entusiasmo que sobe em direção ao espírito). Roubado de Zeus, o fogo perde sua significação de força espiritualizante. Prometeu, o Titã revoltado, só consegue dar vida à sua criatura com a ajuda do fogo roubado. Trazido pelo Titã revoltado e usado para animar o ser formado de terra e lama, apegado quase exclusivamente aos desejos terrestres, o fogo roubado simboliza o intelecto reduzido a um meio de satisfação dos desejos múltiplos, cuja exaltação é contrária ao sentido evolutivo da vida, à "vontade de Zeus".

A vontade de Zeus não se opõe à vivificação do homem com a ajuda do fogo-intelecto, à criação evolutiva do ser consciente. A vitória de Zeus sobre o Deus-Titã, Crono, significa que o ser consciente já foi criado e animado pela chama, inflamado pelo impulso de continuar a evolução em direção a uma lucidez cada vez maior, orientada da vida consciente à vida supraconsciente. O roubo do fogo, símbolo da superintelectualização banal e exaltada, não é, portanto, castigado porque Zeus estaria com ciúmes, mas porque o espírito, prevenido em relação às conseqüências nefastas, opõe-se à banalização. (Tal como no mito judaico, "Deus-Espírito" proíbe colher os frutos da "árvore do conhecimento".) Os homens, enquanto criaturas prometéicas, formados de lama e animados pelo fogo roubado, realizam a revolta do Titã e não escapam à perversão.

Compreender o sentido profundo da revolta do "Titã-Intelecto" contra o espírito, simbolizado pelo "ladrão do fogo que é trazido aos homens", significa entrever o mais claramente possível as conseqüências da intelectualização e de sua tendência ao esquecimento do sentido da vida.

O fogo é bastante adequado para representar o intelecto, não somente porque permite à simbolização representar, por um lado, a espiritualização (luz) e a sublimação (calor) e, por outro, a perversão (qualidade destrutiva do fogo), mas também porque, no plano real da história evolutiva do ser intelectualizado, na história da humanidade, a descoberta do fogo (simbolicamente, o fogo trazido pelo Titã-Intelecto, Prometeu) desempenha um papel predominante, estreitamente ligado à eclosão do intelecto tanto sob sua forma positiva quanto negativa.

Todo esforço para a mudança do mundo em função das necessidades corporais do homem (tarefa do intelecto utilitário que evoluirá até a técnica e a organização) tem sua origem no domínio do fogo. Em torno do fogo se reuniam os homens primitivos, graças ao fogo tornaram-se sociáveis. A linguagem se desenvolve, condição primordial de toda civilização humana. A utilização do fogo marca um passo decisivo, senão a etapa mais importante, da intelectualização progressiva que, cada vez mais, distanciará da condição animal este ser tornado consciente, capaz de libertar-se da dominação imediata da natureza ambiente. Novas aptidões desenvolvem-se a partir dessa mutação, a mais decisiva, caracterizada pela liberação da mão em função da posição ereta. Essas novas aptidões diferenciarão definitivamente a criatura do "Titã-Intelecto" da condição animal.

Entretanto, mesmo o ser tornado consciente permanece tributário da natureza elementar, estando exposto aos principais eventos que formam o quadro de referência de toda vida: nascimento, envelhecimento, doença, morte. É sobretudo o terror diante do mistério inelutável da morte que impedirá a criatura do Titã de esquecer completamente o chamado do espírito, a orientação em relação ao sentido da vida. A imaginação religiosa se desdobrará, começando pelo culto animista do ancestral divinizado, até a criação mítica da imagem purificadora da divindade-pai, guia de todos os homens. Na chama purificadora, o homem oferecerá à divindade o sacrifício das premissas dos bens materiais, expressando assim, simbolicamente, o abandono de toda exaltação em relação aos desejos ligados à terra. Mas esta promessa simbólica está longe de se realizar, e o fogo roubado, o fogo destrutivo (as paixões), prevalecerá sobre o impulso da chama purificadora. Guiados pela vaidade do intelecto revoltado, orgulhosos de sua capacidade inventiva e de suas criações engenhosas, os homens se imaginarão semelhantes aos deuses e, esquecidos do espírito, se banalizarão. Na medida em que a luz do espírito e o calor da alma se enfraquecem, nada mais subsistirá senão o impulso banal de beneficiar-se dos bens materiais. Entretanto, a atividade engenhosa do intelecto não se mostra suficientemente previdente, uma vez que não é mais guiada pelo espírito. O intelecto retrocede ante a multiplicação insensata dos desejos em direção à exaltação imaginativa e seu conseqüente ofuscamento afetivo. A perversão dos sentimentos que resulta disso impulsionará os homens à odiosa disputa pelos bens materiais, semeando assim a destruição em lugar da desejada comodidade.

Através de um traço extremamente explicativo, o mito assinala as duas significações opostas do simbolismo *"fogo-intelecto": chama purificadora e fogo roubado.* Prometeu ensina os homens a enganar os deuses até mesmo nos sacrifícios sangrentos, aconselhando-os a guardar a melhor parte, oferecendo aos deuses somente as partes inferiores e os ossos. Uma vez que o sacrifício dos bens terrestres tem o valor da promessa de uma vida em conformidade com a lei do espírito, no sentido da vida que se opõe à exaltação insensata, o conselho de Prometeu mostra claramente que a revolta do intelecto incita os homens a desafiar o espírito e a deixar-se levar pela exaltação dos desejos.

Enganados pelo presente do Titã, o fogo roubado, os homens caem na tentação de enganar os deuses. Porém, conforme a lei do espírito, a tentação se voltará contra eles.

A regressão do intelecto previdente ao estado de ofuscamento afetivo e o desencadeamento perverso resultante, conseqüências nefastas da revolta de Prometeu e do rapto do fogo, são simbolizados pela história de Pandora e de Epimeteu.

Ultrajados pela ofensa do Titã-Intelecto, os deuses do Olimpo enviam um flagelo aos mortais, Pandora, uma mulher criada artificialmente, portanto sem alma, mas dotada dos mais sedutores encantos.

Pandora simboliza a tentação perversa à qual os homens, criaturas de Prometeu, estão expostos. Enquanto mulher, ela simboliza a terra, os desejos terrestres; sem alma, sua significação é equivalente ao simbolismo "morte da alma". Pandora representa a sedução banal que faz sucumbir o ser tornado consciente, quando, esquecido do espírito, exalta o intelecto. Na verdade, esta tentação, simbolicamente enviada pela divindade, é inerente à psique humana enquanto criação do intelecto revoltado. Pandora é o artifício sedutor que o homem constrói com a ajuda dos desejos exaltados, é o símbolo da imaginação exaltada, o monstro de cujo aspecto aterrorizante e sedutor falam todos os mitos. Esse flagelo, tão monstruoso quanto sedutor, é enviado por Zeus logo após o rapto do fogo. Isto é, a exaltação imaginativa (Pandora) é a conseqüência legal (a vontade de Zeus) da intelectualização revoltada (rapto do fogo).

O fogo não pode ser roubado de Zeus — o intelecto não pode rebelar-se contra o espírito — sem que a imaginação perversa se manifeste segundo as leis inerentes à natureza humana. Se o fogo é separado da luz, se o intelecto não é guiado pelo espírito clarividente, perde sua lucidez previdente, fica cego e torna-se imaginativo. O intelecto, quando ocupado unicamente dos bens materiais, tem ótimas condições de descobrir os meios de satisfação que melhor se adaptam aos fins acidentais; mas quando o fim essencial, a adaptação ao sentido diretor e evolutivo da vida, está ausente, o esforço, por mais engenhoso que seja, é pura insensatez: na ausência da direção espiritual, a previdência empregada aos meios de realização astuciosa é apenas cegueira, vã imaginação. O homem já não sabe, somente imagina, o que poderia verdadeiramente ser útil, e tudo aquilo que cria através de sua previdência cega se voltará finalmente contra ele mesmo, revelando-se, num futuro mais ou menos próximo, não somente inútil, mas nefasto e perigoso. A culpabilidade, agora banalizada, tornando-se tédio, signo da perda da verdadeira satisfação e de sua alegria, preencherá o vazio interior seja pela agitação sem freios, seja pela luxúria e pelo lucro; o intelecto ofuscado, transformado em imaginação, exalta-se, e Pandora o seduz.

O mito desenvolve este tema central da história de Prometeu através de imagens muito expressivas. Prometeu, o previdente, tem um irmão, Epimeteu. Conforme a significação de seu nome, este irmão tem por característica agir antes de refletir. Epimeteu é o símbolo do intelecto banalizado, bestializado, do pensamento desprovido de previdência; deixa-se guiar unicamente pelos desejos do momento, pela aparência de utilidade, pela imaginação. Segundo a lei da ambivalência que governa toda exaltação, ele está inseparavelmente ligado, como um irmão a outro, a Prometeu, o intelecto revoltado, sendo sua contrapartida legal: a estupidez cega, a exaltação imaginativa. Epimeteu não resistirá a Pandora, a despeito das advertências de seu irmão, que o previne contra tal imprudência.

De acordo com o mito, Prometeu possui previdência suficiente para desconfiar do presente de Zeus-espírito, o qual não vê como representante da justiça inerente, mas o inimigo a temer. O intelecto, previdente e orgulhoso em sua revolta, recusa-se a acolher Pandora, a sucumbir diante da sedução aparente da imaginação exaltada. Os homens providos de inteligência utilitária estão cheios de desprezo por esse amor exaltado do "presente do espírito", da imaginação perversa que faz do nervoso um "iluminado". No entanto, o desprezo em relação ao espírito é apenas uma contrapartida do amor exaltado e tem como traço comum a forma mais monstruosa da tentação imaginativa, a vaidade. Revoltado, o intelecto é imediatamente seduzido pelo monstro e, sem se dar conta, torna-se sua vítima. Seu destino não será a iluminação nervosa mas a cegueira banal, não pelo amor exaltado do espírito, mas pelo amor exaltado dos desejos múltiplos. A lei do espírito, a "vontade de Zeus", se cumprirá: o irmão simbólico de Prometeu deverá sucumbir à tentação. Sentindo-se vaidosamente realizado, Epimeteu se mostrará ingênuo o bastante para receber o flagelo monstruoso como o mais desejável dos presentes. Ele se casa com Pandora: o intelecto ofuscado pela intensidade da exaltação "desposa", elege, a exaltação imaginativa.

A conseqüência dessas núpcias só pode ser o desencadeamento da perversidade. Considerando que as figuras míticas são a personificação das qualidades positivas ou negativas da psique humana, é a perversão dos homens, criaturas de Prometeu, que dará continuidade a essas núpcias simbólicas, como conseqüência legal do rapto do fogo. É isso o que está indicado no mito: Pandora traz consigo uma caixa que contém um presente destinado a quem se deixar seduzir. A caixa é símbolo do subconsciente. Com efeito, é o subconsciente que encerra todas formas de perversão, auxiliado pela consciência cega representada por Epimeteu. Todos os detalhes do mito de Epimeteu completam o mito do processo de perversão do ser consciente, criatura de Prometeu, pela história da criação da instância subconsciente: a caixa (subconsciente) é levada por Pandora (exaltação imaginativa) e recebida por Epimeteu (consciente ofuscado e cego). Deformação doentia do inconsciente, o subconsciente cria-se a partir do advento do ser consciente, capaz de uma escolha errônea em relação ao sentido evolutivo, capaz de multiplicar seus desejos de uma maneira insensata (criatura de Prometeu) em razão da sedução dos desejos exaltados (Pandora), sedução exercida sobre o consciente enfraquecido em sua resistência (Epimeteu). Para festejar as núpcias, Pandora abre sua caixa. Todos os vícios escapam e se propagam sobre a terra. (A relação do par "Pandora-Epimeteu" é análoga ao simbolismo do mito judaico que faz de Eva, a sedutora do homem-ingênuo, Adão, símbolo da humanidade nascente.)

Estes vícios constituem as diversas formas de perversão pela deformação das três pulsões e dos desejos que deles derivam. Elas não são expressamente denunciadas, mas encontram-se indicadas pelo conjunto da simbolização. Os vícios são a conseqüência da *deformação do espírito*, a vaidade do intelecto revoltado. A *deformação sexual* é representada pela mulher sem vida anímica. Mesmo sendo símbolo da exaltação imaginativa em geral, Pandora permanece o símbolo específico da eleição falsa e da devassidão. E enfim a *desagregação social*, a tendência dominadora que tiranicamente coloca um homem contra outro através da exaltação das necessidades terrestres. Essa hostilidade mútua, o empenho em dominar o outro, é a inevitável conseqüência do desvio imaginativo do esforço intelectual que, segundo sua verdadeira destinação, deveria aplicar-se ao domínio das forças da natureza, única forma de dominação que implica o interesse comum de todos os homens. Ele deveria, sob a égide do espírito, reunir os homens num esforço coletivo para uma vida realmente comunitária. (No mito judaico encontramos estas mesmas conseqüências da queda do ser intelectualizado: a deformação do espírito, simbolizada pela promessa da serpente-vaidade; a deformação da sexualidade que se deprava e se cobre de vergonha (a folha da figueira) e a deformação da futura sociedade, simbolizada pela maldição "ganhar o pão com o suor do rosto". É a dificuldade inerente ao trabalho e o desejo de transferí-lo a outro que decidirá o drama da luta social e decidirá também a aparição da tendência dominadora, a separação dos homens em opressores e oprimidos.)

Mesmo tendo conseguido resistir a Pandora, Prometeu não pode escapar ao castigo. A natureza do castigo já está indicada pela caixa da qual escapam os vícios. Epimeteu é o próprio Prometeu, o intelecto enfraquecido sob sua forma ofuscada, inseparável de seu aspecto revoltado. O mito faz uma distinção entre os dois irmãos-Titãs ao mesmo tempo em que os identifica, e expõe seu castigo por duas imagens distintas, porém de significação idêntica. Prometeu é punido pelo espírito, sofre o castigo da banalidade, é acorrentado ao rochedo, à terra.

O intelecto revoltado deu preferência à terra em lugar do espírito, desencadeou os desejos terrestres, e este desencadeamento é um encadeamento à terra. A falta carrega consigo seu próprio castigo, formando uma unidade. Esta justiça inerente é ressaltada por um outro símbolo: será Hefesto que, seguindo o veredicto de Zeus, acorrentará Prometeu. Enquanto executor da vontade de Zeus, da lei do espírito, Hefesto, divindade do fogo, é o símbolo do intelecto. O intelecto revoltado, por solicitação do espírito, é punido pelo intelecto: carrega a punição em si mesmo, inflige a si mesmo o castigo.

Acorrentado à terra árida, ao rochedo, o Titã, criador do homem pervertido, é vítima do tormento. Prometeu é diariamente atormentado por uma águia que lhe devora o fígado. O fígado dilacerado é símbolo da culpabilidade recalcada; a águia atormentadora representa o espírito negativo, a vaidade culpada, o meio de recalcamento. A águia, enquanto símbolo da culpabilidade recalcada, é um descendente de Équidna e de Tifeu. Com efeito, é a união da vaidade exaltada (Équidna) e da banalização (Tifeu) que caracteriza a situação do ser intelectualizado e enfraquecido, e esta união dá nascimento ao tormento de Prometeu. Se ele se encontrasse inteiramente banalizado, desprovido de qualquer aspiração em relação ao espírito (ainda que fosse uma aspiração impotente e, conseqüentemente, vaidosa, causa de seu "acorrentamento à terra"), não conheceria o tormento da culpabilidade, não seria dilacerado pela águia. Consumada a banalização, inteiramente seduzido e cego pela imaginação (como Epimeteu), ele se acomodaria em seu "encadeamento à terra", não conheceria o remorso. O intelecto revoltado, ao contrário, mesmo acorrentado, não se encontra completamente em estado de "morte da alma". O espírito vem visitá-lo.

A águia, em sua significação positiva, símbolo de lucidez penetrante, é um dos atributos de Zeus. Tanto quanto persistir a revolta , o chamado da culpabilidade não será reconhecido. O recalcamento transforma a verdade (a águia de Zeus) em remorso estéril, em remordimento de culpabilidade não expiada (a águia que devora, descendente de Tifeu e de Équidna). O intelecto revoltado, que sofre por estar oposto ao sentido da vida, culpado em relação ao espírito, acusa a vida e seu sentido, atribui ao espírito sua própria culpa. A mentira em relação a si mesmo torna-se mentira em relação à vida, torna-se cólera contra o sentido da vida, o espírito. Prometeu acorrentado vocifera suas acusações em direção ao céu, contra Zeus.

O Titã-blasfemador, criador do homem enfraquecido, permanece acorrentado apesar de suas imprecações, quer dizer que o homem continuará enfraquecido enquanto não conseguir libertar-se por sua própria força evolutiva. É Hércules, criatura de Prometeu, mas homem-herói, vencedor simbolicamente divinizado, aquele que venceu a banalização, que liberta o intelecto banalizado. Mata a águia com a ajuda de suas flechas (símbolo solar, símbolo do espírito que ilumina). A águia-devoradora pode ser morta pela arma do espírito, o remorso pode "morrer" com a única condição de que seja expiada a falta, que cesse a acusação odiosa e que nasça o arrependimento salutar. Libertado de seu tormento, o intelecto consegue, enfim, livrar-se de sua revolta inicial. O intelecto ressuscita da banalização para a vida do espírito. Hércules reconcilia Prometeu (o intelecto) com Zeus (o espírito). Filho simbólico do espírito desde seu nascimento, homem simbolicamente divinizado graças à sua perfeita purificação, Hércules é o herói-salvador que põe fim à falta inicial da vida consciente (pecado original).

Através dessa reconciliação entre Prometeu e Zeus (o intelecto e o espírito), as conseqüências da culpa inicial (rapto do fogo) são apagadas. O fogo levado aos mortais recobra sua significação positiva, converte-se na chama purificadora na qual se realiza o sacrifício sublime. O intelecto reconciliado retoma sua forma evolutiva, alcança a intensidade da espiritualização. Simbolicamente, Prometeu ocupa seu lugar entre as divindades. Para que o intelecto arrependido de sua revolta possa assumir seu lugar entre os imortais, é preciso que morra seu princípio negativo, a banalização.

Ora, vimos que esse princípio negativo, separável e distinto da significação de Prometeu, é o ofuscamento afetivo simbolizado por seu irmão Epimeteu. Na imagem usada para expressar a imortalização de Prometeu, seu irmão é substituído pelo Centauro Quíron. O homem ligado à besta, o Centauro, representa, com efeito, a bestialização banal; seu epíteto "o sábio" é tão somente uma ironia. Caracterizado por um ferimento incurável no pé, Quíron torna-se, tal como Epimeteu, símbolo do intelecto banalizado. No mito da imortalização de Prometeu, a morte de Quíron substitui a morte de Epimeteu. O Centauro, princípio da cura banal, deve morrer para que seja realizada a cura essencial, a evolução do intelecto em direção ao espírito.

O mito condensa essas relações de ordem psicológica num simbolismo dos mais expressivos: Quíron, o Centauro imortal, símbolo da banalização, implora a Zeus por sua morte para que possa escapar aos sofrimentos causados por seu ferimento incurável. Quíron oferece a Zeus sua imortalidade para que Prometeu a receba. Zeus aceita o pedido. O Titã que volta atrás em sua revolta prepara-se para juntar-se aos imortais, enquanto o Centauro morre.

Não é desnecessário assinalar com insistência particular que nenhum outro relato da mitologia grega apresenta, resumido e concentrado de maneira tão clara, o fundamento biopsíquico, a chave de toda a tradução, exposta na introdução desta obra. Isto resulta do fato de que o mito de Prometeu simboliza precisamente a história evolutiva do gênero humano. Contém, por esta razão, em sentido velado, o relato do desdobramento das instâncias psíquicas que caracterizam o homem: consciente, subconsciente e supraconsciente, ou intelecto, perversão e espírito.

Enquanto os outros mitos simbolizam este ou aquele aspecto do funcionamento perverso ou sublime, o mito da criação do homem trata exclusivamente da transformação energética das instâncias: consciente (intelecto), subconsciente (imaginação exaltada), supraconsciente (espírito). Este tema culmina na imagem final da espiritualização do intelecto, da divinização de Prometeu.

Expresso em termos psicológicos, a troca da imortalidade entre Prometeu e Quíron pode ser explicada da seguinte maneira: o intelecto nada é em si mesmo, não tem existência durável. Reunido ao espírito, é uma instância de natureza espiritual, uma forma evolutiva; banalizado, é apenas imaginação. Separado do espírito, o intelecto transforma-se necessariamente e sempre em banalidade (ou em nervosidade, quando seus projetos são irrealizáveis), portanto, em perversidade e perversão. Assim, através da intelectualização exaltada, a energia é subtraída ao espírito e a vida se banaliza: a banalização cresce às custas da morte do espírito, "Quíron possui a imortalidade". Mas sua vida sem fim é apenas uma calamidade, sua energia foi estagnada ou empregada de uma maneira insensata. Por outro lado, quando libertado do ofuscamento afetivo, da exaltação imaginativa, a energia supera a estagnação banal e se dedica ao trabalho de espiritualização-sublimação (Quíron morre); o intelecto, então, libertado de suas correntes, recupera a energia evolutiva e, unindo-se ao espírito, recobra a "imortalidade espiritual": Prometeu é divinizado.

Entendido em toda sua amplitude significativa, Prometeu é o símbolo da humanidade. Seu destino simboliza a história essencial do gênero humano: o caminho que conduz da inocência animal (inconsciente), através da intelectualização (consciente) e do perigo de seu desvio (subconsciente), até a eclosão da vida supraconsciente (Olimpo). Este caminho é simbolicamente traçado pelo ciclo dos mitos judaico-cristãos, onde o inconsciente é representado pelo Paraíso, o consciente pela vida terrestre, o subconsciente pelo inferno e o supraconsciente pelo Céu.

Como já foi anteriormente indicado, o paralelismo entre os dois mitos da criação estende-se sobre todos os detalhes, da queda à elevação; mas não seria demasiado, para terminar, ressaltar os traços mais marcantes desse paralelismo. Os dois mitos têm como tema a história evolutiva da humanidade. Prometeu representa-a não somente através da tendência à perversão, representada pelo rapto do fogo, que corresponde à queda de Adão, mas também pela esperança de espiritualização cujo símbolo é a elevação ao plano da divindade. Simbolicamente, a elevação do herói indica a abolição das conseqüências da queda original. No mito judaico-cristão, o herói que alcança a elevação não é o mesmo que sofre a queda. Isto se deve a uma diferença fundamental: no mito grego, o Titã vencido deve sua libertação ao homem vencedor, Hércules. O herói-vencedor no mito cristão é o homem que liberta a si mesmo. Já não é somente um personagem simbólico, mas o homem-Jesus realmente vivo que, em virtude de sua realização, adquire uma importância mítica e é, no plano simbólico, nomeado "Cristo".

No mito judaico-cristão, a elevação depois da queda só se torna possível com a condição de que morra o homem-ingênuo, o velho Adão. No mito grego, o símbolo do homem-ingênuo, Epimeteu, é substituído pelo símbolo de idêntica significação, o homem-animal, Quíron. No simbolismo "Epimeteu-Quíron", oculta-se a significação da promessa vã, significação que, por intermédio da tentadora "Pandora-Eva", conduz à imagem da tentação original do mito judaico. A vã promessa do demônio-serpente também é encontrada no símbolo Quíron, pois o Centauro não é somente símbolo da banalização em geral, simboliza também, tal como o anjo decaído, Satã, a banalização, a morte da alma, que falsamente se coloca como princípio salutar. O curador incurável, símbolo da alma sofredora oposta à harmonização dos desejos, deve "morrer" (a sedução da promessa mentirosa deve desaparecer para que se abra a verdadeira via salutar, a harmonia entre intelecto e espírito). O simbolismo da imortalização do Titã-Intelecto pela morte do homem-animal é o equivalente da imagem de divinização do mito cristão, onde o herói-vencedor corresponde simbolicamente à encarnação do espírito. A espiritualização é o único meio de "fazer morrer" o apego exaltado aos desejos carnais. O mito grego ressalta a morte do homem-animal, isto é, a dissolução do apego exaltado aos desejos carnais; já o mito cristão assinala outro aspecto, a espiritualização da carne (a carne tornou-se espírito: "o espírito se fez carne").

A analogia entre o sentido do mito de Prometeu e o sentido da Gênese é tão completa que, em ambos os casos, a queda simbolizada pelo rapto do fogo e pela maçã colhida, respectivamente, é seguida do mesmo castigo purificador que atinge todas as criaturas de Prometeu e todos os descendentes de Adão: o espírito envia o castigo aos mortais pervertidos sob a forma de chuva que extermina toda vida e que, por sua virtude purificadora, limpa a terra, fecundando-a novamente. (A água, símbolo de purificação, apaga o fogo roubado, a exaltação imaginativa que, por não estar controlada nem domada, ameaça destruir toda a terra.)

O dilúvio simboliza o castigo da banalização sob uma forma não individual, mas coletiva, característica das épocas de declínio cultural, onde todos os valores se decompõem. O fogo devastador, tal como o dilúvio, é um símbolo equivalente de punição (destruição de Sodoma e Gomorra). Por outro lado, nuvem e chuva são igualmente símbolos de espiritualização. Representam, portanto, ao mesmo tempo, o esforço de reconstituir os valores, também característico desses períodos de desordem. Nessas épocas submersas no sofrimento, ninguém pode salvar-se, exceto aquele que encontra abrigo na "Arca do espírito", como o faz Noé no mito judaico e Deucálion, filho de Prometeu, no mito grego. Um e outro criam uma nova descendência, purificada do vício, como o indica, no mito judaico, o símbolo da Aliança, concedida pelo Espírito-Deus e concretizada pelo signo do arco-íris. No mito grego, a renovação é representada por um simbolismo não menos expressivo: *as pedras que Deucálion joga atrás de si*. A terra sob forma de pedra é símbolo dos desejos terrestres banalizados. Deucálion, ao realizar o gesto simbólico, renuncia à exaltação banal dos desejos. De cada pedra atirada por ele nasce um homem, e pelo mesmo gesto de sua esposa Pirra nasce uma mulher. Aqui, como sempre, o nascimento simbólico prefigura a futura posição, sublime ou perversa, em relação ao espírito, pai mítico da "Criação". O simbolismo final de um renascimento graças à atitude sublime de Deucálion é diametralmente oposto à imagem da criação do ser consciente por Prometeu. O ser formado do barro e animado pelo fogo roubado sofreu a petrificação banal. A alma, petrificada, reanima-se graças à renúncia sublime, representada pelo ato de jogar a pedra. Os filhos de Deucálion, espiritualmente criados, viverão sob o signo dessa realização, tal como a descendência de Noé está destinada a perpetuar a "Aliança".

Mas a atenuação do sofrimento fará com que as gerações se esqueçam novamente do espírito. O intelecto revoltado está vencido apenas provisoriamente, os ciclos de elevação e queda se repetem, e, de dilúvio em dilúvio, o ser consciente, o homem, a humanidade, segue, através de sua culpabilidade vaidosa, seu caminho de ascensão evolutiva, a divinização de Prometeu, esforço evolutivo de sublimação e de espiritualização das motivações íntimas, causa essencial das ações.

Dados Biográficos

Paul Diel, psicólogo francês de origem austríaca (1893-1972), filósofo de formação, aprofundou sua própria pesquisa psicológica sob a influência das descobertas de Freud e Adler, nos quais admirava o gênio inovador. Suas primeiras pesquisas foram incentivadas com entusiasmo por Einstein, com quem se correspondia desde 1935:

"Admiro a força e a conseqüência do seu pensamento. É a primeira obra que me chegou ao conhecimento que tende a reconciliar o conjunto da vida do espírito humano, aí compreendidos os fenômenos patológicos e os fenômenos biológicos elementares. Ela nos apresenta uma concepção unificante do sentido da vida."

Em 1945, Paul Diel entra para o C.N.R.S. *(Centre Nationale de la Recherche Scientifique)*, organismo responsável pelo desenvolvimento da pesquisa científica em diversas áreas do conhecimento humano, e trabalha como psicoterapeuta no Laboratório de Psicologia Infantil dirigido por Henri Wallon. Testemunhando os incontestáveis sucessos terapêuticos de Diel, Wallon qualifica o pesquisador como "integrante da linhagem de Freud, Adler e Jung", assinalando "o mérito desse explorador profundo da consciência, que não se limita ao puro intuicionismo, mas mostra a progressão que pode levar do instinto à razão".

Proveniente da contra corrente da psicologia clássica que lança o anátema sobre a introspecção, Paul Diel, em seu livro *A Psicologia da Motivação* (P.U.F., 1947), demonstra de que maneira a introspecção, habitualmente mórbida, pode tornar-se, quando metodicamente dirigida, o fundamento de uma psicologia científica. O estudo do funcionamento psíquico e de suas instâncias conscientes e extraconscientes conduzem-no à elucidação do sentido oculto mais preciso dos mitos, dos sonhos e dos sintomas psicopáticos.

Gaston Bachelard, em seu prefácio de *O Simbolismo na Mitologia Grega*, dá seu testemunho da contribuição decisiva de Paul Diel para a compreensão da linguagem simbólica, assinalando suas conseqüências: "Ao seguir Paul Diel em suas minuciosas e profundas traduções psicológicas, compreendemos que o mito abarca toda a extensão do psiquismo, tal como é apresentado à luz da psicologia moderna. Neste estudo está compreendido todo o problema do destino moral".

Deve-se ainda assinalar a fecundidade das aplicações práticas há muito tempo experimentadas da ciência das motivações nas questões colocadas pela tarefa educativa em geral e pela reeducação das diferentes formas de desadaptação familiar e social. As neuroses e as psicoses encontram, na concepção de Diel do psiquismo, uma unidade etiológica que abre novas perspectivas à compreensão e à terapêutica das doenças mentais.

Presidida pela senhora Jane Diel, a *Associação da Psicologia da Motivação* há 35 anos vem reunindo médicos, psiquiatras, psicólogos, artistas e educadores em torno dos trabalhos de Paul Diel.

Impressão e acabamento